Ma tegin seda "Tema viis"

Isiklik tunnistus, mille on kirjutanud

Elizabeth Das

Estonian

Väljavõte Elizabeth DASist. "Ma tegin seda "Tema viis"

ISBN Paberack :978-1-961625-53-2
ISBN Ebook või digitaalne:978-1-961625-54-9

Kongressi raamatukogu kontrollnumber:
"See raamat on kristlikus ja religioosses maailmas hinnatud "A"."
Contact:nimmidas@gmail.com; nimmidas1952@gmail.com
YouTube kanal "Daily Spiritual Diet Elizabeth Das
https://waytoheavenministry.org
1. youtube.com/@dailyspiritualdietelizabet7777/videos
2. youtube.com/@newtestamentkjv9666/videos
https://waytoheavenministry.org

Lisaks muudele formaatidele on raamatud "Ma tegin seda "Tema viis" saadaval audioraamatuna, taskuraamatuna ja e-raamatuna. Raamatud on kättesaadavad enam kui 30 erinevas keeles.

Elizabeth Dasi iga-aastane lugemik "„Igapäevane vaimne toitumine“ on kättesaadav paljudes keeltes. See on kättesaadav nii e-raamatu kui ka paberkandjal kujul.

ETTEVAATUST

"Sest minu mõtted ei ole teie mõtted ega teie teed minu teed, ütles Issand. Sest nii nagu taevas on kõrgem kui maa, nii on ka minu teed kõrgemad kui teie teed ja minu mõtted kõrgemad kui teie mõtted."
(Jesaja 55:8-9)

See raamat on Elizabeth Dasi mälestuste ja lühikeste tunnistuste kogumik, mille autor on pühendunud evangeliseerimise ja Issanda Sõna õpetamise teenimisele. Otsides "Tema teed" meelekindluse ja palve väe kaudu, viib pr Das teid isiklikule teekonnale läbi oma elu muutvate kogemuste. Sündinud ja kasvanud Indias, kummardas proua Das regulaarselt perekonna altari juures. Ta ei olnud rahul religiooniga, sest tema süda ütles talle, et Jumalal peab olema rohkem. Ta külastas sageli kirikuid ja liitus religioossete organisatsioonidega, kuid ei olnud kunagi täielikult rahul.

Ühel päeval asus ta teele, et leida tõde kaugel oma kodumaast, Indiast, kaugel asuvas kauges riigis. Tema teekond algab Ahmadabadis, Indias, kus tal tekkis sügav soov leida Ainus Tõeline Jumal. Tolleaegsete vabaduste tõttu Ameerikas ja eemal oma kodumaa religioossetest kultuuridest ja traditsioonidest, reisis proua Das Ameerikasse eesmärgiga leida tõde selle Elava Jumala kohta. Mitte, et Jumalat ei saaks leida kusagil mujal kui Ameerikas, sest Jumal on kõikjal olemas ja kõikvõimas. Kuid sinna viis Issand proua Das'i, sest see raamat selgitab tema päästmise teed ja tema sügavat armastust oma hinge armastaja vastu.

"Paluge, ja teile antakse; otsige, ja te leiate; koputage, ja teile avatakse. Sest igaüks, kes palub, saab, ja kes otsib, see leiab, ja kes koputab, sellele avatakse."
(Matteuse 7:7-8)

Ma olen proua Das'i isiklikult tundnud peaaegu 30 aastat, kui ta esimest korda sisenes väikesesse kogudusse, kus ma käisin Lõuna-Californias. Armastus oma kodumaa ja India rahva vastu on proua Das'i jaoks hädavajalik teenistus, sest tal on sügav soov võita Issandale kõikide kultuuride ja taustaga hingi.

"Õiglase vili on elupuu, ja see, kes võidab hinge, on tark. (Õpetussõnad 11:30)

Proua Das levitab aktiivselt Jumala Sõna oma kodukontorist Wylie's, Texases. Võite külastada tema veebilehte aadressil www.gujubible.org või waytoheavenministry.org, kus on võimalik saada inglise keelest gujarati keelde tõlgitud Piibliõpetust. Samuti leiate sealt India koguduste asukohti. Nende koguduste pastorid jagavad sama armastust tõe vastu nagu proua Das. Ta suhtleb Ameerika Ühendriikides ja välismaal asuvate apostliku usu vaimulikega, et hankida külalisesinejaid Indias toimuvatele aastakonverentsidele. Proua Dasi teenistus ja töö Indias on hästi tuntud. Nende hulka kuuluvad pastoraalse apostelliku piiblikolledži, lastekodu ja päevakeskuste loomine Indias. Ameerikast alates on pr Das aidanud asutada Indias kogudusi, kus paljud on tulnud tundma Issandat Jeesust Kristust. Ta on suure usuga naine, kes on kindel ja vankumatu palves. Neid saavutusi on ta saavutanud, olles täielikult sõltuvuses Jumalast ja elades invaliidina. Tema napp rahaline toetus on tunnistus tema tugevast tahtest ja otsustavusest, mis on suurem kui tema vahendid. Proua Das ütleb kindlalt: "Jumal hoolitseb alati minu eest ja hoolitseb minu eest". Jah, kuidagi teeb ta seda ja ületab tema vajadused külluslikult!

Olles hommikust õhtuni hõivatud Issanda tööga, on proua Das alati valmis palvetama koos minuga või kellegagi, kes vajab abi. Jumal on alati vastus. Ta seisab selle lõhe vahel, koheselt sügavas palves, autoriteediga ja eestpalvega. Jumal hoolitseb proua Dasi eest, sest tal on armastus evangeliseerimise vastu. Ta kuulab Tema häält ega lähe vastuollu "Tema teedega". Kuulekus on suurem kui ohverdus, kuulekus koos kirgliku sooviga Jumalale meeldida.

See on selle raamatu kirjutamiseks määratud aeg. Jumal on "Suur strateeg". Tema teed on täiuslikud ja täpsed. Asjad ja olukorrad ei juhtu enne nende määratud aega. Palvetage, et Püha Vaimu kaudu kuulaksite Jumala meelt ja tunnetaksite tema südant. See raamat jätkab kirjutamist nende meeste ja naiste südamesse, keda ta on mõjutanud Tema teede kaudu.

Rose Reyes,

TUNNUSTUSED

Väljendan oma sügavaimat tänu: oma perele ja sõpradele, eriti minu emale Esther Dasile. Ta on suurim näide kristlikust naisest, kes on aidanud mul oma teenimistööd edasi arendada ja toetab mind alati igas suunas, kuhu see viib.

Ma tänan oma sõpra Rose'i, kes mind toetas ja aitas selle raamatu osad kokku panna.

Ma tahaksin tänada ka oma palvepartnerit, õde Veneda Ingi, kes on mulle alati ja igal ajal kättesaadav; kuid kõige enam tänan teda tema palavikuliste palvete eest.

Ma tänan Jumalat kõigi eest, kes on olnud nii suureks abiks tõlkimisel ja toimetamisel. Ma tänan Jumalat paljude teiste eest, kes andsid oma aega, et aidata mul seda raamatut kokku panna.

Sisukord

Peatüki nr. **Lehekülje nr.**

ISSANDA TEED

- *Jumala tee on täiuslik, Issanda sõna on proovile pandud, ta on kaitsevahend kõigile, kes temale usaldavad. (Psalmid 18:30)*

- *Aga ta teab, mis teed ma käin; kui ta on mind proovile pannud, tulen ma välja nagu kuld. Mu jalg on pidanud tema sammud, tema teed olen ma pidanud ja ei ole kõrvale kaldunud. Ma ei ole ka tema huulte käsust tagasi pöördunud; ma olen pidanud tema suu sõnu kallimaks kui oma vajalikku toitu." (Iiob 23:10-12).*

- *Oota Issandat ja hoia tema teed, siis ta ülendab sind, et pärida maa; kui kurjad hävitatakse, siis sa näed seda. (Psalmid 37:34)*

- *Issand on õiglane kõigil oma teedel ja püha kõigis oma tegudes. (Psalmid 145:17)*

- *Issand teeb sind endale pühaks rahvaks, nagu ta on sulle vandunud, kui sa pead Issanda, oma Jumala käske ja käid tema teedel. (5Moosese 28:9)*

- *Ja paljud inimesed lähevad ja ütlevad: "Tulge, lähme üles Issanda mäele, Jaakobi Jumala koja juurde, ja ta läheb õpeta meile tema teid, ja me kõnnime tema radadel, sest Siionist läheb välja seadus ja Jeruusalemmast Issanda sõna. (Jesaja 2:3)*

- *Silmapaistvaid juhatab ta kohtumõistmises, ja süngemaid õpetab ta oma teed. (Psalmid 25:9)*

Viitamine raamatutele: Püha Raamat, King James Version

1. peatükk

Algus: Otsides tõe vaimu.

1980. aasta juunis tulin ma Ameerika Ühendriikidesse tugeva sooviga leida tõde Jumala, kõigi asjade looja kohta. Ei olnud nii, et ma ei leidnud Jumalat Indias, sest Jumal on kõikjal ja täidab universumi oma kohaloleku ja hiilgusega; kuid sellest ei piisanud mulle. Ma tahtsin Teda isiklikult tundma õppida, kui see oleks võimalik.

"Ja ma kuulsin justkui suure rahvahulga häält ja nagu paljude vete häält ja nagu vägevate äikesehäälte häält, mis ütles: "Alleluuja, sest Issand Jumal, kõikvõimas, valitseb."" (Ilmutus 19:6)

Olin erakordsel teekonnal, kui Jumal viis mind Ameerika Ühendriikidesse. Ma arvasin, et see oli minu valitud sihtkoht, kuid aeg tõestas mulle, et ma eksin. Sain aru, et Jumalal oli selle otsusega rohkem pistmist, kui ma teadvustasin. See oli "Tema viis" minu mõtete ja elu muutmiseks.

Ameerika on riik, mis pakub usuvabadust, multikultuursete inimeste sulandumist, vabadusi ja kaitset neile, kes soovivad teostada usulisi õigusi ilma tagakiusamise hirmuta. Ma hakkasin selles riigis tegema hüppeid üle ebakindlate vete, sest Jumal hakkas mind suunama. See oli justkui Ta oleks pannud mulle sammukive, et mind juhatada. Need "kivid" panid aluse pikale ja tormilisele teekonnale, mis viis ilmutuseni, kus ei olnud enam tagasipöördumist. Tasu oleks väärt, et elada Tema Teede järgi, igal pöördepunktil ja minu usu proovilepanekul.

"Ma surun eesmärgi poole, et saavutada Jumala kõrge kutsumuse auhind Kristuses Jeesuses. Olgem siis kõik, kes on täiuslikud, nõnda meelestatud; ja kui te milleski olete teisiti meelestatud, siis ilmutab Jumal teile ka selle. Siiski, kuhu me juba jõudnud oleme, kõndigem sama eeskirja järgi, mõelgem samale asjale." (Filiplastele 3:14-16)

Kui ma Californiasse saabusin, ei näinud ma sel ajal palju idapoolseid indiaanlasi. Ma kohanesin eluga Ameerikas ja keskendusin sellele, milleks ma siin olin. Otsisin Piibli Elavat Jumalat, apostlite Johannese, Peetruse ja Pauluse ning teiste ristikandjate ja Jeesuse järgijate Jumalat.

Julgesin leida Uue Testamendi Jumala, kes tegi palju imelisi imesid, tunnustähti ja imesid vastavalt Pühale Piiblile, Elava Jumala Sõnale. Kas ma võisin olla nii ülbe, et isegi arvasin, et ta tõesti tunneb mind? Jumalal pidi olema rohkem. Hakkasin külastama mitmeid erinevate konfessioonide kirikuid Los Angelese piirkonnas, mis on Lõuna-Californias asuv suurlinn. Hiljem kolisin Los Angelesest ida pool asuvasse linna nimega West Covina ja hakkasin ka selles piirkonnas kirikuid külastama. Ma olin pärit väga religioossest riigist, kus on tõenäoliselt rohkem jumalaid kui üheski teises riigis maailmas. Ma uskusin alati ühte Jumalasse, Loojasse. Minu süda püüdis teda isiklikult tundma õppida. Ma mõtlesin, et kindlasti on Ta olemas ja Ta leiab mind üles, sest minu kirglik soov on teda isiklikult tundma õppida. Otsisin järeleandmatult ja lugesin järjekindlalt Piiblit, kuid midagi jäi alati puudu. Sain 1981. aasta augustis tööd Ameerika Ühendriikide postkontoris, kus hakkasin oma töökaaslastele küsimusi Jumala kohta esitama. Samuti hakkasin kuulama kristlikku raadiot, kus kuulsin erinevaid jutlustajaid, kes arutasid piibliteemasid, kuid ei olnud kunagi isegi omavahel ühel meelel. Mõtlesin, et kindlasti ei saa see olla segaduse Jumal? Sellele usulisele kimbatusele pidi olema tõene vastus. Ma teadsin, et pean uurima Pühakirja ja jätkama palvetamist. Paljud kristlikud töökaaslased rääkisid mulle samuti ja jagasid oma tunnistust. Olin üllatunud, et nad teadsid nii palju Issandast. Ma ei teadnud siis, et Jumal oli juba määranud mulle aja, mil ma võtsin vastu Tema imelise tõe ilmutuse.

Minu vend oli vaevatud deemonlikust riivestusest ja vajas imet. Ma olin sunnitud otsima Piiblisse uskuvaid kristlasi, kes uskusid imedesse ja vabanemisse nendest deemonlikest jõududest. Need deemonlikud vaimud piinasid halastamatult mu venna meelt. Minu perekond oli tema pärast äärmiselt mures, et meil ei jäänud muud üle, kui viia ta psühhiaatri juurde. Ma teadsin, et see oli kuradi rõõm piinata ja hävitada mu venda. See oli vaimne sõda, nagu räägitakse Piiblis. Me viisime oma venna meeleheitel psühhiaatri juurde. Pärast seda, kui ta oli teda hinnanud, küsis ta meilt, kas me usume Jeesusesse. Me ütlesime, et jah, siis hakkas ta üles kirjutama kahe kiriku aadressi koos nende telefoninumbritega ja ulatas need mulle. Koju jõudes panin mõlemad paberid koos teabega oma riidekapile, kavatsusega helistada mõlemale pastorile. Ma palvetasin, et Jumal juhataks mind õige kiriku ja pastori juurde. Ma olin kuulnud väga negatiivsetest asjadest Ameerika kirikute kohta, nii et see tegi mind väga ettevaatlikuks. Issand kasutab prohveteid, õpetajaid ja jutlustajaid, et juhtida neid, kes Teda armastavad, kogu tõe juurde. Issandast sai minu lamp ja valgus, mis valgustas minu pimedust. Jumal juhatab kindlasti ka minu venna tema pimedusest välja. Ma tõesti uskusin, et Jumal leiab mind selles lõputuna tunduvas pimeduse meres; sest see oli minu pere jaoks väga pime ja raske aeg.

"Sinu sõna on lamp mu jalgadele ja valgus mu teele."
(Psalmid 119:105)

"Palve ja paast".

Panin mõlemad aadressid oma riidekapile. Helistasin mõlemale pastorile ja suhtlesin mõlemaga. Samal ajal palvetasin, et Issand annaks juhatust pastorile, kellega võiksin vestlust jätkata. Selle aja jooksul sain aru, et üks number kappilt kadus. Otsisin seda hoolikalt, kuid ei leidnud seda. Nüüd oli minu jaoks saadaval ainult üks number. Ma helistasin sellele numbrile ja rääkisin selle kiriku pastoriga, mis asub, Californias, vaid 10 minuti kaugusel minu kodust. Viisin oma venna sellesse kirikusse, arvates, et mu vend saab täna vabaks, kuid nii ei juhtunud. Minu vend ei olnud sel päeval täielikult vabastatud. Nii et pastor pakkus meile piibliõpetust. Me võtsime tema pakkumise vastu ja hakkasime ka tema koguduses käima, ilma et oleksime tahtnud liikmeks saada, vaid ainult külaliseks. Ma ei teadnudki, et sellest saab minu elu pöördepunkt. Sel ajal olin ma vastu nelipühilastele ja nende usule, et nad räägivad keeltes.

Kiriku pühad olid oma uskumustes väga siirad. Nad kummardasid vabalt ja kuuletusid pastorile, kui ta kutsus üles paastuma, sest vaimulikud jõud, mis minu venda kontrollisid, tulevad välja ainult, nagu Jumala Sõna ütleb, "palve ja paastu kaudu". Ükskord ei suutnud Jeesuse jüngrid deemoni välja ajada. Jeesus ütles neile, et see oli nende uskmatuse tõttu, ja ütles, et miski ei ole neile võimatu.

"Kuid selline ei lähe välja kui ainult palve ja paastu kaudu."
(Matteuse 17:21)

Me kõik paastusime mitu korda paar päeva korraga ja ma nägin, et mu vend hakkas palju paremaks minema. Me jätkasime piibliõpetust minu kodus koos pastoriga, mõistes kõike, mida ta meile õpetas; kui ta aga hakkas seletama veega ristimist, häiris mind tema tõlgendus. Ma ei olnud kunagi kuulnud "Jeesuse" nimel ristimisest, kuigi ta näitas meile selgelt pühakirjakohti. See oli seal kirjas, kuid ma ei näinud seda. Võib-olla oli minu arusaamine olnud pimedaks jäänud.

Pärast pastori lahkumist pöördusin ma oma venna poole ja ütlesin: "Kas sa märkasid, et kõik jutlustajad, kes kasutavad sama Piiblit, tulevad välja erinevate ideedega? Ma tõesti ei usu enam seda, mida need jutlustajad räägivad." Mu vend pöördus minu poole ja ütles: "Tal on õigus!" Ma vihastasin oma venna peale väga ja küsisin temalt: "Nii et sa usud selle pastori õpetust? Ma ei usu seda." Ta vaatas mind uuesti ja ütles: "Ta räägib tõtt." Ma vastasin jälle: "Sa usud kõiki jutlustajaid, aga mitte mind!" Taas nõudis mu vend: "Tal on õigus." Seekord nägin, et mu venna nägu oli väga tõsine. Hiljem võtsin Piibli kätte ja hakkasin uurima Apostlite tegude raamatut, kus oli varase koguduse ajalugu. Ma uurisin ja uurisin; ma ei saanud ikka veel aru, miks, Jumalal oli SEIN TEED. Kas te usute, et Jumal tegeleb iga inimesega erinevalt? Siin ma otsisin Jumalat igast allikast ja meediast. Selle aja jooksul kuulsin, kuidas Jumal rääkis mu südamesse: "Sa pead laskma end ristida". Ma kuulsin Tema käsku ja varjasin need sõnad oma südamesse, mida keegi teine ei tea.

Tuli päev, mil pastor astus minu juurde ja esitas mulle küsimuse: "Kas sa oled nüüd valmis end ristida?". Ma vaatasin teda üllatunult, sest kunagi varem ei olnud keegi minult seda küsimust küsinud. Ta ütles mulle, et Issand Jeesus oli temaga rääkinud minu ristimisest, nii et ma ütlesin "jah". Olin üllatunud, et Jumal räägib pastorile sellest asjast. Lahkusin kirikust mõeldes" :Ma loodan, et Jumal ei räägi sellele temale kõike, sest meie mõtted ei ole alati õiged või isegi sobivad".

Ristimine pattude andeksandmiseks.

Saabus minu ristimise päev. Ma palusin pastoril veenduda, et ta ristib mind Isa, Poja ja Püha Vaimu nimel. Pastor ütles mulle ikka ja jälle: "Jah, see on Jeesuse nimi". Olin mures ja ärritunud; mõtlesin, et see mees saadab mind põrgusse, kui ta mind Isa, Poja ja Püha Vaimu nimel ei ristita. Nii et ma kordasin talle uuesti, et palun veenduge, et ta kutsub Isa, Poja ja Püha Vaimu nimel, kuid pastor kordas samuti pidevalt. "Jah, tema nimi on Jeesus." Hakkasin mõtlema, et see pastor ei saanud tõesti aru, mida ma mõtlesin. Kuna Jumal oli mulle rääkinud ristimise kohta, ei saanud ma Temale mitte kuuletuda. Ma ei mõistnud seda sel ajal, kuid ma kuuletusin Jumalale, ilma et mul oleks olnud täielik ilmutus Tema nimest, ega ma ei mõistnud täielikult, et päästmine ei toimu ühegi teise nime kaudu, vaid Jeesuse nimes.

"Ka ei ole päästet üheski teises, sest ei ole antud inimeste seas ühtegi teist nime taeva all, mille kaudu me peame päästetama." (Apostlite teod 4:12)

"Teie olete minu tunnistajad, ütleb Issand ja minu ***sulane****, kelle ma olen valinud, et te tunneksite ja usuksite mind ja mõistaksite, et mina olen tema: enne mind ei ole olnud Jumalat ega ole ka pärast mind. Mina, mina olen Issand, ja minu kõrval* ***ei ole ühtegi päästjat****." (Jesaja 43:10-11)*

Enne, pärast ja igavesti oli, on ja jääb ainult üks Jumal ja Päästja. Siin on inimene nagu sulase rollis, Jehoova Jumal ütleb, et **mina olen tema**.

kes, olles Jumala kujul, ei pidanud röövliks olla võrdne Jumal: Aga ta tegi end mitteametlikuks ja võttis enesele sulase kuju ning sai inimeste sarnaseks: Ja kui ta leiti inimese moodi, alandas ta ennast ja sai kuulekaks kuni surmani, isegi ristisurmani. (Filiplastele 2:6-8)

Jeesus oli Jumal inimkehas.

Ja ilma vastuoludeta on jumalakartlikkuse saladus suur: (1Timoteuse 3:16).

Miks see üks Jumal, kes oli vaim, tuli lihaks? Nagu te teate, ei ole vaimul liha ja veri. Kui Ta oleks pidanud verd valama, siis oleks Tal olnud vaja inimkeha.

Piibel ütleb:

Hoidke siis endid ja kogu karja eest, mille üle Püha Vaim teid on pannud valvuriteks, et toidaksite ***Jumala kogudust****, mille ta on ostnud* ***oma verega****. (Apostlite teod 20:28)*

Enamik kirikuid ei õpeta Jumala ühtsust ja Jeesuse nime väge. Jumal, Vaim lihaks saanud inimene Kristus Jeesus, andis oma jüngritele suure ülesande:

"Seepärast minge ja õpetage kõiki rahvaid, ristides neid ***nime*** *(ainsuses) Isa ja Poja ja Püha Vaimu." (Mt 28:19)*

Jüngrid teadsid selgelt, mida Jeesus mõtles, sest nad läksid välja ristima Tema nimele, nagu on kirjas pühakirjades. Mind hämmastas, et nad hääldasid "**Jeesuse** nimel" iga kord, kui nad ristimist läbi viisid. Pühakirjad toetavad seda Apostlite tegude raamatus.

Sel päeval mind ristiti vees, täielikult vee alla kastetud Jeesuse nimel, ma tulin veest välja ja tundsin end nii kergelt, nagu võiksin vee peal kõndida. Raske pattude mägi oli eemaldatud. Ma ei teadnud, et ma kandsin seda raskust endas. Milline imeline kogemus! Ma mõistsin esimest korda oma elus, et olin nimetanud end "väikeste pattudega kristlaseks", sest ma ei tundnud kunagi, et olen suur patune. Sõltumata sellest, mida ma uskusin, oli patt ikkagi patt. Ma tegin ja mõtlesin pattu. Ma ei uskunud enam ainult Jumala olemasolusse, vaid kogesin rõõmu ja tõelist kristlust, võttes osa sellest, mida Jumala Sõna ütles.

Ma läksin uuesti Piibli juurde ja hakkasin otsima sama kirjakohta. Arvake ära, mida? Ta avas mu arusaamise ja ma nägin esimest korda selgelt, et ristimine toimub ainult JEESUSE NIMES.

Siis ta avas nende mõistuse, et nad mõistaksid pühakirja (Luuka 24:45).

Ma hakkasin nägema pühakirja nii selgelt ja mõtlesin, kui kaval on Saatan, et lihtsalt hävitada Kõigekõrgema Jumala plaani, kes tuli lihaks, et verd valada. Veri on peidetud **JEESUSE** Nime alla. Ma sain kohe aru, et Saatana rünnak oli Nime vastu.

"Tehke meeleparandus ja laske endid igaüks teist ristida ***Jeesuse Kristuse nimes*** *pattude andeksandmiseks*

(PÜHETE ANDESTAMISEKS) ja te saate Püha Vaimu andi."
(Apostlite teod 2:38)

Neid sõnu ütles apostel Peetrus nelipüha päeval, kui algas Uue Testamendi algkirik. Pärast ristimist sain ma ühe oma sõbra koguduses Los Angeleses Püha Vaimu ande.

See ilmnes selles, et ma rääkisin tundmatus keeles või keeltes ja vastavalt Pühakirja Püha Vaimu ristimise teemale:

"Kui Peetrus veel neid sõnu rääkis, langes Püha Vaim kõigi peale, kes seda sõna kuulsid. Ja need, kes uskusid ümberlõikamisest, hämmastusid, nagu ka kõik need, kes tulid koos Peetrusega, sest ka paganate peale valati välja Püha Vaimu and. Sest nad kuulsid, kuidas nad ***kõnelesid keeltega*** *ja ülistasid Jumalat."*
(Apostlite teod 10: 44-46)

Ma sain selgelt aru, et mehed olid ristimistseremooniat muutnud. Seepärast on meil tänapäeval nii palju religioone. Need esimesed usklikud ristiti hiljem kirja pandud Pühakirja järgi. Peetrus kuulutas seda ja apostlid viisid seda läbi!

"Kas keegi võib keelata vett, et neid ei ristitaks, kes on saanud Püha Vaimu nagu meiegi? Ja ta käskis neid ***ristida Issanda nimel****. Siis palusid nad teda, et nad jääksid teatud päevadeks."*
(Apostlite teod 10:47-48)

Jällegi, tõendid ristimisest Jeesuse nimesse.

Aga kui nad uskusid Filippust, kes jutlustas Jumala kuningriigist ***ja Jeesuse Kristuse nimest, siis ristiti neid, nii mehi kui naisi*** *(sest veel ei olnud ta langenud ühegi peale;* ***ainult nad ristiti Issanda Jeesuse nimesse).(Apostlite teod8:12,16).***

Apostlite teod 19

Ja sündis, et kui Apollos oli Korintoses, tuli Paulus, kes oli läbinud ülemised rannad, Efesosse; ja kui ta leidis mõned inimesed, kes olid seal. Jüngrid, Ta ütles neile: "Kas te olete saanud Püha Vaimu, sest te uskusite? Ja nad ütlesid talle: "Me ei ole kuulnud, kas Püha Vaim on olemas. Ja ta ütles neile: "Milleks siis teid ristiti? Ja nad ütlesid: "Johannese ristimisele". Siis ütles Paulus: "Johannes ristis tõesti meeleparanduse ristimisega, öeldes rahvale, et nad usuksid sellesse, kes tuleb pärast teda, see tähendab, Kristuse Jeesusesse. Kui nad seda kuulsid, ***ristiti nad Issanda Jeesuse nimesse****. Ja kui Paulus oli pannud oma käed nende peale,* ***tuli Püha Vaim nende peale; ja nad rääkisid keeltega*** *ja prohvetlikult. (Apostlite teod 19:1-6)*

Apostlite teod 19 oli mulle suureks abiks, sest Piibel ütleb, et on ***üks ristimine****. (Efeslastele 4:5)*

Mind ristiti Indias ja ma pean siinkohal ütlema, et mind piserdati, mitte ei ristitud.

Tõelise õpetuse kehtestasid ***apostlid ja prohvetid****. Jeesus tuli verd valama ja eeskujuks olema. (1Peetruse 2:21)*

Apostlite teod 2:42 Ja nad jäid vankumatult apostlite ***õpetusse*** *ja osadusse ning leivamurdmisse ja leiva murdmisse.*

Efeslastele-2*:20 Ja nad on* ***ehitatud apostlite ja prohvetite vundamendile****, kusjuures Jeesus Kristus ise on peamine nurgakivi;*

Galaatlastele. 1:8, 9 Aga kui meie või mõni ingel taevast kuulutaks teile muud evangeeliumi kui seda, mida meie oleme teile kuulutanud, siis olgu ta neetud. Nagu me enne ütlesime, nii ütlen ma nüüd uuesti: Kui keegi kuulutab teile muud evangeeliumi kui seda, mille te olete vastu võtnud, siis olgu ta neetud.

(See on sügav; keegi ei saa õpetust muuta, isegi mitte apostlid, kes olid juba kehtestatud.)

Need kirjakohad avasid mu silmad, nüüd ma mõistsin Matteuse 28:19. Kirik on Jeesuse pruut, kui meid ristitakse Jeesuse nimele, siis võtame me Tema nime. Saalomoni laul on allegooria kirikust ja peigmehest, kus pruut on võtnud endale Nime.

*Sinu heade salvide lõhna pärast **on su nimi nagu salv**, mis on välja valatud, seepärast armastavad sind neitsid (Solomani laul 1:3).*

Nüüd oli mul ristimine, millest räägitakse Piiblis, ja sama Püha Vaim. See ei olnud midagi kujuteldavat; see oli tõeline! Ma võisin seda tunda ja kuulda ning teised olid tunnistajaks uuestisünni ilmsikstulekule. Sõnu, mida ma laususin, ma ei teadnud ega mõistnud. See oli aukartustäratav.

*"Sest kes räägib **tundmatus** keeles, see ei räägi mitte inimestele, vaid Jumalale, sest keegi ei mõista teda, kuid vaimus räägib ta saladusi." (I Korintlastele 14:2)*

*"Sest kui ma palvetan tundmatus keeles, siis mu vaim palvetab, aga mu **mõistus on viljatu**." (I Korintlastele 14:14)*

Minu ema tunnistas, et kunagi enne minu sündi ristis üks Lõuna-India misjonär teda jões ja kui ta üles tuli, sai ta täielikult terveks. Kuna ma ei teadnud, kuidas see jutlustaja teda ristis, siis imestasin, kuidas ta terveks sai. Aastaid hiljem kinnitas mu isa mulle, et see pastor ristis ta Jeesuse nimel, mis on piibellik.

Piibel ütleb:

"Kes annab andeks kõik su süüteod, kes ravib kõik su haigused." (Psalmid 103:3)

Pärast oma uuestisündi hakkasin andma piiblitunde oma töökaaslastele ja perele. Minu vennapoeg sai Püha Vaimu andi. Minu vend, nõbu ja tädi said ristitud koos paljude mu pereliikmetega. Ma ei teadnud, et sellel teekonnal oli palju enamat kui ainult soov Jumalat lähemalt tundma õppida. Ma ei teadnud, et see kogemus oli võimalik. Jumal elab uskliku sees Vaimu kaudu.

Ilmutus ja mõistmine.

Ma pühendusin Pühakirja õppimisele ja lugesin Piiblit korduvalt, Jumal avas mu arusaamist.

"Siis avas Ta nende mõistuse, et nad mõistaksid Pühakirja." (Luuka 24:45)

Pärast Püha Vaimu saamist muutus minu arusaamine selgemaks, sest ma hakkasin õppima ja nägema palju asju, mida ma varem ei olnud näinud.

*"Aga Jumal on need **meile ilmutanud oma Vaimu kaudu**, sest Vaim uurib kõike, jah, Jumala sügavamaid asju." (1. Korintlastele 2:10)*

Ma õppisin, et meil peab olema arusaamine Tema tahtest meie suhtes, tarkus elada Tema Sõna järgi, teadmine "**Tema teedest**" ja nõustumine, et kuulekus on nõue, mitte valikuvõimalus.

Ühel päeval küsisin ma Jumalalt: "Kuidas sa mind kasutad?" Ta ütles mulle" :Palves".

Seepärast, vennad, olge hoopis hoolikad, et teie kutsumus ja valik oleks kindel, sest kui te seda teete, siis te ei lange kunagi: (2. Peetruse 1:10)

Ma sain teada, et kirikus käimine võib anda inimesele vale turvatunde. Religioon ei ole pääste. Religioon iseenesest võib ainult tekitada teile hea enesetunde oma eneseõigluse üle. Pühakirja tundmine üksi ei too päästet. Te peate Pühakirja õppimise kaudu mõistma, saama ilmutust palve kaudu ja teil peab olema soov tõde teada. Ka kurat tunneb

Pühakirja ja ta on määratud igavikku tulega põlevas järves. Ärge laske end eksitada huntidest lambanahas, kellel on **jumalakartlikkuse vorm**, kuid kes **eitavad *Jumala väge***. Mitte keegi ei ole mulle kunagi öelnud, et ma vajan Püha Vaimu koos keelekümblustega, millest räägitakse Piiblis. Kui usklikud saavad Püha Vaimu, juhtub midagi imelist. Jüngrid täitusid Püha Vaimuga ja tulega.

*Aga te saate **väe**, kui Püha Vaim on tulnud teie peale, ja te olete minu tunnistajad nii Jeruusalemmas kui ka kogu Juudamaal ja Samaarias ja kuni maa lõpuni. (Apostlite teod1:8)*

Nad olid nii väga huvitatud evangeeliumi levitamisest, et paljud tolleaegsed kristlased, nagu mõned ka tänapäeval, kaotasid oma elu tõe evangeeliumi eest. Ma sain teada, et see on sügav usk ja kindel õpetus, erinevalt õpetusest, mida õpetatakse mõnes kirikus tänapäeval.

Pärast ülestõusmist ütleb Jeesus oma sõnas, et see on märk sellest, et keegi on HINGELINE JUHATAJA.

"....Ne räägivad uutel keeltel" (Markuse 16:17).

Tongue on kreeka keeles glossa, inglise keeles Supernatural gift of language given by God. Te ei käi koolis, et seda kõneviisi õppida. Sellepärast öeldakse, et **uus keel.**

See on üks tunnustest, mille järgi tunneb Kõigekõrgema Jumala jünger ära.

Kas Jumal ei olegi nii imeline? Ta tegi oma jüngrid väga eriliselt äratuntavaks.

Jumalateenistuse jõud.

Ma õppisin jumalateenistuse jõudu ja seda, et jumalateenistusel võib tegelikult tunda Püha kohalolekut. Kui ma 1980. aastal Ameerikasse tulin, täheldasin, et ida-indiaanlased häbenevad vabalt Jumalat kummardada. Vanas Testamendis tantsis kuningas Taavet, hüppas, plaksutas ja tõstis oma käed kõrgele Issanda ees. Jumala au tuleb siis, kui Jumala rahvas kummardab kõrgeima ülistuse ja ülistusega. Jumala rahvas loob atmosfääri, et Issanda kohalolu saaks elada nende keskel. Meie ülistus saadab Issandale maitsva lõhna, millele Ta ei saa vastu seista. Ta tuleb ja elab oma rahva ülistuses. Võtke pärast palvetamist aega, et lihtsalt ülistada ja kummardada Teda kogu südamest, ilma et paluksite Temalt asju või teeneid. Piiblis võrreldakse Teda Jürilehega, kes tuleb oma pruudile (kogudusele). Ta otsib kirglikku pruuti, kes ei häbene Teda ülistada. Ma õppisin, et me võime pakkuda ülistust, mis jõuab troonisaali, kui me laseme lahti oma uhkusest. Tänan Jumalat jutlustajate eest, kes jutlustavad Sõna ja ei hoia end tagasi, kui väga oluline on Jumalale ülistamine.

"Aga tuleb tund, ja nüüd on see, mil tõelised kummardajad peavad olema Palvetage Isa vaimus ja tões, sest Isa otsib selliseid, kes teda kummardaksid." (Johannese 4:23)

Kui Jumala kohalolek laskub Tema laste peale, hakkavad toimuma imed: tervendamine, vabastamine, keelte ja tõlgenduste andmine, prohvetlus, Vaimu andide ilmingud. Oh, kui palju Jumala väge võime me ühte jumalateenistusse mahutada, kui me kõik saame tulla kokku, pakkudes ülistust ja ülistust ning kõrgeimat ülistust. Kui teil ei ole enam sõnu, et palvetada, ülistada ja tuua ülistusohvrit! Kurat vihkab seda, kui te kummardate tema Loojat, Ainust Tõelist Jumalat. Kui tunnete end üksi või hirm tõmbab teid, siis kummardage ja ühendage end Jumalaga!

Alguses oli selline kummardamine ja ülistamine minu jaoks väga raske, kuid hiljem muutus see lihtsaks. Ma hakkasin kuulma Tema häält, mis minuga räägib. Ta tahtis, et ma oleksin Tema Vaimule kuulekad. Minu religioosne taust oli takistanud mind Jumalat vabalt kummardamast. Varsti sain õnnistust Vaimus, tuli tervenemine ja ma vabastati asjadest, mida ma ei olnud näinud patuks. See kõik oli minu jaoks uus; iga kord, kui ma tundsin Jumala kohalolekut oma elus, hakkasin sisemiselt muutuma. Ma kasvasin ja kogesin Kristuse-keskset isiklikku kõndimist Jumalaga.

Tõe vaim.

Armastus tõe vastu on oluline, sest religioon võib olla petlik ja hullem kui sõltuvus alkoholist või narkootikumidest.

"Jumal on Vaim ja kes teda kummardavad, peavad teda kummardama vaimus ja tões." (Johannese 4:24)

Religiooni ahelad langesid minust maha, kui Püha Vaim mind vabastas. Kui me räägime tundmatutes keeltes või keeltes Püha Vaimus, räägib meie vaim Jumalaga. Jumala armastus on ülevoolav ja see kogemus on üleloomulik. Ma ei saanud kuidagi teisiti, kui mõtlesin kõigile neile aastatele varem, kui ma sain vastu võtta Piibli õpetust, mis oli vastuolus Jumala Sõnaga.

Minu suhetes Jumalaga näitas Ta rohkem tõde, kui ma kasvasin Tema Sõnas ja õppisin "**Tema teed" tundma.** See oli nagu varblane, kes toidab oma noori väikeste portsjonitega, nad kasvavad iga päevaga tugevamaks ja järjekindlamalt, kuni nad on õppinud taevasse tõusma. Otsige Tõe Vaimu ja Ta juhatab teid kõike tundma. Ühel päeval hakkame ka meie koos Issandaga taevas hõljuma.

"Kui tõe Vaim on tulnud, juhatab Ta teid kogu tõde." (Johannese 16:13a)

Püha õnnistus:

Läbi suure kurbuse, mis oli tingitud mu venna seisundist kurjade vaimudega, leidsime selle imelise tõe. Ma võtsin selle tõe omaks ja Püha Vaim andis mulle jõudu ületada takistusi, mis segasid minu uut elu Kristuses Jeesuses, mis andis mulle püha salvamise tegutseda ja teenida, õpetades inimesi. Ma sain teada, et selle salvamise kaudu liikus Jumal vaimse innukuse ja väljenduse kaudu. See tuleb Pühalt, kes on Jumal ise, mitte aga religioosne riitus või ametlik ordineerimine, mis annab selle privileegi.

Salvimine:

Ma hakkasin tundma Jumala võidmist oma elus ja andsin tunnistust neile, kes kuulasid. Ma leidsin, et Jumala võidmise väe kaudu sai minust Sõna õpetaja. Indias oli aeg, mil ma tahtsin tegutseda juristina, kuid Issand muutis mind Tema Sõna õpetajaks.

"Aga võidmine, mille te olete temalt saanud, püsib teie sees, ja te ei vaja, et keegi teid õpetaks; vaid nii nagu seesama võidmine teid kõigest õpetab ja on tõde ega ole vale, ja nii nagu see teid õpetas, nõnda te ka temas aitate." (1Jh 2:27)

"Aga teil on püha salvamine ja te teate kõike." (1Jh 2:20)

Ma tegin end Jumalale kättesaadavaks ja Tema tegi oma võidmisjõu kaudu kõik muu. Milline vinge Jumal! Ta ei jäta teid jõuetuks oma töö tegemisel. Ma hakkasin rohkem palvetama, kui mu keha muutus haiguse ja haiguse tõttu nõrgaks, kuid Jumala Vaim minus tugevnes iga päevaga, kui ma panustasin aega ja vaeva oma Vaimulikule käimisele, palvetades, paastudes ja lugedes pidevalt Tema Sõna.

Elu muutus:

Vaadates hetkeks tagasi, nägin, kust Jumal mind oli toonud ja kuidas mu elu oli olnud tühi Tema teedest. Mul oli lihalik loomus, millel polnud jõudu seda muuta. Mul olid teised vaimud, kuid mitte Püha Vaim. Ma õppisin, et palve muudab asju, kuid tõeline ime oli see, et ka mina olin muutunud. Ma tahtsin, et mu teed oleksid rohkem **Tema teed**, nii et ma paastusin, et muuta oma lihalikku loomust. Minu elu oli sellel läbitud teel oluliselt muutunud, kuid see oli alles alanud, sest minu kirglik soov Jumala järele kasvas. Teised, kes mind hästi tundsid, võisid tunnistada, et ma olin muutunud.

Vaimne sõjapidamine:

Ma olin ettevaatlik, et õpetada ainult tõde, mitte religiooni. Ma õpetasin, et ristimine Jeesuse Kristuse ja Jumala Püha Vaimu (Püha Vaimu) nimesse on hädavajalik. See on Lohutaja ja teie vägi, et ületada takistusi ja kurje jõude, mis tulevad usklike vastu.

Olge alati valmis võitlema põlvili selle eest, mida te Jumalalt tahate. Kurat tahab teid ja teie perekonda purustada. Me oleme sõjas pimeduse jõududega. Me peame võitlema hingede päästmise eest; ja palvetama, et Jumal puudutaks patuste südant, et nad pöörduksid ära nende üle valitsevatest jõududest.

"Sest me ei võitle mitte liha ja vere vastu, vaid vürstkondade vastu, võimude vastu, selle maailma pimeduse valitsejate vastu, vaimse kurjuse vastu kõrgel kohal." (Efeslastele 6:12)

Elav hing.

Igaühel on elav hing; see ei ole teie oma, see kuulub Jumalale. Ühel päeval, kui me sureme, pöördub hing tagasi Jumala või Saatana juurde. Inimene võib tappa keha, kuid ainult Jumal võib tappa hinge.

*"Vaata, kõik hinged on minu, nii nagu isa hing, nii on ka poja hing minu; mis hing patustab, **see sureb**." (Hesekiel 18:4)*

"Ja ärge kartke neid, kes tapavad ihu, kuid ei suuda tappa hinge, vaid kartke pigem teda, kes suudab hävitada nii hinge kui ka ihu põrgus." (Matteuse 10:28)

Armastuse vaim.

Üks elu tähendab Jumalale nii palju, sest Ta hoolib ja armastab igaüht meist nii väga. Usklikud, kellel on see Tõe Evangeelium, on vastutavad selle eest, et nad räägivad teistele Jeesuse armastusest **Armastuse** Vaimus.

"Ma annan teile uue käsu, et te ***armastaksite*** *üksteist, nii nagu mina olen teid* ***armastanud****, et ka teie* ***armastaksite*** *üksteist. Sellest saavad kõik inimesed teada, et te olete minu jüngrid, kui te üksteist* ***armastate****." (Johannese 13:34-35)*

Kurat tuleb meie vastu, kui me muutume talle ohuks. Tema ülesanne on meid heidutada; meil on aga lubadus tema üle võitu saada.

"Aga tänu olgu Jumalale, kes annab meile võidu meie Issanda Jeesuse Kristuse kaudu." (1. Korintlastele 15:57)

Lubage mul siinkohal rõhutada, et selle, mida Saatan pidas kurjaks, muutis Jumal õnnistuseks.

Piibel ütleb:

"Ja me teame, et kõik toimib koos heaks neile, kes armastavad Jumalat, neile, kes on kutsutud tema kavatsuse järgi." (Rooma 8:28)

Au olgu Issandale Jeesusele Kristusele!

2. peatükk

Võimas arst

Meditsiiniteadus teatab, et kokku on kolmkümmend üheksa haiguskategooriat. Võtame näiteks vähktõve, mida on nii palju. Samuti on palju palaviku liike, kuid need kõik kuuluvad palaviku kategooriasse. Vana Rooma seaduse ja Moosese seaduse kohaselt ei tohtinud karistuseks anda rohkem kui 40 triipu (piitsmeid). Et mitte rikkuda seda Rooma ja juudi seadust, andsid nad ainult kolmkümmend üheksa triipu. Kas on juhus, et Jeesus sai kolmkümmend üheksa triipu oma selga? Ma usun, nagu paljud teisedki, et selle arvu ja Jeesuse vahel on seos.

"Ta võib anda talle nelikümmend triipu, kuid mitte rohkem; kui ta peaks neid ületama ja peksma teda rohkem kui need, siis ei tundu su vend sulle alatu." (5. Moosese 25:3)

"kes ise kandis meie patud oma ihus puu otsas, et me, olles surnud patule, elaksime õiglusele; kelle haavade läbi te olete terveks saanud." (1Peetruse 2:24)

"Aga ta sai haavata meie üleastumiste pärast, ta sai haavata meie süütegude pärast; meie rahu karistus oli tema peal, ja tema haavade läbi oleme me terveks saanud." (Jesaja 53:5)

Kogu selle raamatu jooksul loed sa tunnistusi Jumala tervendavast jõust ja võimust vabaneda narkootikumidest, alkoholist ja deemonlikust riivestusest. Alustan oma isiklike haigustega, kus Jumal näitas mulle varakult, et miski ei ole tema jaoks liiga raske või liiga suur. Ta on vägev arst. Minu füüsilise seisundi raskusaste muutus valusate haiguste kaudu halvast halvemaks. See oli ja on Jumala Sõna ja Tema tõotused, mis mind täna toetavad.

Krooniline sinusiit.

Mul oli nii tõsine ninakinnisuse probleem, et see takistas mul magamaminekut. Päeval helistasin ja palusin inimestel minu eest palvetada. Hetkel oli mul kõik korras, kuid öösel see jätkus ja ma ei saanud magada.

Ühel pühapäeval läksin ma kirikusse ja palusin pastoril minu eest palvetada. Ta pani oma käe mu pea peale ja palvetas minu üle.

"Kas teie seas on mõni haige? siis kutsugu ta koguduse vanemaid ja nad palvetagu tema üle, määrides teda õliga Issanda nimel." (Jakoobuse 5:14)

Kui jumalateenistus algas, hakkasin ma Jumalat ülistama ja kummardama, sest Vaim tuli minu peale nii vabalt. Issand käskis mul Tema ees tantsida. Vaimus hakkasin Tema ees kuulekusest tantsima, kui järsku mu ummistunud nina lahti läks ja see, mis ninakäike takistas, tuli välja. Kohe hakkasin hingama ja see seisund ei ole enam tagasi tulnud. Ma olin selle ninakinnisuse seisundi omaks võtnud omaenda sõnade ja mõtetega. Kuid lõpuks õppisin, et me peaksime alati oma usku välja ütlema ja mitte kunagi tunnistama või mõtlema kahtlusi.

Tonsilliit.

Mul oli krooniline mandlipõletik ja ma ei saanud magada selle kohutava püsiva valu tõttu. Ma kannatasin selle haiguse all mitu aastat. Pärast arsti juures käimist suunati mind hematoloogi juurde. Selleks, et teha suhteliselt väike mandlikirurgia, oleks see minu jaoks ohtlik ja pikaajaline operatsioon, sest mul on verehaigus, mis raskendas minu organismi hüübimist. Teisisõnu, ma võin surnuks veritseda! Arst ütles, et ma ei suuda seda operatsiooni kuidagi välja kannatada ega valu taluda. Ma palvetasin enda tervenemise eest ja palusin ka kogudust minu eest palvetada. Ühel päeval tuli minu kirikusse külalissaaretaja. Ta tervitas kogudust ja küsis, kas keegi vajab tervenemist.

Kuna ma ei olnud kindel, kas ma saan oma tervenemist, läksin ikkagi Jumalale usaldades ettepoole. Kui ma oma kohale tagasi pöördusin, kuulsin häält, mis ütles mulle.

"Sa ei saa terveks."

Ma olin selle hääle peale vihane. Kuidas võis see hääl julgelt rääkida seda kahtlust ja uskmatust? Ma teadsin, et see oli kuradi trikk, et peatada minu tervenemine. Ma vastasin sellele häälele vastu,

"Ma saan oma tervenemise!"

Minu vastus oli kindel ja tugev, sest ma teadsin, et see tuli kõigi valede isalt, kuradilt. Püha Vaim annab meile võimu kuradi ja tema inglite üle. Ma ei kavatsenud lubada tal röövida minult tervenemist ja rahu. Ta on valetaja ja temas ei ole tõde! Ma võitlesin vastu Jumala Sõna ja tõotustega.

"Te olete oma isast, kuradist, ja te teete oma isa himusid. Ta oli algusest peale mõrtsukas ja ei püsinud tões, sest temas ei ole tõde. Kui ta räägib valet, siis räägib ta omast, sest ta on valetaja ja selle isa." (Jh 8:44)

Kohe oli mu valu kadunud ja ma olin paranenud! Mõnikord peame minema vaenlase leeri, et võidelda selle eest, mida me tahame, ja võtta tagasi see, mida vaenlane, kurat, tahab meilt ära võtta. Kui valu minust lahkus, ütles kurat :"Sa ei olnudki haige". Vaenlane püüdis mind "kahtluse pilve" abil veenda, et ma ei olnudki tegelikult haige. Selle kuradi vale põhjuseks oli see, et ma ei annaks Jumalale au. Kindla vastusega saatanale ütlesin: "Jah, ma olin haige!". Kohe pani Jeesus valu mõlemale poole mu mandleid. Ma vastasin: "Issand Jeesus, ma tean, et ma olin haige, ja sina ravisid mind." Valu lahkus minust igaveseks! Ma ei kannatanud enam kunagi. Kohe tõstsin käed üles, ülistasin Issandat ja andsin Jumalale au. Jeesus võttis triibud selga, et ma saaksin sel päeval terveks. Tema Sõna ütleb ka, et ka minu patud saaksid andeks. Ma tõusin püsti ja andsin sel päeval kogudusele tunnistust, kuidas Issand mind terveks tegi. Ma võtsin oma tervenemise jõuga.

"Ja alates Ristija Johannese päevadest kuni tänapäevani kannatab taevariik vägivalda ja vägivaldsed võtavad selle vägivallaga." (Matteuse 11:12)

"Ja usu palve päästab haige ja Issand äratab ta üles; ja kui ta on teinud patud, siis antakse need talle andeks." (Jakoobuse 5:15)

"Kes annab andeks kõik su süüteod, kes ravib kõik su haigused." (Psalmid 103:3)

Kui me seisame püsti ja anname tunnistust sellest, mida Issand on teinud, ei anna me mitte ainult Jumalale au, vaid tõstame sellega ka teiste inimeste usku, kes seda kuulda vajavad. Samuti on see värske veri kuradi vastu.

"Ja nad võitsid teda Talle verega ja oma tunnistuse sõnaga ning ei armastanud oma elu surmani". (Ilmutus 12:11)

Jumal teeb imesid nii suuri kui ka väikeseid. Te võidate kuradi, kui räägite teistele sellest, mida Jumal on teie heaks teinud. Te panete kuradi jooksma, kui hakkate Jumalat kogu südamest kummardama! Teil on olemas usu relvad ja Püha Vaimu vägi, et võita kõigi valede isa. Me peame õppima neid kasutama.

Nägemise defekt.

Mul oli probleem nägemisega 1974. aastal, enne Ameerikasse tulekut. Ma ei suutnud vahet teha enda ja minu ees oleva teise objekti vahel. See põhjustas tugevat peavalu ja iiveldust. Arst ütles, et mul on võrkkesta häire, mida saab parandada harjutustega; see aga ei toiminud minu puhul ja mu peavalu jätkus.

Ma käisin Californias ühes kirikus, mis uskus tervendavasse jõusse. Ma palusin kirikul minu eest palvetada. Ma kuulsin pidevalt tervendavaid tunnistusi, mis aitasid mul uskuda tervenemisse. Ma olen nii tänulik, et kogudused lubavad tunnistusi, et teised saavad kuulda kiitusteateid imedest, mida Jumal on teinud tavaliste inimeste elus tänapäeval. Minu usku tõstis alati tunnistuste kuulamine. Ma õppisin palju tunnistuste kaudu.

Hiljem läksin silmaarsti juurde, sest Jumal palus mul minna silmaarsti juurde.

See arst uuris mu silmi ja leidis sama probleemi, kuid palus mul küsida teist arvamust. Nädal hiljem palusin palvet, kuna mul oli tugev peavalu ja talumatu valu silmades.

Läksin teise arvamuse saamiseks, kes uuris mu silmi ja ütles, et mu silmadega ei ole midagi viga. Ma olin väga õnnelik.

Kuus kuud hiljem sõitsin tööle ja mõtlesin selle peale, mida arst ütles, ning hakkasin uskuma, et midagi ei ole viga ja teine arst, kes diagnoosis silmade ebatäiuslikkuse, eksis. Ma olin kogu selle kuu jooksul paranenud ja unustasin, kui haige ma olin.

Jumal hakkas minuga rääkima: "Kas sa mäletad, et sul oli talumatu valu, peavalu ja iiveldus?"

Ma ütlesin :"Jah." Siis ütles Jumal: "Kas sa mäletad, kui sa Indias olid ja arst ütles, et sul on silmahaigus ja sulle õpetati silmade koordinatsiooniharjutusi? Kas sa mäletad, et viimase kuue kuu jooksul ei ole sa selle probleemi tõttu koju haigeks jäänud?"

Ma vastasin" :Jah."

Jumal ütles mulle: "Ma tervendasin su silmad!"

Jumal tänatud, see selgitas, miks kolmas arst ei leidnud minust midagi halba. Jumal lubas mul selle kogemuse läbi teha, et näidata mulle, et Ta suudab minna sügavale minu silmadesse ja neid tervendada. Jumala Sõna ütleb: "Ma tunnen südant, mitte seda, kellele süda kuulub". Hakkasin neid sõnu hoolikalt oma mõtetes kaaluma. Ma võin küll oma südant omada, kuid ma ei tunne oma südant ega tea, mis mul südames on. Seepärast palvetan, paastun ja loen pidevalt Sõna, et Jumal leiaks minu südames ainult headust, armastust ja usku. Me peame olema ettevaatlikud sellega, mida me mõtleme ja mis meie suust välja tuleb. Mediteerige headuse üle, sest Jumal tunneb meie mõtteid.

"Mu suu sõnad ja mu südame mõtisklus olgu meelepärased sinu ees, Issand, mu vägi ja mu lunastaja." (Psalmid 19:14)

"Süda on üle kõige petlik ja meeleheitlikult kuri; kes võiks seda tunda? Mina, Issand, uurin südant, ma katsun ohjad, et anda igale inimesele tema teede ja tema tegude vilja järgi." (Jeremija 17:9-10)

Ma palvetan psalmi 51 minu eest:

"Loo minusse puhas süda, Jumal, ja uuenda minus õige vaim (Psalmid 51:10).

Ärevus.

Mul oli periood, mil kogesin midagi, mida ma ei suutnud sõnadesse panna. Mäletan, et ütlesin Jumalale, et ma ei tea, miks ma nii mõttetult tunnen. Ma palvetasin ja palusin Jumalat, et ma ei saa aru sellest valdavast tundest, sest ma ei olnud sel ajal millegi pärast mures. See tunne kestis mõnda aega ja see pani mind vaimselt, kuid mitte füüsiliselt "välja", mis on parim viis, kuidas ma seda kirjeldada oskan. Hiljem tööl oli mul käes see väike inspiratsiooniraamat.

Issand ütles: "Ava see raamat ja loe."

Leidsin teema "ärevus". Jumal ütles, et see, mis teil on, on ärevus. Ma ei olnud selle sõnaga tuttav. Kuna mul ei olnud sellest sõnast selget arusaama, ütles Jeesus, et vaadake sõnaraamatust. Ma leidsin täpselt need sümptomid, mis mul olid. Määratlus oli mure või muretsemine seoses mõne asja või sündmusega, tulevase või ebakindla, mis häirib meelt ja hoiab seda valusa rahutuse seisundis.

Ma ütlesin: "Jah, Issand, ma tunnen täpselt nii!"

Töötasin kiikuvas vahetuses ja vabal päeval läksin varakult magama. Selle aja jooksul ärkasin varahommikul vara üles, et palvetada, ja ühel päeval käskis Jumal mul magama minna. Ma mõtlesin: "Miks peaks Jumal seda ütlema?" Selles varajases etapis oma kõndimises Jumalaga õppisin tundma ja kuulma Tema häält. Taas küsisin endalt, miks Jumal ütleb mulle, et ma peaksin magama minema? Ma arvan, et see on kurat.

Siis meenus mulle, et mõnikord ütleb Jumal meile asju, millel ei pruugi olla mingit mõtet, kuid Ta annab meile olulise sõnumi. Lühidalt öeldes oli Tema sõnum, et me ei pea olema püham kui sina.

"Sest minu mõtted ei ole teie mõtted ega teie teed minu teed, ütleb Issand. Sest nii nagu taevas on kõrgem kui maa, nii on ka minu teed kõrgemad kui teie teed ja minu mõtted kõrgemad kui teie mõtted." (Jesaja 55:8-9)

Teisisõnu, palve on õige tee, kuid sel ajal ei olnud see õige tee. Ta saatis juba oma ingli minule teenima ja ma pidin olema voodis. On aeg puhkamiseks ja aeg, mil Jumal täidab meie lambid värske õliga Püha Vaimu uuendava palve kaudu. Loomulikult vajame me magamist ja puhkust, et värskendada oma keha ja meelt, nagu Jumal on ette näinud. Me oleme Jumala tempel ja peame enda eest hoolitsema.

*Aga kellele **inglitest** ta kunagi ütles: "Istu minu paremale käele, kuni ma teen su vaenlased su jalgealuseks?"? Kas nad kõik ei ole mitte **teenivad vaimud, kes on saadetud teenima neid, kes saavad päästmise pärijateks**? (Heebrealastele 1:13,14)*

Kui ma uuesti magama läksin, nägin unes peata meest. Peata mees puudutas mu pead. Hiljem ärkasin üles, tundes end värskena ja täiesti normaalselt; teades, et Jumal oli saatnud tervendava ingli, kes puudutas mu pead ja vabastas mind sellest ärevusest. Olin Jumalale nii tänulik, et rääkisin sellest kõigile, kes kuulsid. Ma kogesin hirmsaid nõrgestavaid ärevuse sümptomeid, mis olid mõjutanud mu meelt. Sa ärkad iga päev üles, kui see kestab; ei anna sulle kunagi rahu, sest su meel ei ole täielikult puhanud, et lõõgastuda. Ärevus on ka kuradi tööriist, et panna teid hirmu või paanikaga ülekoormatuna tundma. See esineb paljudes vormides ja te ei pruugi isegi teada, et teil on see olemas. Parim asi, mida teha, on muuta seda, kuidas te reageerite stressile ja küsida endalt, kas te annate oma kehale seda, mida ta vajab, et seda iga päev uuendada. Jumal teeb ülejäänu, kui te hoolitsete "Tema templi" eest.

"Kui keegi rikub Jumala templi, siis Jumal hävitab selle, sest Jumala tempel on püha, ja teie olete see tempel." (1. Korintlastele 3:17)

Tema hääl.

Kui teil on Jumal, siis olete täis, sest olete uppunud Tema armastusse. Mida rohkem sa Teda tunned, seda rohkem sa armastad Teda! Mida rohkem sa Temaga räägid, seda rohkem õpid kuulma Tema häält. Püha Vaim aitab sul Jumala häält eristada Sa pead lihtsalt kuulama seda vaikivat väikest häält. Me oleme Tema karjamaa lambad, kes tunnevad Tema häält.

"Siis Jeesus vastas neile: "Ma ütlesin teile, aga te ei uskunud: need teod, mida ma teen oma Isa nimel, annavad minust tunnistust. Aga teie usute mitte, sest te ei ole minu lambad, nagu ma teile ütlesin. Minu lambad kuulevad mu häält, ja ma tunnen neid, ja nad järgivad mind: Ja ma annan neile igavese elu, ja nad ei hukku iialgi, ja keegi ei võta neid minu käest välja. Minu Isa, kes on andnud nad mulle, on suurem kõigist, ja keegi ei saa neid minu Isa käest välja kiskuda. Mina ja minu Isa oleme üks." (Johannese 10:25-30)

On neid, kes nimetavad end Tema "lammasteks", ja neid, kes ei usu. Tema lambad kuulevad Jumala häält. Religioossed deemonid on petlikud. Nad panevad meid tundma, et meil on Jumal. Püha Piibel hoiatab meid valeõpetuste eest.

"kellel on jumalakartlikkuse vorm, kuid kes eitavad selle väge." (2. Timoteuse 3:5)

Jumal ütleb: "Otsige mind kogu oma südamest ja te leiate mind." Asi ei ole selles, et me leiame endale sobiva elustiili. Järgige tõde, mitte religioosset traditsiooni. Kui te janunete Jumala tõe järele, siis te leiate selle. Te peate lugema ja armastama Jumala Sõna, peitma selle oma südamesse ja näitama seda oma elustiilis. Sõna muudab teid sisemiselt ja väliselt.

Jeesus tuli, et murda traditsiooni ja religiooni võim oma vere hinnaga. Ta andis oma elu, et meil oleks võimalik saada pattude andeksandmine ja otsene osadus Jumalaga. Seadus täitus Jeesuses, kuid nad ei tunnistanud Teda Issandaks ja Päästjaks, Messiaks.

"Siiski uskusid ka paljud ülemjuhatajate seas temasse, kuid variseride pärast ei tunnistanud nad teda, et neid ei heidetaks sünagoogist välja: Sest nad armastasid inimeste kiitust rohkem kui Jumala kiitust." (Jh 12:42, 43)

Gripp:

Mul oli kõrge palavik, millega kaasnesid kehavalud. Mu silmad ja nägu olid samuti väga paistes. Ma suutsin vaevu rääkida ja kutsusin oma koguduse vanema, et ta palvetaks minu tervenemise eest. Mu näojooned muutusid kohe jälle normaalseks ja ma olin tervenenud. Ma tänan Jumalat usumeeste eest ja kindlustunde eest, mida Ta annab neile, kes Teda usaldavad.

"Sest meie evangeelium ei tulnud teile ainult sõnas, vaid ka väes ja Pühas Vaimus ja suures kindluses." (1Tesalooniklastele 1:5a)

Silmade allergia.

Lõuna-Californias on meil tõsine sudu probleem. Mul oli silmade ärritus, mis muutus õhusaaste tõttu hullemaks. Sügelus, punetus ja pidev valu oli talumatu; see tekitas minus soovi silmad välja tõmmata. Milline kohutav tunne. Ma olin veel kasvamas ja õppisin Jumalat usaldama. Arvasin, et Jumal ei saa seda ravida, kuigi Ta oli mind juba varem terveks teinud. Mul oli lihtsalt raske uskuda, et Jumal mind terveks teeb. Mõtlesin, et kuna Jumal teab juba iga mu mõtet, ei saa Ta minu silmi minu uskmatuse tõttu terveks ravida, seega kasutasin silmatilkasid, et sügelust leevendada. Issand hakkas mulle rääkima, et ma lõpetaksin silmatilkade kasutamise. Kuid sügelus oli väga tugev ja ma ei lõpetanud seda. Ta kordas seda kolm korda, kuni ma lõpuks silmatilgad ära jätsin.

"Aga Jeesus vaatas neid ja ütles neile: "Inimestel on see võimatu, aga ***Jumalal on kõik võimalik"****. (Matteuse 19:26)*

Mõni tund hiljem, kui olin tööl, lahkus sügelus minust. Olin nii õnnelik, et hakkasin kõigile tööl oma paranemisest rääkima. Ma ei pidanud enam kunagi oma silmade pärast muretsema. Me teame nii vähe Jumalast ja sellest, kuidas Ta mõtleb. Me ei saa kunagi teada Teda, sest **Tema teed** ei ole meie teed. Meie teadmised Temast on nii äärmiselt väikesed. Seepärast on tõeliste usklike jaoks nii oluline kõndida

Vaimus. Me ei saa toetuda oma inimlikule mõistusele. Jeesus oli minuga sel päeval lahke, kannatlik ja halastav. Jeesus andis mulle suure õppetunni. Ma kahtlesin tervenemise suhtes, kuid sel päeval kuuletusin ja Ta tervendas mind! Ta ei ole kunagi loobunud minust ja Ta ei loobu ka sinust!

Pärast seda kuulekuse õppetundi panin ma igasugused ravimid ära. Ma uskusin oma südames, et hakkan usaldama Jumalat, et ta mind kõigist mu haigustest ja haigustest terveks teeb. Aja jooksul õppisin Teda uskuma ja kasvasin Issandas. Ta on minu arstiks ka tänapäeval.

Kaelavigastus:

Sõitsin ühel pärastlõunal kirikusse, kui mind tabas teine sõiduk ja ma sain kaelavigastuse, mis nõudis töölt haiguspuhkust. Tahtsin tööle naasta, kuid arst keeldus. Hakkasin palvetama: "Jeesus, mul on igav, palun lase mul minna." Jeesus ütles: "Mine tagasi tööle ja keegi ei saa öelda, et sa olid vigastatud".

"Sest ma annan sulle tervise tagasi ja tervendan su haavad, ütleb Issand." (Jeremija 30:17a).

Siis pöördusin tagasi arsti juurde ja ta lubas mul tööle naasta, kuna ma nõudsin seda. Ma hakkasin taas valu tundma ja sain noomituse, et naasin liiga vara tööle. Mäletan, mida Jeesus ütles ja lubas mulle. Hakkasin endale ütlema, et pean kinni Jumala lubadusest, ja hakkasin päevast päeva paranema. Enne kui ma seda märkasin, oli mu valu kadunud. Sel õhtul palus mu ülemus mind tööle üle aja. Ma naersin naljaga pooleks ja ütlesin talle, et ma ei ole piisavalt hästi, et töötada ületunnis, sest mul on valu. Tunnistasin, et mul on midagi, mida mul ei olnud. Valu tuli kohe tagasi ja mu nägu muutus väga kahvatuks, nii et mu ülemus käskis mul koju minna. Mulle meenus, et Jumal oli varem öelnud, et ma saan terveks, ja olin otsustanud selle peale seista. Ütlesin oma ülemusele, et ma ei saa koju minna, sest Jumal on lubanud. Teine ülemus oli kristlane, nii et palusin tal minu eest palvetada. Ta nõudis, et ma läheksin jälle koju. Hakkasin valu noomima ja rääkisin ususõnu.

Nimetasin kuradit valetajaks Püha Vaimu volitusega. Kohe lahkus mu valu.

"Siis ta puudutas nende silmi ja ütles: "Teie usu järgi olgu teile." (Matteuse 9:29)

Ma läksin tagasi oma ülemuse juurde ja rääkisin talle, mis juhtus. Ta nõustus, et kurat on valetaja ja kõigi valede isa. Oluline on, et kunagi ei kutsutaks haigust või valu esile. Jumal andis mulle sel päeval väga olulise õppetunni, mis puudutab ebatõega naljatamist.

"Aga teie suhtlus olgu: Jah, jah, ei, ei, ei; sest mis iganes on rohkem kui need, see on kurjast." (Matteuse 5:37).

3. peatükk

Jumala võimsad relvad "Palve ja paast"

Ühel pühapäevahommikul, jumalateenistuse ajal, lamasin ma viimasel pingil piinava valu käes ja olin vaevu võimeline kõndima. Järsku käskis Jumal mul minna ettepoole ja võtta vastu palve. Millegipärast teadsin oma südames ja Vaimus, et ma ei saa terveks, kuid kuna ma kuulsin Jumala häält, siis kuuletusin. Nagu me loeme

1 Saamueli 15:22b. Kuuletumine on parem kui ohverdamine.

Jõudsin aeglaselt ettepoole ja kui hakkasin mööda külgsaari kõndima, märkasin, et inimesed hakkasid püsti tõusma, kui ma neist möödusin. Ma nägin, kuidas Jumala Vaim langes iga inimese peale, ja mõtlesin, mis oli Jumala eesmärk, et ta mind esiplaanile saatis.

"Ja kui sa kuulad hoolega Issanda, oma Jumala häält ja täidad kõiki tema käske, mida ma täna sulle annan, siis Issand, su Jumal, paneb sind kõrgele, kõrgemale kõigist maapealsetest rahvastest: Ja kõik

need õnnistused tulevad sinu peale ja võtavad sind üle, kui sa kuuled Issanda, oma Jumala häält." (5. Moosese 28:1-2)

Ma käisin oma kohalikus kirikus, kui see juhtus, kuid mõtlesin sellest konkreetsest päevast juba mõnda aega. Pärast seda, kui ma läksin külastama kirikut Uplandi linnas. Üks õde meie endisest kirikust käis ka selles kirikus. Ta nägi minu kuulutust autol, kus ma pakkusin matemaatikaõpetust, ja tahtis mind tööle võtta. Ühel päeval, kui ma teda kodus õpetasin, ütles ta mulle: "Õde, ma mäletan seda päeva, kui sa olid meie vanas kirikus haige ja sa kõndisid esikusse, et saada palvet. Ma ei ole kunagi varem kogenud Jumala kohalolekut niimoodi, kuigi ma olen Jeesuse nimes ristitud ja käinud kaks aastat kirikus. Sel päeval, kui sa möödusid, tundsin Jumala Vaimu esimest korda ja see oli nii tugev. Kas mäletate, et kogu kogudus tõusis püsti, kui Vaim langes nende peale, kui te möödusite?" Mäletasin seda päeva hästi, sest ma ikka veel imestasin, miks Jumal saatis mind ette, kui ma vaevu kõndida sain. Ma tundsin, et Jumal lubas tal taas minu teed ristida mingil põhjusel. Tema kaudu vastas Jumal minu küsimusele selle päeva kohta.

Mul oli hea meel, et ma kuulsin Jumalat ja kuulsin Tema häält.

"Sest me kõnnime usus, mitte nägemise järgi" (2. Korintlastele 5:7).

Pärast minu vigastust 1999. aasta septembris ei saanud ma enam kõndida, nii et ma jäin pidevalt voodisse palvetama ja paastuma ööpäev läbi, sest ma ei saanud 48 tundi magada. Ma palvetasin päeval ja öösel, mõeldes, et pigem hoian Jumalat meeles, kui tunnen valu. Ma rääkisin pidevalt Jumalaga. Me oleme au või häbiplekk anumad. Kui me palvetame, siis täidame oma anuma Jumala värske õliga, palvetades Püha Vaimus.

Me peame kasutama oma aega targalt ja mitte laskma eluhädadel hoida meid vaimulikult lähedastest suhetest meie Loojaga. Kõige võimsam relv kuradi ja tema armee vastu on palve ja paastumine.

"Teie aga, armsad, ehitades endid üles oma kõige pühama usu peale, palvetades Pühas Vaimus," (Juudas, Vs.20).

Sa võidad kurjuse, kui sa palvetad ja kui sul on järjepidev palveelu. Järjepidevus on kõikvõimas. Paastumine suurendab Püha Vaimu väge ja teil on võim deemonite üle. Jeesuse nimi on nii võimas, kui ütlete sõnad: "Jeesuse nimel". Samuti pidage meeles, et Kallis "Jeesuse Veri" on teie relv. Paluge Jumalal katta teid Tema Verega. Jumala Sõna ütleb:

*"Ja Jeesusest Kristusest, kes on ustav tunnistaja ja surnute esmasündinu ja maa kuningate vürst. Temale, kes meid armastas ja **pesi meid oma verega meie pattudest**." (Ilm 1:5)*

*"Nii palju, et nad tõid haigeid välja tänavatele ja panid nad vooditele ja sohvritele, et vähemalt Peetruse **vari, mis** möödub, varjutaks mõnda neist." (Apostlite teod 5:15)*

4. peatükk

Jumal Suur strateeg

Kes saab teada Jumala mõtteid? 1999. aastal töötasin ma postkontoris vahetuses, kui ma kummardusin, et midagi kätte saada, ja tundsin tugevat seljavalu. Otsisin oma ülemust, kuid ei leidnud teda ega kedagi. Läksin koju, arvates, et valu kaob pärast palvetamist enne magamaminekut. Kui ma järgmisel hommikul ärkasin üles ja valu oli alles, helistasin koguduse vanemale, kes palvetas minu tervenemise eest. Palvetamise ajal kuulsin, kuidas Issand käskis mul helistada oma tööandjale postkontorisse, et teavitada neid minu vigastusest. Seejärel anti mulle korraldus teavitada oma ülemust, kui ma tööle naasen. Kui ma tööle naasin, kutsuti mind kontorisse, et täita vigastuse aruanne. Ma keeldusin nende arsti juurde minemast, sest ma ei uskunud arsti juurde minemisse. Ma usaldasin Jumalat. Kahjuks muutus mu seljavalu ainult hullemaks. Minu tööandjal oli vaja arsti tõendit, mis tõendaks, et ma olin saanud vigastuse, et õigustada kerget tööd. Selleks ajaks olin teinud mitu taotlust, et mind nende arst vaataks, kuid nüüd ei olnud nad nii varmad mind saatma. Alles siis, kui nad nägid, et minu kõndimine paranes, arvasid nad, et olen paranenud. Nüüd saatsid nad mind oma töövigastusarsti juurde, kes saatis mind hiljem ortopeedi juurde. Ta kinnitas, et mul on püsiv seljavigastus.

See ärritas mu tööandjat väga. Mul oli nii hea meel, et olin seekord nõus nende arsti juurde minema. Ma ei teadnud, mida tulevik mulle toob, aga Jumal teadis. Ma ei saanud tööl mitte ainult kerget tööd, vaid nüüd olid nad teadlikud, et mul on tõsine puue. Kuna mu seisund halvenes, lubati mulle ainult kuus tundi tööd, siis neli ja siis kaks. Minu valu muutus nii talumatuks, et tööle sõitmine muutis edasi-tagasi pendeldamise raskeks. Ma teadsin, et pean lootma Jumalale, et ta mind terveks teeb. Ma palvetasin ja küsisin Jumalalt, mis on Tema plaan minu jaoks? Ta vastas: "*Sa lähed koju.*" Ma mõtlesin, et kindlasti kutsutakse mind kontorisse ja saadetakse koju. Hiljem kutsuti mind kontorisse ja saadeti koju, nagu Issand oli rääkinud. Aja edenedes halvenes mu seisund ja ma vajasin kõndimiseks tuge. Arst, kes tunnistas mu vigastuse tõsidust, soovitas mul pöörduda tööõnnetuste hüvitamise arsti poole, kes võtaks minu juhtumi enda peale.

Ühel reede õhtul, kui ma postkontorist lahkudes ukse avasin, kuulsin Jumala häält, mis ütles: "*Sa ei tule enam kunagi siia tagasi.*" Olin neist sõnadest nii üllatunud, et hakkasin mõtlema, et võib-olla mind võidakse halvata või isegi vallandada. See hääl oli väga selge ja võimas. Ma teadsin kahtlemata, et see saab teoks ja ma ei vaata enam tagasi sellesse kohta, kus olin 19 aastat töötanud. Kuidas asjad minu jaoks rahaliselt korda lähevad, oli ebakindel. Kuid Jumal näeb asju kaugelt, sest Ta pani veel ühe sammu, mis suunab teed, mida ma peaksin minema...

Jumal pani aeglaselt ja oskuslikult nagu meistristrateeg minu tulevikule aluse selleks ajaks, mil ma ei tööta enam kellegi teise jaoks, vaid Tema jaoks. Pärast nädalavahetust olin leidnud uue ortopeedilise arsti, kes mind uuris. Ta pani mind peaaegu aastaks ajutisele töövõimetuslehte. Postkontor saatis mind ühe oma arsti juurde hindamisele ja tema arvamus oli vastupidine minu arsti arvamusele. Ta ütles, et mul on kõik korras ja ma võin tõsta kuni 100 naela. Ma ei suutnud isegi kõndida, seista ega isegi väga kaua istuda, rääkimata sellest, et ma saaksin tõsta kaalu, mis vastab minu enda nõrgale kehale. Minu arst oli väga ärritunud. Ta ei nõustunud teise arsti hinnanguga minu tervisele ja füüsilistele võimetele. Jumal tänatud, et minu arst vaidlustas selle minu nimel ja tööandja arsti vastu. Minu tööandja saatis seejärel asja edasi kolmandale arstile, kes tegutses vahendava "kohtunikuna". See kohtunik oli ortopeediline kirurg, kes hiljem diagnoosis mul töövõimetuse. Seda mitte töövigastuse, vaid minu verehaiguse tõttu. Nii et nüüd võttis kõik teistsuguse pöörde. Ma olin selle haigusega sündinud. Ma ei teadnud midagi invaliidsuspensionist. Ma palvetasin selle olukorra üle viha südames. Ma tean, et tema ülesanne oli teha seda, mis on õiglane patsiendi, mitte tööandja suhtes. Ja nägemuses nägin seda arsti täiesti hulluks.

Ma palusin kohe Jeesust, et ta talle andeks annaks. Issand hakkas minuga rääkima, öeldes, et arst oli teinud oma parima teie heaks. Ma palusin Issandat, et ta näitaks mulle, sest ma ei näinud seda nii, kuid vastus tuleks hiljem. Vahepeal taotlesin püsiva töövõimetuse hüvitist, sest ma ei saanud enam töötada. Ma ei olnud kindel, kas mu taotlus kiidetakse heaks. Minu tööandja ja arst teadsid mõlemad, et mul ei olnud mitte ainult seljavigastus, vaid ka kolm kasvaja alaseljal ja hemongioom lülisambas. Mul oli degeneratiivne kõvakettahaigus ja verehaigus. Mu keha halvenes kiiresti ja väga valusalt.

Minu haiguste ja vigastuste valusad sümptomid olid mind tugevalt kurnanud. Ma leidsin, et ma ei suuda kõndida isegi tugiisiku abiga. Ei olnud teada, mis põhjustas mu jalgu vaevavaid halvatusi, nii et mind saadeti mu pea magnetresonantstomograafia (MRT) uuringule. Arst otsis mingit psühholoogilist seisundit. Kes saab teada Jumala meelt ja seda, milliseid samme Ta minu tuleviku jaoks ette võttis? Jumal on suur strateeg, sest ma ei teadnud siis, et kõik see oli põhjusega. Ma pidin lihtsalt usaldama Teda, et ta hoolitseb minu eest. Püsiva töövõimetuse hüvitisi saab heaks kiita ainult isikutele, kellel on isiklik tervislik seisund, mida saab meditsiiniliselt toetada isikliku arsti poolt. Kuna minu uuel arstil puudus igasugune haiguslugu, keeldus ta andmast täielikku meditsiinilist hinnangut minu töövõimetuse kohta töövõimetusosakonnale. Samuti sattusin ma dilemma ette oma rahaliste vahenditega seoses. Pöördusin vastuste saamiseks ainsa teadaoleva allika poole. Issand ütles: "*Teil on palju meditsiinilisi aruandeid, saatke need kõik arstile*".

Ma mitte ainult ei andnud arstile kõiki oma meditsiinilisi aruandeid, vaid ta oli nüüd valmis täitma minu püsiva töövõimetuspensioni taotluse. Kiidetud olgu Jumal! Jumal on alati valmis andma vastuse, kui me Teda tõsiselt palume. Oluline on alati olla paigal ja kuulata Tema vastust. Mõnikord ei tule see kohe. Ma ootasin "Suurt strateegiat", et ta korraldaks mu elu Tema tahtmise järgi. Järgnevad kuud olid piinarikkad ja väljakutsuvad. Ma ei kannatanud mitte ainult füüsilist valu, vaid ma ei suutnud enam ühtegi lehekülge raamatust ümber pöörata. Kuna ma sõltun tervenemise osas Jumalast, siis uskusin, et ma lähen selle läbi mingil põhjusel, kuid kindlasti ei sure ma. Seda uskudes tänasin ma lihtsalt Jumalat iga päev iga hetke eest, mida ma elasin, ja olenemata sellest, millises seisundis ma olin. Ma kulutasin end palvesse ja paastu, et saada läbi nendest piinava valu aegadest. Ta oli minu ainus jõuallikas ja mu varjupaik palves.

Minu elu oli võtnud suure pöörde halvemuse poole. Ma ei olnud enam võimeline töötama selles nõrgestavas seisundis. Palju palvetades ja palvetades iga päev tundus, et mu olukord halveneb, mitte ei parane. Sellest hoolimata teadsin, et Jumal on ainus vastus. Kahtlemata teadsin, et Ta teeb minu jaoks asjad korda. Ta oli teinud mulle teatavaks oma olemasolu ja kohalolu ning ma teadsin, et Ta armastab mind. Sellest piisas, et hoida kinni ja oodata "Meistristrateegist", kellel oli minu elu jaoks kindel plaan.

Minu ema, kes oli 85-aastane, elas sel ajal koos minuga. Ta oli ka invaliid ja vajas oma voodihaige olekus abi ja hooldust. Ajal, mil mu armastav ema vajas mind kõige rohkem, ei saanud ma tema põhivajadusi rahuldada. Selle asemel pidi mu nõrk ema vaatama, kuidas tema tütre tervislik seisund tema silme ees halvenes. Kaks naist, ema ja tütar, lootusetus olukorras, mis tundus lootusetu, kuid me mõlemad uskusime "Imede võimsasse Jumalasse". Ühel päeval nägi mu ema mind põrandal kokku kukkumas. Ta karjus ja hüüdis, olles abitu, et midagi minu heaks teha. See stseen oli minu ema jaoks nii talumatu ja kohutav, kui ta mind põrandal nägi, kuid Issand tõstis mind oma halastuses põrandalt üles. Minu vend, õde ja perekond, kes sellest kuulsid, olid väga mures, et mu seisund oli jõudnud nii äärmuseni.

Minu kallis ja eakas isa, kelle eest mujal hoolitseti, ainult nuttis ja ei öelnud palju, ma palvetasin Issandat, et see kõik oleks meie kõigi pärast möödas. See ei olnud ainult minu isiklik valu ja katsumus, mida pidin taluma; see mõjutas nüüd ka minu lähedasi. See oli minu elu kõige tumedam aeg. Ma vaatasin algusest peale Jumala tõotuse poole:

"Kui sa lähed, ei takista su sammud, ja kui sa jooksed, ei komista sa."
(Õpetussõnad 4:12)

Suure rõõmuga südames mõtlesin ma Jumala sõnale ja tõotusele. Ma ei oleks mitte ainult võimeline astuma sammu, vaid mul oleks ka võime ühel päeval joosta. Pühendasin rohkem aega palvetamisele, sest mul polnud muud teha, kui palvetada ja otsida Jumala palet. Sellest sai kinnisidee päeval ja öösel. Jumala Sõna sai minu "Lootuse ankruks" kõikuvas meres. Jumal hoolitseb meie vajaduste eest, nii et Ta tegi mulle võimaluse hankida mootoriga ratastool, mis muutis mu elu pisut lihtsamaks. Seistes ei suutnud ma end isegi abiga tasakaalustada. Kogu mu kehas oli ainult ebamugavustunne ja valu ning kogu see lohutus, mis mul oli, tuli "Lohutaja", Püha Vaim, poolt. Kui Jumala inimesed minu üle palvetasid, koges mu keha ajutiselt valu leevendust, nii et ma otsisin alati palveid teistelt. Ühel päeval kukkusin ma põrandal kokku ja mind viidi haiglasse. Haigla arst püüdis mind veenda võtma valuvaigistit. Ta oli selles suhtes järjekindel, kuna nägi, et mu valu oli mitu päeva äärmuslik. Lõpuks andsin järele tema juhistele võtta ravimeid, kuid see oli vastuolus sellega, mida ma uskusin.

Minu jaoks oli Jumal minu tervendaja ja arst. Ma teadsin, et Jumalal on võime mind igal ajal tervendada, nii nagu Ta oli seda teinud nii palju kordi varem, nii et miks ei võiks Ta mind ka nüüd tervendada? Ma uskusin kindlalt, et see oli Jumala kohustus mind aidata. Nii ma mõtlesin ja palvetasin usus ja keegi ei suutnud minu mõtlemist selles osas muuta. Ma ei suutnud seda teisiti näha, nii et ma ootasin "Meistristrateegiat". Minu mõttekäik tugevnes Jumalale toetudes. Mida rohkem ma palvetasin, seda rohkem kasvas minu suhe Temaga. See oli nii sügav ja isiklik, et seda ei saa seletada kellelegi, kes ei tea Jumala vaimsetest teedest või Tema enda olemasolust. Ta on vapustav

Jumal! Päeval, mil ma haiglast lahkusin, helistasin sõbrale, et ta mulle järele tuleks. Ta pani oma käe minu kohale, et palvetada, ja ma kogesin ajutist valu leevendust. See oli nagu Jumala retseptiravimite võtmine. Selle aja jooksul saatis Jumal ühe naise, kes palvetas minuga igal hommikul kell 4.00. Ta pani oma käed minu peale ja palvetas. Ma kogesin ainult ajutist leevendust ja nüüd oli mulle antud palvetaja. Ma uskusin kogu südamest, et Jumalal on kõik kontrolli all.

Asjad läksid hullemaks, sest mu keha halvenes jätkuvalt. Närvikahjustuse tõttu ei saanud ma piisavalt verd ega hapnikku oma alumistesse ja ülemistesse jäsemetesse. Minu sümptomite loetelule lisandus ka inkontinentsus. Mul hakkas tekkima raskusi sõnade hääldamisel, sest mu suu oli kramplik. Mul oli seljaajunärvi kahjustus ja sümptomite nimekiri kasvas pidevalt.

Minu paranemine ei tulnud kiiresti. Ma mõtlesin, mis juhtus Tema lubadusega Vanasõna 4:12. Ma mõtlesin, et võib-olla olin ma patustanud. Nii et ma palusin: "Issand Jeesus, palun anna mulle teada, mida ma valesti tegin, et ma saaksin kahetseda." Palusin Jumalat, et ta räägiks minuga või mu sõbraga, et ta saadaks mulle sõna. Ma ei olnud Jumala peale vihane, vaid palusin Teda alandliku südamega. Olin meeleheitlikult huvitatud tervenemisest.

Hiljem sel päeval helises mu telefon, mõtlesin, et kas see võiks olla minu vastus? Kuid minu pettumuseks oli see telefonikõne kellelegi teisele. Läksin magama ja ärkasin kell 4 hommikul, et palvetada. Minu palvetamispartner Sis. Rena tuli minuga koos palvetama. Ma vaatasin teda ja mõtlesin, et võib-olla Jumal on temaga rääkinud ja tal on minu vastus, kuid jälle minu pettumuseks ei tulnud vastust.

Pärast tema lahkumist läksin ma oma tuppa, et lamada ja puhata. Kui ma seal lamasin, kuulsin kell 9.00 hommikul, kuidas tagumine uks avanes; see oli Carmen, majahoidja. Ta astus sisse ja küsis minult : "*Kuidas sa end tunned*?" Ma ütlesin" :*Ma tunnen end kohutavalt.*" Siis pöördusin tagasi ja suundusin tagasi oma tuppa. Carmen ütles: "*Mul on sulle üks sõna öelda.*" Kui ma täna kirikus palvetasin, tuli Jeesus minu juurde ja ütles: *"Sis. Elizabeth Das läbib kohtuprotsessi, see on tema tuline pikk kohtuprotsess ja ta ei ole midagi valesti teinud. Ta tuleb välja nagu kuld ja ma armastan teda väga."* Ma tean, et olin eelmisel õhtul Temaga trooniruumis, kui ma palusin vastust oma küsimusele.

Vaata, Issanda käsi ei ole lühenenud, et ta ei saaks päästa, ega tema kõrv raske, et ta ei saaks kuulda. (Jesaja 59:1)

Sel hetkel oma elus tundsin, et lähen hulluks. Ma ei suutnud enam normaalselt lugeda, mäletada ega keskenduda. Minu ainus valik ja elamise põhjus oli Jumalat kummardada ja palvetada väga palju. Ma magasin ainult lühikesi, umbes kolm kuni neli tundi iga kahe päeva tagant. Kui ma magasin, oli Jumal minu Shalom. Au ja kiitus ja ülistus ja au Tema Pühale Nimele! Ma hüüdsin Issandale oma palvetes : "Jumal, ma tean, et ma saan sellest kohe välja, sest mul on usk, et Sa suudad ja tervendad mind". Hakkasin oma katsumuse üle mõtlema, et võib-olla ma ei saa sellest välja tulla ainult oma usu abil. Katsumustel on algus ja lõpp.

Aeg on tapmiseks ja aeg tervendamiseks, aeg lagundamiseks ja aeg ülesehitamiseks (Koguja 3:3).

Ma pidin uskuma, et kui see kõik on möödas, on mul võimas usutunnistus, mis jääb igavesti püsima. Usutunnistus, mida ma jagaksin paljudele tunnistajana Kõigevägevama Jumala imelistest tegudest! See kõik oleks seda väärt, kordasin endale pidevalt. Ma pidin uskuma oma "Lootuse ankrusse", sest ei olnud muud teed kui **Tema tee**! Ja just **Tema teel** juhtus, et mind juhatatakse selle juurde, kes oli varustatud võimsa tervendamise andega, mis oli antud Tema nimel. Jumala Sõna ei muutu kunagi, seega ei muutu ka Jumal. Ta on seesama eile, täna ja igavesti. Uuesti sündinud usklikena peame oma usku armastusega tunnistama ja armastama Jumala Sõna.

"Uuesti sündides, mitte kaduvast seemnest, vaid kadumatust, Jumala sõna läbi, mis elab ja jääb igavesti." (1Peetruse 1:23)

Piibli Jumala meestel olid samuti oma katsumused. Miks peaks tänapäeval olema teisiti, et Jumal ei peaks meid proovile panema? Ma ei võrdle end Püha Piibli jumalakartlike meestega, sest ma olen kaugel võrdlusest pühade jüngritega. Kui Jumal pani sadade aastate eest meeste usku proovile, siis paneb Ta proovile ka tänaseid mehi ja naisi.

"Õnnistatud on mees, kes kiusatust talub, sest kui teda ***proovile*** *pannakse, saab ta elu krooni, mille Issand on tõotanud neile, kes teda armastavad." (Jakoobuse 1:12)*

Ma mõtlesin piiblilugu Taanieli kohta. Ta sattus olukorda, kus tema usk oli proovile pandud. Jumal kaitses Taanielit lõvide koopas, sest ta ei tahtnud kuuletuda kuningas Dareiose seadusele. Ta palvetas ainult Jumala poole ja keeldus palvetamast kuningas Dareiosele. Siis oli Iiob, pühendunud mees, kes armastas Jumalat, kes kaotas kõik, mis tal oli, ja kannatas haiguste käes, kuid Iiob ei tahtnud Jumalat neada. Pühas Piiblis on mainitud veel nii palju teisi mehi ja naisi. Ükskõik, mida nad ka läbi ei elanud, nende katsumusel oli algus ja lõpp. Issand oli nendega läbi kõige selle, sest nad usaldasid teda. Ma hoian kinni nende piiblilugude õppetundidest, mis on meile antud eeskujuks ja inspiratsiooniks. Jumal on vastus kõigele. Usaldage ainult Teda ja jääge Tema Sõnale truuks, sest Tema Sõna on teile truuks!

hoides usku ja head südametunnistust, mille mõned, kes on usust loobunud, on teinud laevahuku (1Timoteuse 1:19).

Kui teie usk on proovile pandud, ärge unustage, et seisate Jumala sõnal. Iga vaenlase rünnaku korral saab lahingu võita Tema Sõna väe abil.

Issand on mu tugevus ja laul, ta on saanud minu päästjaks, ta on mu Jumal (2Moosese 15:2a).

Jumal on mu kalju, temasse ma loodan, ta on mu kilp ja mu päästesarv, mu kõrge torn ja mu varjupaik, mu päästja, sa päästad mind vägivallast (2Saam 22:3).

Issand on mu kalju ja mu kindlus ja mu päästja, mu Jumal, mu vägi, kelle peale ma loodan, mu sangar ja mu päästesarv ja mu kõrge torn. (Ps 18:2)

Issand on mu valgus ja mu pääste, keda ma peaksin kartma, Issand on mu elu jõud, keda ma peaksin kartma (Ps 27:1).

Ma usaldan Jumalat: Ma ei karda seda, mida inimene võib mulle teha. (Ps 56:11)

Jumalas on minu pääste ja au; minu tugevuse kalju ja mu varjupaik on Jumalas. (Ps 62:7)

5. peatükk

Oma usu väljaütlemine

Mul oli mõnda aega tolmuallergia, mis pani mu näo sügelema. Ma uskusin, et Jumal ravib mind sellest seisundist. Ühel päeval vaatas mulle üks töökaaslane otsa, öeldes, et mu allergia on väga paha. Ütlesin talle, et mul ei ole seda allergiat, selgitades, et usun, et Jumal juba hoolitseb minu palve eest tervenemiseks. See oli minu "ärge nimetage seda" ja "ärge nõudke seda" uskumus. Issand täitis minu palve juba samal päeval, kõrvaldades selle haiguse ja kõik sümptomid. Milline imeline Jumal, keda me teenime! Me ei pea oma suuga tunnistama ja oma sümptomitele nimesid andma. Kui te saate palve, uskuge, et selle eest on taevas juba hoolt kantud ja et teile on saadetud ingel, kes toob teile teie tervenemise. Rääkige oma usku, mitte oma haigusi ja haigusi. Ma toon meelde piibliloo Jeesusest ja tsentuurionist Kapernauma juures:

"Ja kui Jeesus oli sisenenud Kapernauma, tuli tema juurde üks sajaprotsendiline, kes palus teda ja ütles: "Issand, mu sulane lamab kodus halvatushaigena, raskelt vaevatud". Ja Jeesus ütles talle: "Ma tulen ja tervendan ta. Ja sajandär vastas ja ütles: "Issand, ma ei ole väärt, et sa mu katuse alla tuled; aga räägi ainult sõna, ja mu sulane saab terveks." Ta ütles: "Issand, ma ei ole väärt, et sa mu katuse alla

tuled; aga räägi ainult sõna, ja mu sulane saab terveks. Sest mina olen võimul, ja mul on sõdurid minu all; ja ma ütlen sellele mehele: Mine, ja ta läheb; ja teisele: Tule, ja ta tuleb; ja minu sulasele: Tee seda, ja ta teeb seda. Kui Jeesus seda kuulis, imestas ta ja ütles neile, kes järgnesid: "Tõesti, ma ütlen teile, ma ei ole leidnud nii suurt usku, mitte Iisraelis." (Matteuse 8:5-10)

Tsentuurio tuli alandlikult Issanda juurde, uskudes Jeesuse sõnade jõusse. Tsentuuriumi enda sõnad näitasid Jeesusele tema usku "räägitud sõna" jõusse, mis tervendaks tema sulase. Me võime tuua teistele usku ja lootust sellega, mida me neile ütleme. Me peame laskma Pühal Vaimul rääkida oma suu kaudu, kui meil on võimalus teistele tunnistust anda.

See on Tema viis kasutada meid selleks, et tõhusalt puudutada teiste inimeste elu ja külvata pääste seemet. Sellistel hetkedel annab Jumal meile sõnu, mida rääkida, koos võidmisega, sest Ta tunneb meie südant ja meie soovi jõuda patustajani. Ma olen nii tänulik Jumala armastuse, halastuse ja armu eest, mis viib meid meeleparandusele. Ta on valmis meile meie patud andeks andma ja tunneb meie nõrkusi, sest Ta teab, et me oleme inimesed.

"Ja ta ütles mulle: "Minu armust piisab sulle, sest minu jõud on nõrkuses täiuslik. Seepärast tahan ma pigem oma nõrkuses hiilata, et Kristuse vägi puhkaks minu peal. Seepärast ma tunnen rõõmu nõrkustest, nuhtlustest, hädadest, tagakiusamistest, ahastustest Kristuse pärast; sest kui ma olen nõrk, siis olen ma tugev." (2. Korintlastele 12:9-10)

Ja Jeesus ütles neile: "Teie uskmatuse pärast; sest tõesti, ma ütlen teile: Kui teil on usku nagu sinepikillu, siis te ütlete sellele mäele: 'Mine siit ära sinna, ja see läheb ära, ja miski ei ole teile võimatu.' (Matteuse 17:20)

Sel õhtul oli nahaallergia täielikult paranenud, sest ma ei võtnud saatanapaketti vastu.

6. peatükk

Jumala ja tema sulase tervendav jõud

Ma tahan alustada seda peatükki sellega, et räägin teile kõigepealt veidi vend James Minist. Vend Jamesil oli Californias Diamond Baris kingaparanduspood, kus ta ka oma klientidele Jumala väe kohta tunnistust andis. Ühel ajal oli ta ateist, kuid hakkas vastu võtma kristlikku usku. Hiljem tutvus ta apostlite tõeõpetusega ja on nüüd tugevalt usklik, kes on ristitud Jeesuse nimesse ja on saanud Püha Vaimu koos tõenditega, et ta räägib teistes keeltes või keeltes. Kui ma esimest korda kohtusin vend Jamesiga, rääkis ta mulle oma tunnistusest ja sellest, kuidas ta palvetas, et Jumal kasutaks teda andides, et teised usuksid ja tunneksid Jumalat imetegude kaudu.

Kristlastena peame tegutsema andidega ja mitte kartma paluda Jumalalt, et ta meid kasutaks. Need anded on meile ka täna. Uue Testamendi varajane kogudus oli tundlik Jumala Vaimu suhtes ja teenis Vaimu andides.

Jeesus ütles:

"Tõesti, tõesti, ma ütlen teile: Kes minusse usub, see teeb ka neid tegusid, mida mina teen, ja ***veel suuremaid tegusid*** *kui need, sest ma lähen oma Isa juurde." (Johannese 14:12)*

Palvetage, et teie koguduse juht aitaks teil neid andeid mõista ja toetaks teie annet. Paluge, et Jumal aitaks teil neid kasutada, sest see tuleb otse Jumalalt. Ärge olge kõrgelennuline, kui teie anne on selline, mis tegutseb koguduses avalikult. Mõne ande puhul kasutab Jumal sind kui anumat, et saavutada see, mida Ta tahab. Sul võib olla mitu annet ja sa ei pruugi seda teada. Mõned anded ei tee teid väga populaarseks, kuid te peate kuuletuma Jumalale, kui Ta räägib. Kõik sõltub andest. Palvetage tarkuse eest, et saaksite kasutada oma ande Tema võidmise väe all. Jumal valis teid põhjusega ja Ta ei tee vigu. Anded on mõeldud koguduse ehitamiseks.

On ainult üks tõeline kirik, mis kummardab Teda vaimus ja tões.

"Aga andeid on mitmesuguseid, kuid üks ja seesama Vaim. Ja on erinevusi valitsemises, kuid on üks ja seesama Issand. Ja toimingute erinevused on erinevad, kuid üks ja seesama Jumal on see, kes teeb kõike kõigis. Aga Vaimu ilmutus on antud igale inimesele, et ta sellest kasu saaks. Sest ühele on antud Vaimu poolt tarkuse sõna; teisele on antud sama Vaimu poolt teadmise sõna; teisele on antud sama Vaimu poolt usk; teisele on antud sama Vaimu poolt tervendamise anded; kolmandale on antud imede toimimine; kolmandale on antud prohvetlus; kolmandale on antud vaimude eristamine; kolmandale on antud mitmesugused keeled; kolmandale on antud keelte tõlgendamine: Aga kõik need teeb üks ja seesama Vaim, jagades igale inimesele eraldi, nagu ta tahab." (I Korintlastele 12:4-11)

Vend Jaakobus ütles mulle, et ta palvetas nende andide eest, et tegutseda Püha Vaimus Jumala imeliste imetegude tunnustähtede kaudu. Ta luges pidevalt päevast päeva ja öösel Piiblit. Ta mõistis, et Vaimu andide toimimise kaudu külvatakse uskmatute südamesse usu seeme. Me peame olema oma usust eeskujuks, nagu Jeesus ise ütles, et usklikud ise teeksid neid imesid ja palju muudki.

"Aga usk on loodetud asjade sisu, nähtamatute asjade tunnistus." (Heebrealastele 11:1)

" Aga ilma usuta on võimatu talle meeldida, sest kes Jumala juurde tuleb, peab uskuma, et ta on olemas ja et ta on nende palkaja, kes teda usinasti otsivad." (Heebrealastele 11:6)

Vend Jaakobusel oli nägemus, et Jumal annab talle vaimulikke andeid. Täna tegutseb ta tervendamise ja vabastuse andide kaudu. Vend Jamesi teenistuse kaudu määrati taevas määratud aeg, mil ma jälle kõndisin, ilma igasuguse abita. Vend James ei ole pastor ega kiriku teenija. Tal ei ole mingit kõrget positsiooni kirikus, kuigi talle on pakutud ametikohti ja raha tänu vaimsetele andidele. Ta on alandlik selle ande ees, mille Jumal on talle usaldanud. Olen näinud, kuidas Jumal kasutab teda selleks, et Jeesuse nimel ajada inimestest välja deemoneid ja haigetele tuleb tervenemine. Kui vend Jaakobus neid välja kutsub, siis on deemonid Jeesuse nimel Jumala võimu all. Ta esitab deemonitele küsimusi Jeesuse nimel ja nad vastavad vend Jaakobusele. Olen seda isiklikult näinud mitu korda; eriti kui ta küsis deemonitelt, et nad tunnistaksid, kes on tõeline Jumal. Deemon vastab" :Jeesus". Kuid nende jaoks on liiga hilja pöörduda Jeesuse poole. Ma õppisin palju vaimse maailma kohta, kui ma selle katsumuse läbi tegin ja Jumala peale toetusin, et terveneda.

"Ja ta ütles neile: "Minge kogu maailma ja kuulutage evangeeliumi igale loodule. Kes usub ja laseb end ristida, see saab päästetud; kes aga ei usu, see saab hukka. Ja need tunnustähed järgnevad neile, kes usuvad: Minu nimel ajavad nad kuradid välja; nad räägivad uutel keeltel; nad võtavad üles madu; ja kui nad joovad midagi surmavat, ei tee see neile haiget; nad panevad käed haigetele ja nad tervenevad."" (Markuse 16:15-18)

Jumala armu läbi on vend Jaakobus valmis igal ajal ja igaühele Jeesusest tunnistust andma. Ta tegutseb tervendus- ja vabastusteenistuses kodukoosolekutel või kogudustes, kuhu teda on kutsutud. Vend James tsiteerib Piiblist:

Sellegipoolest, vennad, olen ma teile seda julgemalt kirjutanud, et teid mõelda selle armu pärast, mis mulle on antud Jumalalt, et ma oleksin Jeesuse Kristuse teenija paganaile, teenides Jumala evangeeliumi, et paganate ohvriannetus oleks meelepärane, olles pühitsetud Püha Vaimu poolt. Mul on seega, millest ma võin Jeesuse Kristuse kaudu ülistada neid asju, mis kuuluvad Jumalale. Sest ma ei julge rääkida millestki, mida Kristus ei ole teinud minu kaudu, et teha paganad kuulekaks, sõnade ja tegudega, vägevate tunnustähtede ja imede kaudu, Jumala Vaimu väega; nii et ma olen Jeruusalemmast ja ümberringi kuni Illyricumini täielikult kuulutanud Kristuse evangeeliumi. (Rooma 15:15-19)

Päeval, mil ma temaga kohtusin, küsis vend James minult paar küsimust minu tervise kohta. Ma rääkisin talle kõigest ja oma sümptomitest. Samuti näitasin talle, kus mul oli kolm kasvajat. Üks kasvaja oli mu selgroo välisküljel ja teine oli selgroo siseküljel. Vend James kontrollis mu selgroogu ja selgitas, et mu selgroog ei ole keskeltläbi sirge. Ta kontrollis mu jalgu, võrreldes neid kõrvuti ja näitas mulle, et üks jalg oli peaaegu 3 tolli lühem kui teine. Ka üks käsi oli teisest lühem. Ta palvetas mu selgroo eest ja see tuli tagasi oma algsesse kohta, kus ta võis oma sõrme sirgelt paralleelselt mu selgrooga joondada. Ta palvetas mu jala eest ja see hakkas mu silme ees liikuma, siis lakkas see kasvamast, kui see oli teise jalaga ühel joonel. Sama juhtus mu käega. See kasvas ühtlaselt teise käega. Seejärel palus vend Jaakobus mul oma kõndimistoe ära panna ja käskis mul Jeesuse nimel püsti tõusta ja kõndida. Ma tegin nii, nagu ta palus, ja hakkasin imeliselt kõndima. Seda nähes tuli mu sõber jooksu ja karjus: "Liz, hoia kinni, hoia oma toest kinni, muidu sa kukud!". Ma teadsin, et mul on sel hetkel jõudu kõndimiseks ja astusin selle sammu usus. Ma olin nii rõõmust elevil!

Mul oli jalgades lihasnõrkus, mis tulenes sellest, et ma ei saanud nii kaua kõndida. Võttis aega, et mu lihased uuesti vormi saada; isegi praegu ei ole mu lihased veel täies ulatuses tugevad. Jumal tänatud, ma kõnnin ja sõidan autoga. Keegi ei saa mulle öelda, et Jumal ei tee tänapäeval imesid. Jumala juures ei ole miski võimatu. Ülevoolava rõõmuga läksin arsti juurde, kes teadis minu puudest. Kohe, kui ma kabinetti sisenesin, ilma igasuguse abivahenditeta, kepist või ratastoolist vabana, oli meditsiinipersonal täiesti üllatunud. Õed tormasid arsti juurde, kes oli samuti uskumatult üllatunud, et ta isegi röntgenülesvõtteid tegi. Mida ta nägi, oli see, et kasvajad olid ikka veel olemas, kuid mingil salapärasel põhjusel olin ma sellest hoolimata võimeline kõndima. Jumal tänatud! Usun, et ka need kasvajad on varsti kadunud!

Päeval, mil Jumal mind tervendas, hakkasin kõigile rääkima, et Jumal on meie tervendaja ja Tema päästeplaan on mõeldud neile, kes usuvad ja järgivad Teda. Tänan Jumalat vend Jaakobuse ja kõigi Jumala hüvede eest!

Minu esimene osa lubadusest oli täitunud.

"Kui sa lähed, ei takista su sammud, ja kui sa jooksed, ei komista sa." (Vanasõna 4:12)

Palju kordi mõtlesin, et ma kukun, aga ma ei kukkunud kunagi.

"Kiida Issandat, mu hing, ja ära unusta kõiki tema hüvesid: Kes annab andeks kõik su süüteod, kes ravib kõik su haigused, kes lunastab su elu hävingust, kes kroonib sind helduse ja halastusega, kes rahuldab su su suu headega, nii et su noorus uueneb nagu kotka oma." (Psalmid 103:2-5).

7. peatükk

Mitte anda teed kuradile või kuradi asjadele

Mu sõber Rose Californiast helistas mulle ühel varahommikul. Ta ütles mulle, et eelmisel õhtul oli tema abikaasa Raul läinud magama, samal ajal kui ta jäi külalistetuppa kuulama populaarset hilisõhtust raadiosaadet, mis käsitles Ouija tahvlit. Valgus oli kustutatud ja tuba oli pime. Järsku ütles ta, et tundis toas kohalolekut. Ta vaatas ukse poole ja seal seisis mees, kes nägi välja nagu tema abikaasa. See kuju liikus kiiresti nagu välk ja surus ta lamades voodile, kus ta oli. Seejärel tõmbas see "olend" ta kätest kinni hoides istuvasse asendisse, kus ta seisis silmast silma. Ta nägi selgelt, et silmi polnud silmapadjates, vaid ainult sügav õõnes mustus. Käed, mis teda ikka veel püsti hoidsid, olid halli värvi nagu surm ja tema veenid ulatusid nahast välja. Ta mõistis kohe, et see ei olnud tema abikaasa, vaid rüve langenud ingel.

Nagu te teate, on deemonil ja langenud inglile täiesti erinevad omadused. Langenud inglid visati koos Lutsiferiga taevast välja, neil on täiesti erinevad ametid. Langenud inglid võivad liigutada asju nagu inimesed, kuid deemon vajab oma plaani toimimiseks inimkeha. Deemonid on nende inimeste vaimud, kes on surnud ilma Jeesuseta; ka neil on piiratud võim.

Ja veel üks ime ilmus taevasse, ja vaata, suur punane draakon, kellel oli seitse pead ja kümme sarve ja seitse krooni tema pea peal. Ja tema saba tõmbas kolmanda osa taevatähti ja viskas need maa peale; ja draakon seisis naise ees, kes oli valmis sündima, et neelata tema laps, niipea kui see sündinud oli. (Ilm 12:3,4)

Rose oli ikka veel kaitsetu ja suutmatus külmunud olekus rääkida. Ta ütles, et üritas Raulile hüüda, kuid suutis teha vaid lühikesi võitlevaid hääli, nagu oleks keegi tema häälepaelu kokku tõmmanud. Ta kuulis ikka veel raadiosaatjat taustal ja teadis, et ta ei maga, sest tema silmad olid täiesti avatud ja ta kordas endale, et ta neid ei sulgeks. Varem mäletas ta, et sulges silmad lühikeseks ajaks enne seda juhtumit ja nägi nägemust või unenägu suurtest küünisjälgedest, mis rebisid läbi tapeedi.

Olen tundnud Rose'i peaaegu 30 aastat. Rose lahkus kirikust umbes 10 aastat ja ei käinud enam koos Issandaga. Me pidasime alati ühendust ja ma jätkasin tema eest palvetamist, et ta pöörduks tagasi Jumala juurde. Rose ütles mulle, et ta oli vähemalt mitu korda töölt koju sõites ilma nähtava põhjuseta väga võimsalt keeltes rääkinud. Ta tundis, et see oli väga ebatavaline, sest ta ei palvetanud üldse. Ta mõistis, et Jumal tegeleb temaga Püha Vaimu kaudu. Tema armastus jõudis temani ja ta teadis, et Jumal on kontrolli all, sest Ta valis oma külaskäikude aja. Rose ütles, et ta sulges silmad ja meeled ning karjus: "JESUS!". Äkki hüppas langenud ingel tema kehast maha ja kõndis minema, ilma et ta oleks maad puudutanud.

Ta jäi liikumatult seisma, kuni ta suutis uuesti liikuda. Ta äratas Rauli, kes ütles, et see oli lihtsalt halb unenägu. Ta pani naise enda kõrvale voodisse ja jäi kiiresti magama. Rose hakkas nutma ja mõtles äsja toimunud õudusele ning märkas, et ta on looteasendis. Järsku hakkas ta keeltes rääkima, kui Püha Vaimu üleloomulik vägi tuli tema üle ja viis ta tagasi sellesse pimedasse tuppa. Ta sulges ukse enda taga, mõistes täpselt, mida ta pidi tegema. Ta hakkas valjusti Jumalat kummardama ja ülistas Tema nime, kuni ta kukkus põrandale, tundes end kurnatuna, kuid suure rahuga.

Kui ta ukse avas, seisis Raul tema üllatuseks elutoas, kus kõik tuled olid põlema pandud. Ta kõndis otse nende voodi juurde ja magas vinge rahuga. Järgmisel õhtul õhtusööki valmistades küsis Raul Rose'ilt, kas see "asi" eelmisest õhtust naaseb. Tema küsimuse peale üllatunud Rose küsis, miks ta seda küsib, sest ta ei uskunud isegi, et see oli juhtunud. Raul ütles Rose'ile, et pärast seda, kui ta läks tuppa palvetama, tuli midagi tema järele. Sellepärast oli ta kõigi tuledega üleval. Pärast seda, kui ta oli palvetanud ja magama läinud, ründas teda midagi kohutavat, mis hoidis teda ärkvel järgmise päeva hommikul kella neljani. Ta kasutas Om-hummi meditatsiooni, mis võitles kella 23:00st kuni hommikuni. Rose mäletas, et Raulil oli koridorikapis Ouija laud, millest ta keeldus vabanemast, kui ta esimest korda majja kolis. Ta ütles Raulile, et ta ei tea, kas see naaseb, aga ta peaks Ouija lauast lahti saama. Raul viskas selle kiiresti õues asuvasse prügikasti. Rose ütles, et alles see kohutav vahejuhtum sundis teda sellest vabanema!

Kui Rose mulle helistas, ütlesin talle, et langenud ingel võib ikka veel majas olla, nii et me peame koos telefoni teel palvetama. Rose sai oliiviõli, et koos minuga kõnekaamerasse salvida maja. Kui ma ütlesin sõna "valmis", ütlesin talle, et ta hakkab koheselt kõnelema keeltes Püha Vaimus. Kui ma ütlesin "valmis", hakkas Rose kohe keeltes rääkima ja pani telefoni maha, et salvida. Ma kuulsin, kuidas tema hääl kostis, kui ta kogu majas palvetas, võideldes uksi ja aknaid Jeesuse nimel. Rose oli nüüd minu kuulmisraadiusest väljas, kui miski käskis mul öelda, et ta peaks minema garaaži. Samal hetkel ütles Rose, et ta võidab ruume ja oli garaaži viiva tagaukse juures. Ta tundis kurja kohalolekut ukse taga, kui ta seda võietas. Uskudes Jumala kaitsesse, ütles Rose, et ta avas ukse ja läks väga pimedasse garaaži. Püha Vaimu vägi muutus tugevamaks, kui ta sisenes ja tundis, et see on seal! Ta kõndis teise ukse poole, mis viis välja terrassile, kus asus prügikast. See oli sama prügikast, kuhu Raul oli eelmisel päeval Ouija tahvli ära visanud. Roose ütles kõhklematult, et valas oliivõli üle Ouija tahvli, kui ta palvetas valjusti ja innukalt Püha Vaimu, siis sulges ta kaane. Ta läks tagasi elutuppa ja kuulis, kuidas minu hääl talle hüüdis" :Mine garaaži, sest see on seal". Rose ütles mulle, et ta oli juba "selle" eest hoolt kandnud. See kinnitas, et kurjus oli garaažis, kui me palvetasime.

Rose ütles, et nüüd on see kõik tema jaoks mõistetav. Jumal valmistas Rose'i oma õrnas halastuses ja armastavas headuses just selleks päevaks ette, kuigi ta ei teeninud Teda. Rose'i sõnul on see kogemus see, mis tõi ta tagasi Jumala juurde sellise pühendumusega, nagu ta pole kunagi varem tundnud. Nüüd külastab ta Apostolic Lighthouse'i Norwalkis, Californias. Ta oli Jumalale nii tänulik Tema armastuse ja kaitse eest. Jumal tegi ta valmis, et astuda selle öö langenud inglile vastu Püha Vaimu vaieldamatu vaimse kaitsevarustusega. Rose'i jaoks oli see, mis juhtus, Jumala väe üleloomulik ilmsikstulek Jeesuse nimes. See oli Tema armastus Rose'ile, et ta pöörduks tagasi Tema teedele. Uskuge, et Tema käsi ei ole liiga lühike, et päästa või vabastada, isegi nende suhtes, kes vastanduvad, kes otsustavad mitte uskuda sellesse, mida nad ei näe ega tunne. Meie Lunastaja maksis meie eest ristil oma verega. Ta ei sunni kunagi kedagi Teda armastama. Jumala Sõna ütleb meile, et sa pead tulema nagu väike laps, ja lubab, et kui sa otsid Teda kogu südamest, siis leiad Teda. Uskumatud ja skeptikud ei saa muuta seda, mis on ja mis tuleb. Janunege Jumala õigluse järele ja jooge Elava Elu Vett.

"Miks, kui ma tulin, ei olnud seal kedagi? Kui ma hüüdsin, kas keegi ei vastanud? Kas minu käsi on üldse lühenenud, et ta ei saa lunastada? Või kas mul ei ole võimu toimetada? Vaata, minu nuhtlusel ma kuivatan mere, ma teen jõed kõrbeks; nende kalad haisevad, sest vett ei ole, ja nad surevad janust." (Jesaja 50:2)

"Õpetades alandlikult neid, kes endile vastu seisavad, kui Jumal annab neile meeleparanduse tõe tunnistamiseks, ja et nad saaksid endid kuradi lõksust välja, kes on tema poolt tema tahtel vangi võetud." (2. Timoteuse 2:25-26)

8. peatükk

Unistus ja visioon - "Hoiatus"

Ühel hommikul nägin autoga sõites unes lähenevat ohtu. Selles unenäos lõhkes esirehv valju häälega. See oli nii vali, et see äratas mind üles. See oli nii reaalne, et unenägu tundus, nagu oleksin ärkvel või kusagil vahepeal. Ma palvetasin selle üle nädala jooksul ja otsustasin viia oma auto rehvide kontrollimiseks. Kahjuks katkesid mu plaanid ja ma ei hoolinud selle eest. Samal nädalal läksime koos mõne sõbraga palvetama ühe india perekonna eest, kes vajas palvet. Teel nende maja juurde lõhkes minu auto rehv kiirteel kalmistu juures. Kohe meenus mulle unenägu nii, nagu ma seda nägin. Siin me olime, minu autos, millel oli rehv plahvatus, ja perekond nõudis, et me tuleksime nende koju. Pärast rehvi parandamist pöördusime tagasi, et saada teine sõiduk ja jätkasime pere juurde. Perekonnal oli olukord nende ainsa pojaga, kes oli seotud juriidilise asjaga ja keda ootab ees vanglakaristus. Nad olid mures, et ta võidakse ka nende kodumaale välja saata. Noormehe ema helistas mulle varem sel päeval nutmas ja selgitas, millised süüdistused teda ootavad. Ta mõtles halvemal juhul, et ta oli kindel, et mees tunnistatakse süüdi ja seejärel saadetakse välja, et ta ei näe oma poega enam kunagi. Ta ütles, et ei saa töötada, sest ta nutaks pidevalt oma patsientide ees. Kui ta nuttis, hakkasin temaga koos telefoni teel olukorra eest palvetama. Hakkasin rääkima Püha Vaimu tundmatus keeles või keeltes, kui Jumala Vaim liikus. Ma palvetasin, kuni ta ütles, et tema süda ei ole enam koormatud ja ta tunneb end lohutatuna.

"Samamoodi aitab ka Vaim meie nõrkusi, sest me ei tea, mille eest me peaksime palvetama, nagu peaksime, aga Vaim ise teeb meie eest eestpalveid kõnetustega, mida ei saa välja öelda, ja kes uurib südameid, see teab, mis on Vaimu mõte, sest ta teeb eestpalveid pühade eest Jumala tahte kohaselt."
(Roomlastele 8:26-27).

Ema küsis, kas ta võiks mulle helistada, enne kui ta järgmisel hommikul tema kohtuprotsessile läheb. Ütlesin talle, et jah, ja et ma palvetan Jumala sekkumise eest. Palusin tal pärast kohtuistungit mulle helistada, sest tahtsin teada, millist imet Jumal tegi. Järgmisel päeval helistas noormehe ema mulle suure rõõmuga ja ütles: *"Sa ei tahaks uskuda, mis juhtus*?". Ma ütlesin: *"Ma usun, sest sellist Jumalat me teenime*!". Ta jätkas, et neil ei ole minu poja kohta mingeid andmeid. Advokaat ütles, et kohus ei leidnud sellist nime ega mingeid süüdistusi tema vastu, kuigi tal ja advokaadil olid käes tõendid paberimajanduse kohta.

Jumal oli meie palvetele vastanud. Tema usk tõusis nii palju, et sellest päevast alates aktsepteeris ta, kui võimsat Jumalat me teenime ja kuidas Jumal hoolitseb asjade eest, kui me neid kogu südamest palves tema ette toome. Ta sai Jumala imede toimimisest tunnistajaks ja andis tunnistust sellest, mida Issand oli nende heaks teinud. Mis puutub rehvitõrkesse, siis see oli vaid väike tagasilöök, mida ei oleks pidanud juhtuma, kui ma oleksin selle eest eelnevalt hoolt kandnud. Sellegipoolest tegi Issand meile võimaluse jõuda selle pereni tänu nende järjekindlusele, et me tuleme ja palvetame koos nendega. Me peame alati olema valmis vastuhakkama nendele jõududele, mis takistavad meid Jumala tahte täitmisel. Me peame vastu astuma igale vaenlase, meie vastase, kuradi, plaanile visaduse kaudu, eriti kui me näeme neid takistusi teel.

Kui me jõudsime selle pere koju, mäletan, et me palvetasime ja andsime tunnistust kogu perele. Me nautisime põhjalikult Jumala Sõna kuulutamise ja õpetamise imelist aega. Sel päeval oli ja on Issanda rõõm meie tugevus! Ta õnnistab neid, kes täidavad Tema tahtmist.

9. peatükk

Terve öö kestev palvuskohtumine

Ühel õhtul otsustasime koos sõpradega kogu öö palvetada. Siis leppisime kokku, et me palvetame kord kuus meie "kogu öö palvekoosolekul". Neil öistel palvekoosolekutel on meil imelised kogemused. Meie ühine kodune palveaeg muutus nii võimsaks, et kohe tundsid need, kes hiljem meiega liitusid, erinevust omaenda palvetes. See ei olnud enam religioosne rutiin, vaid palvetamine Pühas Vaimus koos Vaimu andide ilmingutega. Kui me palvetasime, hakkasid mõned kogema, mida tähendab võitlus kuradiga. Jõud tulid meie vastu, kui me jõudsime oma palvetes kõrgemale tasemele, mis viis meid läbi vaimsete lahinguväljade. Olime sõjas kuradiga ja hakkasime kutsuma paastupäevi. Me olime haaranud midagi, mis oli vaimselt võimas, mis sundis meid otsima Jumalat veelgi enam.

Ühel sellisel palvekogunemisel kell 3.30 hommikul tõusis mu sõber Karen üles, et tuua võidmisõli. Ta hakkas minu käsi ja jalgu õliga määrima ja hakkas siis prohvetlikult ütlema, et ma pean minema paljudesse kohtadesse, et viia Jumala Sõna ja et Jumal kasutab mind oma eesmärgi nimel. Alguses olin Karenile väga pahane, sest see ei olnud võimalik ja sellel polnud mingit mõtet. Sel ajal minu elus ei olnud ma peaaegu 10 aastat kuhugi läinud, sest ma ei saanud kõndida. Mu jalalihased olid ikka veel nõrgad ja mul olid need valusad kasvajad, mis surusid mu selgroogu. Ma mõtisklesin Kareni sõnade üle ja siis rääkis Jumal minuga, öeldes: "Mina olen Issand, kes räägib sinuga." Siis sain ma aru, et see ei olnud ainult Kareni entusiasm, mis minuga rääkis. Mul oli kahju ja ma palusin Jumalat, et ta annaks mulle mu mõtte andeks.

Paar päeva hiljem helistas mulle keegi Chicagos, Illinoisi osariigis, kes vajas vaimulikku abi, nii et otsustasime järgmisel nädalal Chicagosse sõita. See oli juba iseenesest suur ime, sest ma ei olnud sel ajal mõelnud, et võiksin välja minna. Tänu prohvetlikule sõnumile tegin reisi Chicagosse puhtalt usust. Ilma prohvetliku sõnumita ei oleks ma kindlasti läinud. Sel nädalal halvenes mu füüsiline tervis ja ma ei suutnud voodist välja tulla. Samuti kuulsin, et Chicagos oli märkimisväärselt lund sadanud. Ma mõistsin, et minu usk oli proovile pandud. Sel ajal vajasin oma elus liikumiseks ratastooli. Perekond Chicagos koges, et nende vastu tulevad deemonlikud jõud. Nad olid hiljuti pöördunud Jumala poole ja lõpetasid nõiduse praktiseerimise. Paljud nende pereliikmed olid samuti pöördunud meie Issanda Jeesuse Kristuse poole. Issand oli neid tervendanud ja vabastanud neist deemonlikest jõududest, mis hoidsid neid patu orjuses. Ma mõistsin, et Jumal peab andma mulle vastupidavust, et sellist reisi taluda, ja kiiresti sai selgeks, et see oli Jumala tahe, et ma läheksin. Ma olin näinud kaks unenägu, kus Jumal ütles mulle, et ma pean kuuletuma Tema häälele. Ma ei olnud Jumalale sõnakuulmatu ja olin õppinud, et ma ei sea Teda kahtluse alla. Ma õppisin kiiresti, et Tema teed ei pea minu jaoks olema mõistlikud. Päeval, mil me Chicagosse jõudsime, oli kuum ilm. Ma olin ka valuvaba. Me kõnnime usus, mitte nägemise järgi, nagu Pühakiri ütleb. Kui asjad näivad meile võimatuna, peame uskuma, et "Jumalal on kõik võimalik". Ta hoolitses kõige eest ja andis mulle energiat, et teha oma tahtmist Chicagos. Meil oli ka aega külastada ja teenida teisi peresid nende kodudes.

Koju sõites algas äikesetorm, paljud lennud jäeti ära, kuid jumal tänatud, kuigi meie lend hilines, saime tagasi Californiasse. Kiidetud olgu Jumal! Ta on tõesti minu "Kalju ja kilp", minu kaitsja vaimsete ja looduslike tormide eest. See reis oli usutunnistus ja õnnistus meile kõigile. Kui ma ei oleks kuuletunud, ei oleks ma kogenud Jumala Käte töö õnnistusi. Jumal ei lakka mind kunagi hämmastamast sellega, kuidas Ta täna meiega räägib. Kõigevägevam Jumal räägib ikka veel tavaliste inimestega nagu mina. Milline privileeg on teenida meie Loojaid ja näha Tema vägevaid tegusid, mis puudutavad tänapäeval nende inimeste elu, kes usuvad ja kutsuvad Teda. Vaja oli ühte prohvetlikku sõnumit ja kahte unenägu, enne kui Jumal sai minu täieliku tähelepanu. Mulle on meelde tuletatud, et me ei mõista täielikult Jumala mõtteid ja seda, millised plaanid Tal kellegi jaoks võivad olla. Sel hetkel peame kuuletuma, isegi kui see ei pruugi olla meie jaoks mõistlik või mõistlik. Aja jooksul õppisin kuulma Tema häält ja eristama vaime. Ta ei ütle teile kunagi, et teeksite midagi, mis on vastuolus Tema Sõnaga. Kuulekus on parem kui ohverdamine.

"Ja Saamuel küsis: Kas Issandal on nii suur rõõm põletusohvritest ja ohvritest kui Issanda hääle kuuletumisest? Vaata, kuuletumine on parem kui ohvrid ja kuulamine on parem kui oinasrasv."
(1. Saamueli 15:22)

"Sest minu mõtted ei ole teie mõtted ega teie teed minu teed, ütleb Issand. Sest nii nagu taevas on kõrgem kui maa, nii on ka minu teed kõrgemad kui teie teed ja minu mõtted kõrgemad kui teie mõtted."
(Jesaja 55: 8, 9)

10. peatükk.

Prohvetlik sõnum

See on õnnistus, et meil on sõbrad, kes jagavad sama ühist usku ja armastust Jumala vastu. Mul on sõber Karen, kes oli kunagi minu töökaaslane, kui ma töötasin USA postkontoris. Karen tundis Issandat, kui ma talle tunnistust andsin. Hiljem võttis ta vastu varakiriku apostelliku tõeõpetuse. Karen on lahke inimene, kellel on süda, et anda misjonitööle Mumbais, Indias. Ta armastas südamest sealset teenistust ja annetas oma raha kiriku ehitamiseks Mumbais.

Ühel päeval, kui ma elasin West Covinas, tõi Karen oma sõbra Angela minu koju. Tema sõber oli nii põnevil ja Jumala eest tules. Ta rääkis mulle oma tunnistust oma varasematest enesetapukatsetest, mille käigus ta end mitu korda lõikas, ja oma minevikust prostitutsiooniga. Mulle meeldis tema armas vaim ja ma küsisin temalt, kas ta ei viitsi minu eest palvetada. "*Siin*"? Ta küsis. "*Jah, siin*", vastasin ma tagasi. Kui ta hakkas minu eest palvetama, tuli prohveti Vaim tema peale. Ta hakkas rääkima Issanda Sõna: "*Jumal ütleb sulle, et lõpeta raamat, mida sa oled alustanud. See saab olema õnnistuseks paljudele inimestele. Selle raamatu kaudu saavad paljud inimesed päästetud.*" Ma olin nii õnnelik, sest ei temal ega Karenil polnud aimugi, et olin aastaid tagasi alustanud oma mälestuste kirjutamist. Esimest korda inspireerisid mind selle raamatu kirjutamiseks aasta tagasi proua Saroj Das ja üks sõber. Ühel päeval tuli kohaliku koguduse õde Issandas minu juurde pliiatsiga käes ja käskis mul: "*Kirjuta nüüd*!".

Hakkasin kirjutama, kuni mul tekkisid suuremad probleemid tervisega, ja siis lõpetasin, sest see oli minu jaoks liiga suur ülesanne. Nüüd oli raamatu teema taas esile kerkinud. Keegi ei olnud teadnud minu katsest raamatut kirjutada. Minu kogemused oleks kogutud ja kirja pandud, et teised saaksid inspiratsiooni. Ma pidin kuuletuma, kuid kuidas see kõik toimuks, oli mulle ikka veel suur saladus. Ma ei saanud seda füüsiliselt kirjutada mitmel põhjusel, kuid jällegi pidi Jumal leidma viisi, kuidas see toimuks. Mul oli soov ja tungiv vajadus seda teha pärast sõnumi kuulmist; aga Jumal pidi tegema kõik muu. Minu esialgne teekond oli leida Elav Jumal ja Ta leidis mind! Kui ma ei kirjuta oma kogemustest Jumalaga, lähevad need tõelised kirjeldused igaveseks kaduma. Nii paljude inimeste elu on mõjutatud ja imeliselt puudutatud, et see raamat ei suudaks sisaldada kõiki juhtumeid ja imesid. Jumala imed jätkuvad ka siis, kui ma ei ole enam selles kehas ja olen koos Issandaga. Usk algab kusagilt. Sellel on algus ja see on piiritu, sest usu mõõtmed on erinevad. Kui usk on istutatud, siis kastetakse seda Jumala Sõnaga ja toidetakse teiste tunnistuste kaudu. Ma mõtlesin pühakirjakohale, mis ütleb, et kui meil on usku nagu sinepiseemne, siis võime liigutada mägesid. Kuidas ma võisin teada, et see teekond Ameerikasse viib mind läbi elu muutvate kogemuste labürindi või et ma ühel päeval kirjutan Tema teede austamisest? Ühel päeval mainisin oma sõbrale Rose'ile Jumala sõnumist ja Tema plaanist selle raamatu kohta. Rose kuulas ja vaatas mu märkmeid. Ta oli mind aastaid tundnud ja teadis juba palju minu elust Ameerikas. Kirjutamine võttis omaette kuju, mida kaks kogenematu inimest ei osanud ette kujutada. Issand tegi teed ja läbi paljude raskuste ja väga "kummaliste" juhtumite sai raamat valmis. Issand oli rääkinud ja nüüd on Tema plaan täitunud.

Kareni sõber jätkas ennustamist. Ta ütles mulle: "*Jumal teeb sinu jaoks midagi selle kuu lõpuks.*" Ja palju muudki, mida Jumal rääkis mulle tema prohvetlike sõnumite kaudu. Ma hakkasin meenutama, kuidas ma selle tõe pärast nii palju raskusi läbisin. Päeval, mil Jumal rääkis minuga selle noore naise kaudu, vastas Jumal mu südameküsimusele. Ma pidin tegema Tema tahtmist ja julgustussõnad läksid edasi. Sõnad, mida mul oli vaja kuulda. Ta kuulutas, et ma olen "*kuldne anum*". Ma olin sellest nii alandlik. Usus teeme oma parima, et käia kooskõlas Jumalaga ja ebakindlusega, kui me tõesti meeldime Temale. Sel päeval õnnistas Ta mind, andes mulle teada, et ma meeldin Temale. Minu süda oli täis suurt rõõmu. Mõnikord me unustame, mida me palume, kuid kui meie palvetele vastatakse, oleme üllatunud.

Me peame uskuma, et Ta ei austa inimesi, nagu ütleb Piibel. Ei ole tähtis, milline on teie staatus või kast, sest Jumala juures ei ole elus mingit kasti- või staatussüsteemi. Jumal armastab meid kõiki ühtemoodi ja tahab, et meil oleks Temaga isiklik suhe; mitte paljude põlvkondade poolt edasi antud usutraditsioonid, mis on teeninud ebajumalaid ja inimesi. Ebajumalad ei näe ega kuule. Religioon ei saa muuta teie elu ega südant. Religioon paneb teid vaid ajutiselt end hästi tundma, sest see rahuldab ennast. Tõeline Jumal ootab, et teid omaks võtta ja vastu võtta. Jeesus oli Jumala ohverdatud Tall, kes tapeti maailma ees. Kui Ta suri ristil, tõusis Ta üles ja elab täna ja igavesti. Nüüd saame otsest osadust Jumalaga Jeesuse Kristuse, meie Issanda ja Päästja kaudu. Meie käimises Jumalaga on erinevaid tasandeid. Me peame Teda rohkem ihaldama ja jätkuvalt kasvama armastuses, usus ja usalduses. See kogemus tegi mind väga alandlikuks. Minu kogu soov ja eesmärk on meeldida Temale. On olemas vaimse kasvu tasemed Jumala küpsuses. Sa küpsed aja jooksul, kuid kõik sõltub sellest, kui palju aega ja vaeva sa paned oma suhetesse Temaga. Kuu lõpuks viisid asjaolud mind lahkuma kogudusest, kus olin käinud 23 aastat. Jumal sulges ühe ukse ja avas teise. Ta on sellest ajast saadik sulgenud ja avanud uksi nagu astmelauad, mida ma selle raamatu alguses esimest korda mainisin. Jumal hoolitses minu eest kogu aeg. Ma käisin lühikest aega West Covina koguduses, siis avanes veel üks uks.

Sama noor daam ennustas paar aastat hiljem uuesti ja ütles mulle, et ma peaksin pakkima, "*te liigute*". Ma olin väga üllatunud, sest mu ema oli nii eakas ja minu seisund ei olnud ikka veel paranenud. Ma uskusin

Issandat. Aasta hiljem see juhtus, ma tõesti kolisin Californiast Texase. Paika, kus ma ei olnud kunagi käinud ega tundnud kedagi. See oli järjekordse seikluse algus minu eluteel. Üksiku naisena allusin Jumala häälele ja pidin kuuletuma. Jumal ei võtnud minult kunagi midagi ära. Ta lihtsalt asendas asju ja kohti ning tõi mu ellu pidevalt uusi sõprussuhteid ja inimesi. Tänan Sind, Issand, minu elu on täna nii õnnistatud!

11. peatükk

Usu liikumine

2005. aasta aprillis kolisin ma Longhornide osariiki Texasesse. Jumal kasutas erinevaid inimesi prohvetlike sõnumite kaudu. Kolimine oli kinnitatud ja kõik, mida ma pidin tegema, oli võtta see usuhüpe. See algas juba 2004. aastal, kui vend James ja Angela, sõber Issandas, palvetasid minuga telefoni teel. Õde Angela hakkas mulle prohvetlikult ütlema: *"Sa hakkad selle aasta lõpuks ümber kolima."* Selle aasta jaanuarist kuni augustini ei juhtunud midagi, ja siis septembris kutsus mu ema mind ühel pärastlõunal oma magamistuppa. Ta ütles mulle, et mu õ eperekond kolib teise osariiki ja nad tahavad, et ma nendega kaasa koliksin. Otsust, kuhu kolida, ei olnud veel tehtud, kuid valikud olid Texas, Arizona või üldse Ameerikast lahkuda ja Kanadasse kolida. Seejärel helistasin õde Angelale ja rääkisin talle, mis oli juhtunud. Ütlesin talle, et ma ei taha kindlasti Texase poole minna. Mulle ei olnud kunagi pähe tulnud, et ma sinna kunagi läheksin, nii et seal elamine ei olnud isegi mitte valikuvõimalus. Minu pettumuseks ütles õde Angela, et Texas on see riik. Kuulekusest sai see lahendatud ja see pani meid lõpuks Texase poole kolima. Ma ei teadnud sel ajal, et Jumala astmelauad olid juba selles suunas pandud. Pärast vestlust õde Angelaga tegin endale lennupiletid, et olla kahe nädala pärast Texases.

Minu teadmata oli mu õe perekond juba käinud Texases, et näha Plano ümbrust.

Õde Angela palvetas minu üle ja ütles mulle, et ära muretse, Jeesus võtab sind lennujaamast üles. Vend ja õde Blakey olid nii lahked ja kannatlikud, et see meenutas mulle õde Angela prohvetlikku ettekannet. Nad võtsid mind rõõmuga lennujaamast peale ja abistasid mind kõigis mu vajadustes nii armastavalt ja hoolivalt.

Õde Angela jätkas, et esimene maja, mida ma näen, meeldiks mulle, kuid see ei oleks minu maja. Interneti kaudu hakkasin helistama selles piirkonnas asuvatele Ühendatud Nelipühi Kirikutele ja võtsin ühendust pastor Conkle'iga, kes on Texase Alleni linna Ühendatud Nelipühi Kiriku pastor. Selgitasin pastor Conkle'ile, mida ma Texases teen. Seejärel palus ta mul helistada Nancy Conkle'ile. Ma ei olnud kindel, miks, ja mõtlesin, et võib-olla on ta tema abikaasa või sekretär. Selgus, et Nancy Conkle on perekonna matriarh, perekonna ja koguduse hoolitsev ema. Õde Conckle oli kasvatanud oma kuus last ja aidanud kasvatada oma vendi ja õdesid, keda oli kokku üksteist õde-venda! Pärast Nancy Conkle'iga rääkimist sain aru, miks pastor Conkle lasi mul rääkida selle tugeva ja hooliva naisega, kes pani mind kohe tundma, et olen teretulnud. Seejärel ühendas õde Conkle mind tema teise venna James Blakeyga, kes on kinnisvaramaakler ja tema abikaasa Alice Blakeyga. Nad elavad Texase väikelinnas Wylie's, vaid mõne minuti kaugusel Allenist läbi tasase maa tagumiste teede.

Pärast seda, kui olin piirkonnaga tutvunud, lendasin tagasi Californiasse, et oma maja müüki panna. Minu kodu müüdi kahe kuuga. Seejärel lendasin tagasi Texasesse, et alustada majajahti. Ma palvetasin selle üle, millises linnas Jumal tahab, et ma elaksin, sest seal oli nii palju väikesi linnu ja alevikke. Jumal ütles "Wylie". Oluline on palvetada ja küsida Jumalalt Tema tahet enne oluliste otsuste tegemist, sest see on alati õige.

"Sest kui Jumala tahe on selline, siis on parem, et te kannatate heade tegude pärast kui kurjade tegude pärast." (1Peetruse 3:17)

Hiljem seletasin vennale ja õele Blakeyle prohvetlikud sõnumid ja et ma tahtsin Jumalale kuuletuda. Nad olid väga ettevaatlikud, austasid mu soove ja kuulasid kõike, mida ma neile ütlesin, et Jumal oli mulle rääkinud. Ma ütlesin neile ka, et minu esimesel reisil Texases ütles Jumal: "*Te ei tea, mis mul teie jaoks on*". Nad olid minuga nii kannatlikud, et ma olen neile alati väga tänulik nende tundlikkuse eest Jumala asjade suhtes. Perekond Blakey mängis suurt rolli selle prohvetliku sõnumi täitumisel ja minu uues elus Texases. Hakkasime Wylie's kolm päeva maju vaatama ja kolmandal päeval pidin ma õhtul Californiasse tagasi sõitma. Nad viisid mind vaatama näidiskodu uues traktis ja siis ütles õde Blakey: "See on sinu maja." Ma teadsin kohe, et see on tõesti see. Kiiresti alustasin ostu paberite vormistamist, siis läksin kohe lennujaama, teades, et asjad saavad kuidagi korda. Samal ajal käskis Jumal mul minna kolmeks kuuks Indiasse. Ma ei küsinud Teda, nii et andsin volikirja vend Blakeyle, et ta jätkaks maja ostmist Texases, ja andsin volikirja oma vennapojale Steve'ile, kes on kinnisvaraäris, et ta hoolitseks minu rahaasjade eest Californias. Ma olin pärast kümmet aastat naasmas oma kodumaale Indiasse. Tänan Jumalat minu tervenemise eest, sest ma ei oleks saanud seda teha, kui mu jalad ei oleks olnud liikumisvõimelised. Ma lendasin Indiasse ja ostsin kodu Texases. Minu elus muutusid asjad kiiresti.

Tagasi Indiasse.

Kui ma Indiasse saabusin, märkasin kiiresti, et asjad on suhteliselt lühikese ajaga muutunud. Ma palvetasin ja paastusin 25 aastat selle eest, et selles riigis toimuks Taassünd. India on väga religioosne ebajumalateenistuse riik, kus kummardatakse kivist, puidust ja rauast kujusid. Religioossed kujud, mis ei näe, ei räägi ega kuule ja millel ei ole mingit jõudu. Need on religioossed traditsioonid, mis ei too muutust meeltesse ega südamesse.

"Ja ma ütlen oma kohut nende vastu, mis puudutab kogu nende kurjust, kes on mind hüljanud ja on suitsutanud teistele jumalatele ning kummardanud omaenda käte tegemisi." (Jeremija 1:16)

Kristlus oli vähemuses selles riigis, kus oli nii palju tagakiusamist ja vihkamist religioonide vahel ja eriti kristlaste vastu. Kristlaste vastane rõhumine muutis neid ainult tugevamaks oma usus, sest süütut verd valati, kirikuid põletati, inimesi peksti või tapeti. Kahjuks lükkasid emad ja isad oma lapsi tagasi, kui need pöördusid Jeesuse poole ja lahkusid oma perekonna religioonist. Väljarändajad võib-olla, kuid mitte isadeta, sest Jumal on meie taevane Isa, kes pühib pisarad meie silmist.

"Kas te arvate, et ma olen tulnud rahu andma maa peale? Ma ütlen teile: Ei, vaid pigem jagunemine: Sest nüüdsest peale on viis ühes majas jagatud, kolm kahe vastu ja kaks kolme vastu. Isa jaguneb poja vastu ja poeg isa vastu; ema tütre vastu ja tütar ema vastu; ämmad oma minia vastu ja minia oma ämmade vastu."
(Luuka 12:51-53)

Ma olin nii üllatunud, et nägin igal pool inimesi, kes kõndisid piiblitega, ja kuulsin palvekoosolekutest. Seal oli palju ühtsuse kogudusi ja ühte Jumalasse uskujaid. Jumal tuli elama meie keskele lihaks, Jeesuse Kristuse ihus. Ja nii on ka ühe tõelise Jumala jumalakartlikkuse saladus.

"Ja ilma vastuvaidlemiseta on suur jumalakartlikkuse saladus: ***Jumal on ilmsiks saanud lihas****, õigustatud Vaimus, nähtud inglitele, kuulutatud paganatele, usutud maailmas, võetud üles kirkusesse."*
(1Timoteuse 3:16)

"Filippus ütles talle: "Issand, näita meile Isa, siis piisab meile. Jeesus ütles talle: "Kas ma olen nii kaua aega olnud sinu juures ja sa ei tunne mind veel, Filippus? Kes mind on näinud, see on näinud Isa; kuidas sa siis ütled: Näita meile Isa? Kas sa ei usu, et mina olen Isas ja Isa minus? Neid sõnu, mida ma teile räägin, ei räägi ma iseendast, vaid Isa, kes elab minus, teeb tegusid. Uskuge mind, et mina olen Isas ja Isa minus; või siis uskuge mind just nende tegude pärast*."*
(Jh 14:8-11)

"Sa usud, et on üks Jumal; sa teed hästi; ka kuradid usuvad ja värisevad." (Jakoobuse 2:19)

See oli selline rõõm näha inimesi, kes janunesid Jumala järele. Nende ülistus oli nii võimas. See oli hoopis teine India kui see, millest ma kakskümmend viis aastat varem lahkusin. Inimesed, nii noored kui ka vanad, ihkasid Jehoova Jumala asju. Oli tavaline, et noored inimesed pakkusid usulistel hinduistlikel pidustustel kristlikke lendlehti. Päeval läksid nad kirikusse ja pärast jumalateenistust alates kella 14.30-st pöördusid nad tagasi umbes kell 3.00 hommikul. Ka hindud ja moslemid tulid meie jumalateenistustele, et saada tervenemist ja leida vabanemist. Inimesed olid avatud kuulama jutlust Jumala Sõnast ja saama õpetust Pühast Piiblist. Ma sain teada nendest India kogudustest ja suhtlesin nende pastoritega telefoni ja e-posti teel. Tegin koostööd Ameerika Ühendatud Pendikogudustega, et leida Ameerika jutlustajaid, kes oleksid valmis India pastorite nimel Indiasse minema, et rääkida nende aastakonverentsidel. Jumala abiga olime väga edukad. Mul oli hea meel, et Ameerika jutlustajatel oli koormus minu riigi jaoks; nad andsid oma vaimulikku toetust India jutlustajatele. Ma kohtusin ühe väga väikese ja tagasihoidliku koguduse indiaani pastoriga. Seal oli nii palju vaesust ja inimeste vajadused olid nii suured, et ma võtsin isiklikult kohustuse saata raha. Me oleme Ameerikas nii õnnistatud. Uskuge, et "miski ei ole võimatu". Kui te tahate anda, tehke seda rõõmsameelselt usust ja andke salaja. Keegi ei teadnud minu pühendumusest aastaid. Ärge kunagi oodake, et annate isikliku kasu saamiseks või selleks, et saada teistelt au või kiitust. Andke puhta südamega ja ärge kauplege Jumalaga.

"Seepärast, kui sa teed oma almust, siis ära puhu pasunat enda ees, nagu teevad silmakirjatsejad sünagoogides ja tänavatel, et nad saaksid inimeste ees au." "Kui sa teed oma almust, siis ära puhu pasunat enda ees, nagu teevad silmakirjatsejad sünagoogides ja tänavatel, et nad saaksid inimeste ees au. Tõesti, ma ütlen teile: Neil on oma tasu. Aga kui sa teed almust, siis ärgu oma vasak käsi teadvustagu, mida su parem käsi teeb: Et su almus oleks salaja, ja su Isa, kes näeb salaja, tasub sulle avalikult." (Matteuse 6:2-4)

Jumal oli lasknud asjadel minu elus juhtuda, et ma saaksin koju jääda. Ma vaatan tagasi imestusega, kuidas mu haigused edenesid nii, et ma ei suutnud enam kõndida, mõelda ega end normaalselt tunda, kuni päevani, mil vend James palvetas ja Jumal tõstis mind ratastoolist välja. Kuna mind peeti ikka veel puudega inimeseks kasvajate ja verehaiguse tõttu, elasin ma igakuise vaese invaliidsussumma eest. Minu tšekk ei olnud oluline, sest Jumal võttis minult töö ära, minu mure oli, kuidas ma oma arveid maksan. Jeesus rääkis minuga kaks korda, öeldes: "Ma hoolitsen sinu eest". Kui ma elaksin Californias või Texases, siis Jeesus kataks kõik mu vajadused. Jumal tegi seda oma rikkusest ja küllusest. Ma usaldasin Jumalale kõik oma igapäevased vajadused.

Aga otsige kõigepealt Jumala riiki ja tema õiglust, ja kõik see tuleb teile juurde. (Matteuse 6:33)

Enne minu lahkumist Indiast ütlesid mulle mõned koguduse naised, et nad ei osta endale enam luksuskaupu. Nad olid rahul kõigega, mis neil oli kanda, sest nad said nii palju rahuldust vaestele andmisest.

Aga jumalakartlikkus koos rahuloluga on suur kasu. Sest me ei toonud midagi sellesse maailma ja on kindel, et me ei suuda midagi välja viia. Ja kui meil on toit ja riided, siis olgem nendega rahul. (1Tim 6:6-8)

Eakad ja väikesed lapsed olid samuti kaasatud armastuse projektidesse. Nad said kokku, et teha kingipakke, mida anda vaestele. Nad olid nii rahul, et õnnistasid andmist.

"Andke, ja teile antakse; head mõõtu, maha surutud ja kokku raputatud ja üle jooksnud, annavad inimesed teie sülle. Sest sama mõõduga, millega te kohtusite, mõõdetakse teile uuesti." (Luuka 6:38)

Kujutage vaid ette, mis toimus nii lühikese aja jooksul. Müüsin oma kodu ja ostsin uue kodu teises osariigis. Ma nägin, kuidas minu riik muutus, sest inimesed janunesid Issanda Jeesuse Kristuse järele. Nüüd ootasin ma uue elu alustamist Texases. Kui me seame Jumala esikohale, siis on ka Issand meile ustav.

Tagasi Ameerikasse.

Ma tulin Indiast tagasi kolm kuud hiljem. Ma lendasin Texase, kui mu maja oli valmis. 26. aprillil 2005, kui mu lennuk maandus Dallas-Ft. Worthi lennujaamas, nutsin ma, sest olin esimest korda siia riiki tulles kõigist oma pereliikmetest ja sõpradest täiesti lahus. Siis andis Jumal mulle järgmise pühakirjasõna:

Aga nüüd ütleb Issand, kes sind lõi, Jaakob, ja kes sind kujundas, Iisrael: Ära karda, sest ma olen sind lunastanud, ma olen sind kutsunud su nime järgi, sa oled minu. Kui sa lähed läbi vee, siis olen ma sinuga, ja kui sa lähed läbi jõgede, siis ei voola need sind üle; kui sa käid läbi tule, siis ei põle sind, ja leek ei süttinud sinu peal. Sest mina olen Issand, su Jumal, Iisraeli Püha, su Päästja: Ma andsin Egiptuse sinu lunaraha eest, Etioopia ja Seba sinu eest. Kuna sa oled olnud kallis minu silmis, sa oled olnud austatud ja ma olen sind armastanud; seepärast annan ma sinu eest mehi ja rahvast sinu elu eest. Ära karda, sest ma olen sinuga: ma toon su seemne idast ja kogun sind läänest; ma ütlen põhjale: "Anna üles!" ja lõunale: "Ära hoia tagasi!"; tooge mu pojad kaugelt ja mu tütred maa äärest; (Jesaja 43:1-6)

Päeval, mil ma saabusin, leidsin end selles suures uues majas üksi. Reaalsus tabas mind, kui ma seisin keset elutuba ja nägin oma maja täiesti tühjana. Istusin põrandale ja hakkasin nutma. Tundsin end nii üksi ja tahtsin tagasi koju Californiasse, kuhu olin jätnud oma kalli ema. Me elasime nii kaua koos ja ta oli suur osa minust. Mind valdas see lahusolekutunne nii väga, et tahtsin lennujaama minna ja tagasi Californiasse lennata. Ma ei tahtnud enam seda maja. Minu mure oli suurem kui mu reaalsus. Kui ma neid tundeid läbi elasin, tuletas Jumal mulle meelde, et mul on vaja helistada vend Blakeyle. Vend Blakey ei teadnud, mida ma täpselt sel hetkel tundsin, kuid Jumal teadis. Ma olin üllatunud, kui ta ütles: "Nüüd, õde Das, te teate, et olete meist vaid ühe telefonikõne kaugusel." Tema sõnad olid täiesti salvatud, sest minu valu ja kogu mu meeleheide kadus kohe. Tundsin, et mul on pere, et ma ei ole üksi ja et kõik saab korda. Sellest päevast alates võttis Blakey perekond mind oma perre vastu ajal, mil mul polnud kedagi.

Minu õde ja tema pere kolisid hiljem Texase Planosse, vaid mõne miili kaugusele Wylie'st. Blakey perekonda kuulub üksteist venda ja õde. Nende lapsed ja lapselapsed kohtlesid mind kõik nagu perekonda. Neid oli ligi 200 ja kõik teavad Blakey perekonda Wylie's. Nad on olnud mulle tohutuks toeks ja mind on alati pandud tundma, et ka mina olen "Blakey"! Kui ma olin oma koju sisse seadnud, pidin ma leidma kiriku. Ma küsisin Jumalalt, millist kirikut Ta mulle soovib. Ma külastasin paljusid kirikuid. Lõpuks külastasin ühte kirikut Garlandi linnas, The North Cities United Pentecostal Church. Jumal ütles selgelt: "See on sinu kirik". See on ikka veel koht, kus ma kogunen. Ma armastan oma kirikut ja leidsin imelise pastori, pastor Hargrove'i. Blakey perekonnast sai minu laiendatud perekond, kes kutsus mind pärast kirikut lõunasöögile või õhtusöögile. Nad kaasasid mind ka oma perekondlikele kokkutulekutele ja perepühadele. Jumal on imeliselt andnud mulle kõike, mida ma vajan.

Ma tänan Jumalat oma uue pastori, kiriku ja Blakey'de eest, kes on mind oma perekonda vastu võtnud. Ma elan nüüd mugavalt oma uues kodus. Jumal on pidanud oma lubadust: "Ma hoolin sinu eest". Jumal valis selle kõik minu jaoks, vastavalt oma tahtele minu elu jaoks. Nüüd töötan Tema heaks alates sellest, kui ärkan kell 3.50 hommikul üles, et palvetada. Ma söön hommikusööki ja valmistun Issanda töö tegemiseks oma kodus asuvast kontorist. Mu sõbrad ütlevad teile: "Ärge kunagi öelge õde Lizile, et tal ei ole päris tööd." Mis on minu vastus? Ma töötan Issanda heaks, teen pikki tunde ilma kella löömata ja ma ei saa palka. Jumal hoolitseb minu eest ja minu tasu on taevas.

Ma hindan oma tööd ja armastan seda, mida teen!

12. peatükk

Deemonlik vabastamine ja Jumala tervendav jõud

Ühel pühapäeva pärastlõunal helistas mulle härra Patel, kes palus, et me läheksime ja palvetaksime tema isa eest, keda ründasid deemonlikud vaimud. Härra Patel on insener, kes on elanud Ameerikas üle 30 aasta. Ta oli kuulnud minu tervendamisest ja oli avatud kuulma Issandast Jeesusest Kristusest. Järgmisel päeval läksime tema venna juurde, kus kohtusime härra Pateli ja tema perekonnaga (vend, venna naine, kaks poega ning isa ja ema). Samal ajal, kui kõik kuulasid, hakkas teine vend, kes oli samuti kristlane, rääkima sellest, kuidas ta Jeesust tundma õppis. Isa, vanem härra Patel, ütles, et ta oli kummardanud ebajumalaid, kuid tundis end alati halvasti, kui ta seda kummardamist teostas. Ta ütles, et tal oli tunne, nagu torkaks tal vitsaga kõhtu, mis tekitab talle valu, ja kui ta kõndis, tundus, nagu oleks tal jalge all kivid. Me hakkasime tema eest palvetama Issanda Jeesuse Kristuse nimel. Me palvetasime, kuni ta oli vaba deemonlikust vaimust ja ta hakkas end palju paremini tundma. Enne lahkumist sai ta Piibliõpetuse, et ta mõistaks Issanda nime väge ja seda, kuidas jääda vabaks deemonlike rünnakute tagasitulekust.

Meil oli hea meel, kui poeg ja üks pojapoeg nõudsid, et vanem härra Patel hüüaks JEESUSE nime, kuid ta ei tahtnud seda teha, kuigi tal ei olnud mingit probleemi öelda "Jumal" (Bhagvan). Lapselapsed nõudsid" :Ei, öelge Jeesuse nime", kui pojad rivistusid palve vastuvõtmiseks. Üks pojapoegadest, kes oli kahekümnendates aastates, oli varem olnud autoõnnetuses. Ta oli käinud paljude kirurgide juures seoses põlveprobleemiga. Sel päeval tervendas Issand Jeesus tema põlve ja härra Pateli noorem vend oli Jumala Vaimust väga puudutatud. Kõik said palvetada ja tunnistasid, kuidas neid liigutas Jumala Vaim, kes tegi sel päeval tervendamise ja vabanemise imet. Kui Issand Jeesus käis inimeste seas, õpetas ja kuulutas Ta tulevase Kuningriigi evangeeliumi ning tervendas inimeste seas igasuguseid haigusi ja haigusi. Ta tervendas ja vabastas need, kes olid riivatud ja keda piinasid deemonid, ja need, kes olid hullud (hullud), ja need, kes olid halvatu (Matteuse 4:23-24). Jumala jüngritena jätkame täna Tema tööd ja õpetame teistele päästmist meie Issanda Jeesuse nimel.

"Ka ei ole päästet üheski teises, sest ei ole antud inimeste seas ühtegi teist ***nime*** *taeva all, mille kaudu me peame päästetama."*
(Apostlite teod 4:12).

Elava Jumala teenimisest on palju kasu. Kivist või kivist tehtud jumala asemel, kes ei näe ega kuule, on meil tõeline ja elav Jumal, kes uurib meeste ja naiste südameid. Avage oma süda ja meel, et kuulata Tema häält. Palvetage, et Ta puudutaks teie südant. Palvetage, et Ta annaks teile andeks, et olete Teda tagasi lükanud. Palvetage, et tunneksite Teda ja armuksite Temasse. Tehke neid nüüd, sest varsti sulguvad uksed.

13. peatükk

Tunnistus ja puhas südametunnistus

Ühel päeval tuli mulle külla üks India paar, kes palvetas koos minuga. Kui me valmistusime palvetama, hakkas naine valjusti palvetama. Mees järgnes. Märkasin, et nad mõlemad palvetasid samal usulisel moel, kuid mulle meeldis siiski nende kõnekaid sõnu kuulata. Ma palusin Jumalat siiralt" :Ma tahan, et sa palvetaksid minu suu kaudu". Kui oli minu kord valjusti palvetada, võttis Püha Vaim üle ja palvetas Vaimus.

"Samamoodi aitab ka Vaim meie nõrkusi, sest me ei tea, mille eest me peaksime palvetama, nagu peaksime; aga Vaim ise teeb meie eest eestpalveid kõnelusega, mida ei saa välja öelda. Ja kes uurib südameid, see teab, mis on Vaimu mõte, sest ta teeb eestpalveid pühade eest Jumala tahte kohaselt."
(Roomlastele 8:26, 27).

Ma palvetasin Vaimus Jumala väega viisil, mis paljastas patu. Mees, kes ei suutnud seda enam taluda, hakkas oma pattu tunnistama oma naisele, kes oli šokeeritud. Hiljem rääkisin nendega tema patutunnistuse kaudu puhastumisest.

"Kui me tunnistame oma patud, siis ta on ustav ja õiglane, et anda meile meie patud andeks ja puhastada meid kõigest ülekohtust. Kui me ütleme, et me ei ole pattu teinud, siis teeme teda valetajaks ja tema sõna ei ole meis." (1. Johannese 1:9, 10)

Ma selgitasin abikaasale, et kuna ta tunnistas, siis Jumal annab talle andeks.

Ärge unustage ka seda, et tunnistage oma patud ainult neile, kes saavad teie eest palvetada.

Tunnistage üksteisele oma vigu ja palvetage üksteise eest, et te saaksite terveks. Õige inimese tõhus palav palve toob palju kasu. (Jakoobuse 5:16)

Ma selgitasin talle, et kui ta on ristitud, siis Jumal eemaldab tema patud ja ta saab puhta südametunnistuse.

"Samasugune kuju, milleks ka ristimine nüüd meid päästab (mitte liha rüveduse kõrvaldamine, vaid hea südametunnistuse vastamine Jumala ees) Jeesuse Kristuse ülestõusmise kaudu." (1Peetruse 3:21)

Mõned päevad hiljem lasid nii mees kui ka naine end ristida Issanda Jeesuse nimel. Mees oli täielikult vabastatud ja tema patud andeks antud. Neist mõlemast on saanud selline õnnistus Jumala Kuningriigile.

"Tehke meeleparandus ja laske endid igaüks teist ristida Jeesuse Kristuse nimes pattude andeksandmiseks, ja te saate Püha Vaimu andi." (Apostlite teod 2:38)

Jumal otsib neid, kes alandavad end Tema ees. Ei ole tähtis, kui kõnekad ja ilusad sõnad te palvetate, vaid see, et te palvetate kogu oma südamega. Ta teab ka seda, mis on südames, kui te palvetate. Eemaldage patt, paludes Jumalalt andestust, või teie palveid takistab Püha Vaim. Usklikena uurime iga päev oma südant ja mõistame iseenda üle kohut. Jumal on alati olemas, et andestada ja puhastada meid, kui me pattu teeme.

14. peatükk.

Surma äärel

Vend Jaakobusel, kellest ma varem rääkisin, on Jumala võidmisjõu kaudu tervendamise and. Teda kutsuti palvetama ühe korea naise eest, kes oli Queen of the Valley haigla intensiivraviosakonnas (ICU). Arstide sõnul oli ta surma lähedal. Tema perekond oli juba tema matuseid korraldamas. Ma saatsin sel päeval vennale Jamesile kaasa ja nägin tema keha elustamisaparaadil; ta oli teadvuseta ja surma piiril. Kui ma hakkasin palvetama, tundsin, nagu tahaks miski mind jalast kinni haarata ja toast välja visata; kuid Püha Vaimu vägi oli minus väga tugev ja ei lasknud sellel vaimul oma tahtmist saada.

Lapsukesed, te olete Jumalast ja olete nad võitnud, sest suurem on see, kes on teie sees, kui see, kes on maailmas. (1. Johannese 4:4)

Pärast palvetamist rääkis Issand minu kaudu ja ma ütlesin need sõnad: "See masinavärk muutub." See viitas elushoidvatele seadmetele, mis olid tema keha külge kinnitatud. Ma kuulsin ennast neid sõnu ütlemas, sest Jumal on rääkinud selle väga haige naise saatuse. Vend James palvetas tema eest ja seejärel rääkisime naise perekonnale palve ja Jumala Sõna väest. Nad kuulasid, kui ma rääkisin neile oma enda tervenemisest ja sellest, kuidas Jumal viis mind ratastoolist taas kõndima. Nende poeg, kes oli piloot, oli samuti kohal, kuid ei rääkinud korea keelt. Ma rääkisin temaga inglise keeles, samal ajal kui ülejäänud perekond vestles korea keeles. Huvitaval kombel selgitas ta mulle, et tema ema pidi reisima Kanadasse samal päeval, kui ta väga haigeks jäi. Ta selgitas, et ta kutsus oma abikaasat appi ja viidi haiglasse, kuigi ta keeldus minemast. Poeg ütles, et tema ema ütles neile: "Nad tapavad mind haiglas". Ta oli kindel, et ta sureb, kui teda haiglasse viiakse. Tema poeg jätkas meile selgitamist, et ta oli neile öelnud, et igal õhtul; mustadesse riietatud inimesed tulevad majja. Igal ööl karjus ema nii tema kui ka isa peale ja viskas neid ilma nähtava põhjuseta vihaselt taldrikutega. Samuti hakkas ta kirjutama tšekke keeles, millest nad ei saanud aru. Tema käitumine oli väga kummaline. Ma selgitasin talle deemonlikest vaimudest, mis võivad inimese üle võtta ja teda piinata. See hämmastas teda, sest nagu ta meile selgitas, käivad nad kõik kirikus ja ta annab nii palju raha, kuid nad ei olnud sellest kunagi varem kuulnud. Deemonid alluvad tõelistele usklikele, kellel on Püha Vaim; sest Jeesuse Veri on nende elu peal ja nad teenivad Jeesuse Nime autoriteedi all Tema Nime väes.

Ütlesin noorele mehele, et vend Jaakobus ja mina võime Jeesuse nimel palvetada, et deemon välja ajada, ja ta nõustus oma ema eest vabastava palve esitamisega. Kui arst tuli oma patsienti vaatama, oli ta üllatunud, et naine reageeris, ja ei saanud aru, mis tema patsiendiga oli juhtunud. Perekond ütles talle, et keegi oli tulnud öösel tema eest palvetama ja ta hakkas reageerima just nii, nagu neile oli öeldud, et ta reageerib. Mõned päevad hiljem oli meil veel üks võimalus sama naise eest palvetada. Ta naeratas, kui me tuppa tulime. Ma panin siis oma käe tema pea peale ja hakkasin palvetama; ta viskas mu käe ära ja liigutas pea üles, osutades laele, sest ta ei suutnud rääkida. Tema ilme muutus ja ta nägi nii hirmunud välja. Pärast meie lahkumist muutus tema seisund halvemaks. Tema lapsed imestasid, mida ta näeb, ja küsisid, kas ta on näinud midagi kurja. Ta andis käega märku "jah". Jälle tulime tagasi, et tema eest palvetada, sest ta oli hirmul oma piinaja, deemonliku vaimu ees tema toas. Pärast seda palvetamist oli ta seekord võidukalt oma piinajatest vaba. Tänu Jumalale, kes vastab palvetele.

Hiljem kuulsime, et ta vabastati haiglast, läks rehabilitatsiooniprogrammi ja saadeti koju, kus tal läheb jätkuvalt hästi. Ta oli surma äärelt välja tõmmanud.

Mine ja anna maailmale tunnistust:

Ja ta käskis neil mitte kellelegi rääkida; aga mida rohkem ta neid käskis, seda rohkem nad seda ***avaldasid;*** *(Markuse 7:36)*

Tule tagasi oma koju ja näita, kui suuri tegusid on Jumal sulle teinud. Ja ta läks oma teed ning ***avaldas*** *kogu linnas, kui suuri asju Jeesus oli temaga teinud. (Luuka 8:39)*

Piibel ütleb, et me peame minema välja ja tunnistama. See Korea perekond tunnistas teistele peredele sellest imestusest. Ühel päeval rääkis Bro. James sai kõne teiselt Korea naiselt. Selle perekonna abikaasa käitus vägivaldselt ja ei teadnud, mida ta teeb. Tema naine oli väga peenike ja armas naine. Mõnel päeval püüdis ta teda tappa. Mitu korda pidid nad ta haiglasse viima, sest mees peksis teda halastamatult. Kuna ta kuulis sellest imestusest, kutsus ta meid ja palus mind. Me läksime teda ja tema abikaasat vaatama. Bro. James palus mul rääkida ja ta palvetas. Meid kõiki õnnistati. Mõni nädal hiljem helistas tema naine ja küsis, kas me saaksime uuesti tulla, kuna tema abikaasal läheb paremini. Niisiis läksime jälle ja ma andsin oma tunnistuse andestusest ja Vendade vennas andis tunnistust andestusest. James palvetas kõigi üle.

Jagasin nendega sellest ajast, kui ma töötasin ja üks naisjuhataja; ta ahistas mind halastamatult ja ma ei saanud öösel magada. Ühel päeval läksin oma tuppa, et tema eest palvetada. Jeesus ütles: "Sa pead talle andestama." Alguses tundus see raske ja ma mõtlesin, et kui ma talle andestan, teeb ta mulle ikka veel sama asja. Kuna kuulsin, kuidas Jeesus minuga rääkis, ütlesin: "Issand, ma annan talle täielikult andeks" ja Jumal aitas mul oma halastuses selle unustada. Kuna ma andestasin talle, hakkasin hästi magama, mitte ainult seda, vaid kui ta tegi midagi valesti, ei häirinud see mind enam.

Piibel ütleb.

Varas ei tule, vaid varastama, tapma ja hävitama; mina olen tulnud, et neil oleks elu, ja et nad saaksid seda rikkalikumalt (Jh 10:10).

Mul oli hea meel, et ämm oli seda tunnistust kuulamas, sest tema süda oli kurbusest raske. Oli nii hämmastav näha, kuidas Jumala käsi tuli ja muutis kogu seda olukorda ning andestus pühkis nende südamed ja armastus tuli nende sisse.

*Aga kui te ei **anna andeks**, siis ei **anna** ka teie Isa, kes on taevas, teie vigu **andeks**. (Markuse 11:26)*

Andestamatus on väga ohtlik asi. Te kaotate oma terve mõistuse ja keha. Andestamine on teie heaks, mitte ainult teie vaenlase jaoks. Jumal palub meil andestada, et saaksime paremini magada. Kättemaksu võtmine on Tema, mitte meie oma.

*Ärge mõistke kohut, siis ei mõisteta teie üle kohut: Ärge mõistke hukka, siis ei mõisteta teid hukka; **andke andeks, siis antakse teile andeks** (Luuka 6:37).*

Ja usu palve päästab haige, ja Issand äratab ta üles; ja kui ta on teinud pattu, siis antakse need talle andeks. Tunnistage üksteisele oma vigu ja palvetage üksteise eest, et te saaksite terveks. Õiglase tõhus palav palve toob palju kasu. (Jakoobuse 5:15, 16)

Ülaltoodud loo viimases osas kuulsime, et tema abikaasa oli oma vaimsetest probleemidest täielikult paranenud ning oli oma naise suhtes nii lahke ja armastav.

Kiitke Issandat! Jeesus tõi rahu nende koju.

15. peatükk

Rahu Jumala juuresolekul

Jumala kohalolek võib tuua hinge rahu. Ükskord palvetasin ühe härrasmehe eest, kes oli surmahaige vähi lõppjärgus. Ta oli ühe koguduse naise abikaasa. See daam ja tema poeg viibisid ühel ajal minu juures minu kodus.

Nad kuulusid kogudusse, mis ei uskunud oma elu muutmisse, kuni nad vaatasid videot lõpuaja kohta. Nad mõlemad said ilmutuse ristimisest Issanda Jeesuse nimel ja hakkasid otsima kogudust, mis ristiks neid Jeesuse nimel. Siis leidsid nad koguduse, kus ma käin. Saatan ei taha, et keegi saaks teada tõde, sest see viib päästmiseni. Ta tahab, et te oleksite pimeduses ja arvaksite, et olete päästetud, kuigi usute valedesse õpetustesse ja inimeste traditsioonidesse. Ta tuleb teie vastu, kui te otsite Tõde. Selles olukorras oli selle ema ja poja vastu kasutatav vahend uskmatu abikaasa ja isa, kes neid pidevalt ahistasid ja naeruvääristasid nende usu pärast Jumalasse. Mitu korda tulid nad lõpuks minu koju palvetama ja jäidki sinna. Ühel päeval kuulis poeg, kuidas Issand talle ütles: Tema päevad on loetud. Isa oli Baylori haiglas, Dallases, Texases, intensiivraviosakonnas (ICU). Ta tegi neile väga selgeks, et ta ei taha, et palvetamine või mis tahes kirikuinimesed tuleksid kohale palvetama. Ühel päeval küsisin naiselt, kas ma võiksin tema abikaasa juures käia ja tema eest palvetada. Ta seletas mulle, kuidas ta end tundis, ja ütles, et ei. Me jätkasime palvetamist, et Jumal pehmendaks tema paadunud südant.

Ühel päeval läksin koos poja ja tema naisega haiglasse ja võtsin riski, et Jumal on teda muutnud. Poeg küsis oma isalt: *Isa, kas sa tahad, et õde Elizabeth sinu eest palvetaks? Ta on palvesõdalane.* Kuna isa ei saanud enam rääkida, palus ta oma isal silmi pilgutada, et ta saaks temaga suhelda. Seejärel palus ta tal silmi pilgutada, et anda meile märku, kas ta tahab, et ma tema eest palvetaksin, ta pilgutas silmi. Ma hakkasin palvetama, paludes, et tema patud pestaks Jeesuse verega. Märkasin temas mõningast muutust ja jätkasin palvetamist, kuni Püha Vaimu kohalolek oli ruumis. Pärast minu palvetamist püüdis isa suhelda, osutades laele, nagu näitaks ta meile midagi. Ta püüdis kirjutada, kuid ei suutnud. Poeg palus isal vilkuda, kas see on midagi head, mida ta näeb. Ta virutas silmi! Siis palus ta isal vilkuda, kas see on valgus, kuid isa ei vilkuta. Siis küsis ta temalt, kas see on inglid, mida ta näeb, ja et ta vilkuks. Aga ta ei virutanud silmi. Lõpuks küsis poeg, kas see on Issand Jeesus. Tema isa vilgutas siis silmi.

Järgmisel nädalal läksin teda uuesti haiglasse vaatama. Seekord oli ta hoopis teistsugune ja tema ilme oli rahulik. Paar päeva hiljem suri ta rahulikult. Jumal oma halastuses ja armastuses andis talle rahu enne tema lahkumist. Me ei tea, mis toimub nii väga haige inimese ja tema Looja vahel. Issanda kohalolek oli selles toas. Ma nägin meest, kes oli Jumala ja oma perekonna vastu paadunud, kuid surma ukse juures tegi Issand ennast talle teatavaks, andes talle teadmise oma olemasolust.

Tänage Issandat, sest ta on hea, sest tema halastus kestab igavesti. Tänage jumalate Jumalat, sest tema halastus kestab igavesti. Tänage isandate Issandat, sest tema halastus kestab igavesti. Temale, kes üksi teeb suuri imesid, sest tema halastus kestab igavesti. (Psalm 136:1-4)

16. peatükk.

Ohverduslik elustiil elamises

Selle aja jooksul tegin piibliõpetust juuste, rõivaste, ehete ja meigi kohta. Ma ütlesin endale: "Need inimesed on vanamoodsad." Ma teadsin oma südames, et ma armastan Jumalat; seega ei tohiks see, mida ma kannan, olla oluline. Aeg möödus ja ühel päeval kuulsin, kuidas Jumala (Reim) Vaim rääkis mu südamesse" :Sa teed seda, mida sa tunned oma südames". Sel hetkel avanesid mu silmad. Ma mõistsin, et mu südames oli armastus maailma vastu ja ma kohandasin end maailma moele. (Reim on Jumala valgustatud ja võidetud Sõna, mis on sulle räägitud konkreetseks ajaks või olukorraks.)

Issand, sa oled mind uurinud ja tundnud. Sa tunned mu langemist ja mu tõusmist, sa mõistad mu mõtteid kaugelt. Sa tunned mu teed ja mu lamamist, sa tunned kõiki mu teid. (Psalm 139:1-3)

Ehted:

Mulle ei meeldinud ehted, nii et mul ei olnud raske vabaneda neist vähestest esemetest, mis mul olid.

Samuti, teie, naised, olge oma meestele allutatud, et kui keegi ei kuuletuks sõnale, siis võetaksegi neid ilma sõnata naiste vestluse kaudu, kui nad näevad teie vooruslikku vestlust koos hirmuga. Kelle kaunistuseks ei ole see ***väline*** *kaunistus, mis seisneb juuste punumises ja kulla kandmises või rõivaste selga panemises, vaid see on südame varjatud inimene, mis ei ole kaduvuses, s.o. tasase ja vaikse vaimu* ***kaunistus****, mis on Jumala silmis väga kallis. Sest nõnda ehtisid end vanal ajal ka pühad naised, kes usaldasid Jumalat, olles oma meestele allutatud: Nii nagu Saara kuuletus Aabrahamile, kutsudes teda isandaks; kelle tütred te olete, kui te teete hästi ja ei karda mingit hämmastust. (1. Peetruse 3:1-6)*

Samuti, et naised kaunistaksid end tagasihoidliku riietusega, häbematult ja kainelt, mitte juuste, kulla, pärlite või kallite riietega, vaid heade tegudega (mis on jumalikkust tunnistavatele naistele kohane). (1Timoteuse 2:9, 10)

Juuksed

Kas loodus ise ei õpeta teile, et kui inimesel on pikad juuksed, siis on see talle häbi? Aga kui naisel on pikad juuksed, siis on see talle au, sest tema juuksed on talle antud ***katmiseks****. (1. Korintlastele 11:14, 15)*

Nooremana olid mul alati pikad juuksed. Kahekümneaastaselt sain oma esimese juukselõikuse ja jätkasin juuste lõikamist, kuni need olid väga lühikesed. Seega oli mul alguses raske leppida lõikamata juuste õpetusega. Ma ei tahtnud lasta oma juukseid kasvada, sest mulle meeldisid lühikesed juuksed. Neid oli lihtne hooldada. Hakkasin paluma Jumalat, et ta lubaks mul kanda lühikesi juukseid. Kuid minu üllatuseks muutis Jumal mu mõtteviisi, pannes oma Sõna mu südamesse ja mul ei olnud enam raske lasta oma juukseid kasvada.

Selle aja jooksul elas minu ema minuga koos. Kuna ma ei osanud oma pikkade juuste eest hoolitseda, palus ema mul neid lõigata, sest talle ei meeldinud, kuidas need välja nägid. Hakkasin Piiblist rohkem uurima juuste kohta. Ma sain paremat arusaamist ja teadmisi, mis aitas mu veendumustel südames tugevamaks saada.

Ma palvetasin ja küsisin Issandalt" :*Mida ma peaksin tegema oma emaga, kuna talle ei meeldi mu pikad juuksed*?". Ta rääkis minuga ja ütles: "*Palvetage, et tema mõtlemine muutuks.*"

Usalda Issandasse kogu oma südamest ja ära toetu oma mõistusele. Tunnista teda kõigil su teedel, ja ta juhib su teed. (Õpetussõnad 3:5, 6)

Issand on minu nõuandja, nii et ma jätkasin palvetamist, et tema mõtlemine muutuks.

Jeesus on meie nõuandja;

Sest meile on sündinud laps, meile on antud poeg, ja valitsus on tema õlgadel, ja tema nimi on Imeline, ***Nõustaja****, Vägev Jumal, Igavene Isa, Rahu Vürst. (Jesaja 9:6)*

Ma ei lõiganud enam oma juukseid. Mu juuksed jätkasid kasvamist ja ühel päeval ütles ema mulle" :Sa näed pikkade juustega kena välja!". Mul oli väga hea meel neid sõnu kuulda. Ma teadsin, et Issand oli mind palves suunanud ja mu palvele vastanud. Ma tean, et mu lõikamata juuksed on minu au ja mulle on antud jõudu minu pea peale tänu Inglitele.

Ma tean, et kui ma palvetan, siis on jõudu. Kiitke Issandat!!!

Aga iga naine, kes palvetab või prohvetlikult jutlustab ***katmata*** *peaga, häbistab oma pead, sest see on isegi kõik üks, nagu oleks ta raseeritud. Aga kui naisel on pikad juuksed, siis on see talle au,* ***sest tema juuksed on talle antud katmiseks****. (1. Korintlastele 11:5,15,)*

See pühakirjakoht on väga selge, et lõikamata juuksed on meie katte, mitte sall, müts või loor. See tähistab meie allumist Jumala autoriteedile ja Tema au alla. Kogu Jumala Sõnas leiate, et inglid kaitsesid Jumala au. Kus iganes Jumala au oli, seal olid inglid kohal. Meie lõikamata juuksed on meie au ja inglid on alati kohal, et meid kaitsta, sest me allume Jumala Sõnale. Need Inglid kaitsevad meid ja meie perekonda.

Sellepärast pidi naisel olema vägi peas inglite tõttu.
(1. Korintlastele 11:10)

1. Korintlastele 11 on Jumala korralduslik mõte ja tegevus, et säilitada ühemõtteline erinevus naise ja mehe vahel.

Uus Testament näitab, et naistel olid lõikamata pikad juuksed.

Ja vaata, üks naine linnas, kes oli patune, kui ta teadis, et Jeesus istus variseride *majas söögi juures, tõi alabasterkarbi salvi ja seisis tema jalgade juures tema taga ja hakkas nutma, peses pisaratega tema jalgu ja* ***pühkis neid oma juustega****, suudles tema jalgu ja võis neid salviga määrida. (Luuka 7:37, 38)*

ta ütleb, et isandad ütlevad

"Lõika oma juuksed maha, Jeruusalemm, ja viska need ära, ja võta kõrgustel üles kaebus, sest Issand on hüljanud ja hüljanud oma viha põlvkonna." (Jeremija 7; 29)

Lõigatud juuksed on häbi, häbi ja leina sümbol. Juuste lõikamine kujutab endast jumalakartmatut ja häbiväärset tegu Jumala tagurpidi läinud inimestel. See on märk sellest, et Issand on nad tagasi lükanud. Pidage meeles, et me oleme Tema pruut.

Encyclopedia Britannica, V, 1033 väidab, et pärast Esimest maailmasõda "bobiti juuksed". Juuste lõikamise võtsid peaaegu kõik naised kõikjal omaks.

Jumala sõnad on kehtestatud igavesti. Jumala nõue naistele on, et neil peavad olema lõikamata pikad juuksed ja meestel lühikesed juuksed.

Riietus

Jumala Sõna annab meile juhiseid ka selle kohta, kuidas me riietume. Kui ma olin äsja pöördunud ja õppisin, kuidas me peaksime riietuma, ei olnud ma oma riietuse suhtes süüdi. Oma töö iseloomu tõttu kandsin ma pükse. Ma mõtlesin endale" :*See oleks okei, kui ma jätkaksin pükste kandmist ainult tööl.*" Ostsin uued püksid ja sain palju komplimente selle kohta, kui kena ma välja nägin. Ma juba teadsin, et naised ei tohiks kanda meeste riideid. Püksid on alati olnud meeste riided, mitte naiste omad. Kui teil on Jumala sõna istutatud teie südamesse, saate veendumuse, milliseid rõivaid on õige kanda.

Naine ei tohi kanda seda, mis kuulub mehele, ja mees ei tohi kanda naise *rõivastust, sest kõik, kes nii teevad, on Issanda, su Jumala ees* ***jäledus****. (5. Moosese 22:5)*

Segadus algas siis, kui mehed ja naised hakkasid kandma unisex-rõivaid. Järgmine samm viib teid, nagu Jumal ütles, selleni:

3Moosese 18:22 Sa ei tohi magada inimesega nagu naisega; see on ***jäledus****.*

Meid mõjutab see, mida me kanname. Sõna "jäledus" kasutatakse kirjeldamaks naist, kes kannab "seda, mis kuulub mehele", ja meest, kes paneb selga "naise rõiva". Jumal tunneb iga sammu seksuaalses segaduses. Jumal on teinud mõlemad sugupooled täiesti erinevaks, millel on erinev eesmärk. Kas märkasite, et just naised hakkasid esimesena pükse selga panema? See on täpselt nagu siis, kui Eeva oli sõnakuulmatu Eedeni aias! See segadus on tõestus tänapäeva ühiskonnast, milles me elame. Mõnikord ei saa te vahet teha meeste ja naiste vahel.

Üle 70 aasta tagasi ei olnud naiste riietus probleemiks, sest nad kandsid põhimõtteliselt pikki kleite või pikki seelikuid. Ei mingit segadust. Kui naised hakkasid kandma meeste riideid, hakkasid nad käituma nagu mehed ja mehed nagu naised. See on häire.

Neil peavad olema linased päitsed oma pea peal ja linased ***püksirihmad*** *oma lülidel; nad ei tohi end vööle panna midagi, mis tekitab higi (Hesekiel 44:18).*

Tänane perversne, meediakäsitlusele mitte alluv põlvkond õpib õhu vürstilt, kelleks on Saatan. Nad ei tunne Piibli tõde. Samuti on nende toetajad valeõpetajad, kes õpetavad inimeste, mitte Jumala õpetust ja käske.

Vaata, sa oled teinud mu päevad nagu käeulatuseks ja mu vanus on sinu ees nagu tühi asi; tõesti, iga inimene on oma parimas seisus täiesti tühi. Sela. Tõesti, iga inimene kõnnib asjata; kindlasti on nad asjata rahutuks jäänud; ta kuhjab rikkusi ega tea, kes neid kogub. (Psalmid 39:5-6)

Kui Aadam ja Eeva ei kuuletunud Issandale ja sõid keelatud puu vilja, teadsid nad, et nad on pattu teinud, ja nende silmad avanesid nende alastuse suhtes.

Ja nende mõlema silmad avanesid ning nad märkasid, et nad olid alasti; ja nad õmblesid viigipuu lehed kokku ning tegid endale põlled (1Moosese 3: 7).

Aadam ja Eeva kattusid viigipuu lehtedega. Nad tegid viigipuu lehtedest eesriideid, millest ei piisanud. Jumalal on katmise standard ja seepärast ei kiitnud Ta heaks nende ebasobivat katmist viigilille lehtedega...... Seepärast riietas Ta nad nahkriietega.

Ja Issand Jumal tegi ka Aadamile ja tema naisele nahkriided ja riietas nad. (1. Moosese 3: 21)

Meie hinge vaenlane, kurat, naudib keha tagasihoidmatut paljastamist.

Luuka 8:35 "Siis nad läksid välja vaatama, mis oli tehtud, ja tulid Jeesus ja leidsid mehe, kellest kuradid olid välja läinud, istumas Jeesuse jalge ees, ***riietatuna*** *ja tervena; ja nad kartsid."*

Kui inimene ei kata oma keha, tõestab see, et ta on mõjutatud valest vaimust, mis tekitab valesid motiive.

On väga oluline, et me alati loeksime Jumala Sõna, palvetaksime lakkamatult ja paastuksime, et paremini mõista ja juhtida Tema Vaimu. Muutus tuleb Jumala sõna kaudu, mis tuleb kõigepealt seestpoolt ja seejärel tuleb muutus väljastpoolt.

See Seaduse raamat ei tohi su suust lahkuda, vaid sa pead mõtisklema selle üle päeval ja öösel, et sa järgiksid kõike, mis selles kirjas on; sest siis teed sa oma teed hästi ja saad hea edu. (Joosua 1:8)

Saatan ründab Jumala Sõna. Mäletate Eevat? Kurat teab, mida ja millal rünnata, sest ta on peen ja kaval.

Olge kained, olge valvsad, sest teie vastane, kurat, käib ringi nagu karjuv lõvi, otsides, keda ta võiks neelata (1Peetruse 5:8).

Kes minu käske hoiab ja neid peab, see on see, kes mind armastab; ja kes mind armastab, seda armastab minu Isa, ja mina armastan teda ja ilmutan ennast talle. (Johannese 14:21)

Kui te peate minu käske, siis jääte minu armastuses, nii nagu mina olen pidanud oma Isa käske ja olen tema armastuses. (Johannese 15:10)

Sel õhtul, kui ma tööl olin, tuli mulle üks mõte pähe. Ma mõtlesin, kuidas ma Jumala silmis välja näen. Järsku tabas mind häbi ja ma ei suutnud üles vaadata. Tundsin, nagu seisaksin Issanda, meie Jumala ees. Nagu te teate, kuuleme me oma kõrvade kaudu, kuid mina kuulsin Tema häält, nagu räägiks Ta läbi iga mu keharaku, öeldes: "Ma armastan sind siiralt". Kui ma kuulsin neid kauneid sõnu Jumalalt, mis ütlesid :"Ma armastan sind siiralt", tähendas see mulle nii palju. Olin vaevu valmis töölt lahkuma ja koju minema, et saaksin oma kapi kõigist oma maistest riietest täielikult puhastada.

Paar nädalat kuulsin pidevalt Tema häält, mis ütles mulle: "Ma armastan sind siiralt". Hiljem kadus see ära.

Jumalale elamine ei ole ainult see, mida me räägime, vaid see on elustiil. Kui Jumal rääkis Moosesega, siis rääkis Ta temaga väga selgelt. Mooses tundis kahtlemata Jumala häält.

Kreeka keelest tõlgitud sõna häbitunne viitab häbitundele või tagasihoidlikkusele ehk sisemisele väärikusele, mis tunnistab, et riiete puudumine on häbiväärne. See tähendab, et meie väline välimus peegeldab meie sisemist olemust mitte ainult meie endi, vaid ka teiste jaoks. Seepärast ütleb Piibel, et tagasihoidlik riietus on sarnane häbematusele

Õpetussõnad 7:10 Ja vaata, seal tuli talle vastu naine, kes oli hooratari riietatud ja südamelt alatu.

Samuti, et ka naised kaunistaksid end tagasihoidlikult, ***häbematult*** *ja* ***tagasihoidlikult****, mitte punutud juuste, kulla, pärlite või kallite riietega (1Timoteuse 2:9).*

Rõivad peavad katma inimese alastust. Kainus hoiaks ära selle kandmise, mis on mõeldud seksikaks või on paljastava moega. Tänapäeva riietusstiil on nii lühikeseks lõigatud, et see meenutab prostituudi riietust. Kõik on seotud sellega, kui seksikas inimene välja näeb. Rõivadisainerid muudavad rõivaste stiili paljastavamaks ja provokatiivsemaks.

Täname Jumalat Tema sõna eest, mille Ta on kehtestanud igavikuks; Ta tunneb kõigi ajastute põlvkondi. Sõna hoiab teid sellest, et te ei kohanduksite selle maailmaga.

Mõiste "tagasihoidlikkus" muutub sõltuvalt riigist, ajast ja põlvkonnast. Aasia naised kannavad lahtiseid pükse ja pikki pluuse, mida nimetatakse panjabi kleidiks, mis on väga tagasihoidlikud.

Araabia naised kannavad pikki rõivaid koos looriga. Lääne kristlikud naised kannavad oma kleiti allpool põlve.

Meil on ikka veel jumalakartlikke kristlikke naisi, kes armastavad olla tagasihoidlikud ja järgivad Jumala jutlust ja õpetust.

Kontrollige kõike; hoidke kinni sellest, mis on hea. (1. Tessalooniklastele 5:21)

Me elame šokeerivas ajas, kus ei kardeta Jumalat.

Kui te mind armastate, siis pidage mu käske. (Johannese 14:15)

Paul ütles,

"Sest te olete kalli hinnaga ostetud; ülistage seepärast Jumalat oma ***ihus*** *ja vaimus, mis on* Jumala *oma." (1. Korintlastele 6: 20)*

Rõivad ei tohi olla kitsad, lühikesed ega madalalt lõigatud. Mõne särgi ja pluusi kujutised on sageli valesti paigutatud.

Jumala ideed, mis panevad meid riideid kandma, on kaetud. Pidage meeles, et Eeva ja Aadam olid alasti. Me ei ole enam süütud. Me teame, et see on kiusatus inimese silmale. Taavet nägi Batseba ilma riieteta ja ta langes abielurikkumisse.

Meie aja noorte naiste või väikeste tüdrukute riidemood on tagasihoidlik. Pükse kantakse tihedalt. Piibel ütleb, et õpetage lastele Jumala õiglust. Selle asemel, et õpetada tüdrukutele tagasihoidlikkust, ostavad vanemad tagasihoidlikke riideid.

Jumalateadlik kristlik naine valib oma riided nii, et need oleksid Kristusele ja tema abikaasale meelepärased. Ta ei soovi enam kanda seda, mis on "moes".

Ebasündsad riided, ehted ja meik toidavad silmade iha, liha iha ja elu uhkust.

Ärge armastage maailma ega seda, mis on maailmas. Kui keegi armastab maailma, siis ei ole temas Isa armastus. ***Sest kõik, mis on maailmas, liha iha*** *ja* ***silmade iha*** *ja* ***elu uhkus****, ei ole Isast, vaid on maailmast. Ja maailm ja selle himu kaob, aga kes teeb Jumala tahtmist, see jääb igavesti. (1. Johannese 2:15-17)*

Saatan teab, et inimene on visuaalselt orienteeritud. Naised ei näe Saatana kavatsusi. Ebamäärasus on meeste jaoks võimas kiusatus ja ahvatlus. Ebasündsad riided, ehted ja meik tekitavad meestes erutust. Uhkus ja edevus kasvatavad inimese ego. Naine tunneb end võimsana, sest ta võib meelitada meeste ihaldusväärset tähelepanu. Need asjad teevad naise uhkeks oma välise välimuse üle.

Seepärast, vennad, ma palun teid Jumala halastuse läbi, et te annaksite oma ihu elavaks, pühaks ja Jumalale meelepäraseks ohvriks, mis on teie mõistlik teenistus. Ja ärge olge selle maailma sarnased, vaid muutuge oma meele uuendamise läbi, et te saaksite teada, mis on Jumala hea ja meelepärane ja täiuslik tahe. (Roomlastele 12:1, 2)

Make-up

Piibel räägib kindlasti meikimise **vastu.** Piiblis on meikimine alati seotud jumalata naistega. Piiblis oli Isebel kuri naine, kes värvis oma nägu.

Jumal on oma Sõna kaudu andnud meile, kristlastele, kirjalikud juhised näo värvimise kohta, mida praegu nimetatakse meigiks. Jumal on meid teavitanud igast detailist, isegi ajalooliste viidetega. Piibel peab meid selle maailma valguseks; kui me oleme see valgus, siis ei vaja me värvimist. Keegi ei värvi valguslampi. Surnud asi vajab värvimist. Sa võid värvida seina, puitu jne.

Enamik naisi ja väikseid tüdrukuid kannab tänapäeval meiki, ilma igasuguste ajaloo- või piiblitundeta. Varem kasutati meiki ainult näol, kuid nüüd meeldib neile värvida ja printida erinevaid kehaosi, nagu käed, käed, jalad jne. Kas meikimine on patt? Jumalat huvitab, mida te oma kehaga teete. Jumal ütleb selgelt välja oma vastuseisu keha värvimisele ja augustamisele ning meigi ja tätoveeringute tegemisele.

Ärge tehke oma lihasse mingeid sisselõikeid surnute jaoks ***ega trüki mingeid märke enda peale****: Mina olen Issand. (3Moosese 19:28).*

Ma ei kandnud kunagi meiki, kuid ma kasutasin huulepulka, sest see meeldis mulle. Kui ma kuulsin jutlust meikimisest, hakkasin vähem huulepulka kandma ja hiljem lõpetasin selle täielikult. Südames oli mul ikka veel soov seda kanda, aga ma ei teinud seda.

Palves küsisin Jumalalt, kuidas Ta suhtub huulepulkadesse. Ühel päeval kõndisid kaks naist minu poole ja ma märkasin, et nad kannavad huulepulka. Sel hetkel nägin läbi Tema vaimsete silmade, kuidas see nägi..... Ma tundsin end nii halvasti. Ma olin oma südames väga süüdi ja mul ei olnud enam kunagi soovi huulepulka kanda. Minu soov oli meeldida Temale ja kuuletuda Tema Sõnale.

"Nii rääkige ja tehke nii, nagu need, kelle üle mõistetakse kohut vabaduse seaduse järgi" (Jakoobuse 2:12).

Kuigi meil on vabadus teha, mida me tahame, ja elada nii, nagu me tahame, on meie süda petlik ja meie liha otsib selle maailma asju. Me teame, et meie liha on vaenulik Jumala ja Jumala asjade vastu. Me peame alati käima vaimus, et mitte täita liha himu. Kurat ei ole probleemiks. Me ise oleme oma probleem, kui me kõnnime lihas.

Sest kõik, mis on maailmas, liha iha ja silmade iha ja elu uhkus, ei ole Isast, vaid on maailmast. Ja maailm ja selle himu kaob, aga kes teeb Jumala tahtmist, see jääb igavesti. (1. Johannese 2:16-17)

Saatan tahab olla kõige keskmes. Ta oli täiuslik ilu ja täis uhkust. Ta teab, mis põhjustas tema langemise ja ta kasutab seda ka teie langemiseks.

Inimesepoeg, hüüa Tüürose kuninga üle ja ütle talle: Nõnda ütleb Issand Jumal: Sa pitseerid summa, mis on täis tarkust ja ***täiuslik ilu****. Sa oled olnud Eedeni Jumala aias; iga vääriskivi oli su kate, sardi, topaas ja teemant, berüll, oonüks ja jaspis, safiir, smaragd ja karpkübar ja kuld; sinu tableti ja su torude töö oli sinus valmis sel päeval, mil sa loodi (Hesekiel 28:12,13).*

Kui me kõnnime lihas, püüame samuti olla tähelepanu keskpunktis. Seda võib näha meie riietuses, vestluses ja tegevuses. Me langeme kergesti Saatana lõksu, kui me kohandume maailma ja selle maise moega.

Lubage mul jagada, kuidas ja kust algas meikimine või maalimine. Meikimine algas Egiptuses. Kuningad ja kuningannad kandsid meiki silmade ümber. Egiptuse silmameiki kasutati kaitseks kurja maagia eest ja ka sümbolina uuestisündi reinkarnatsiooniks. Seda kasutasid ka need, kes riietasid surnuid. Nad tahtsid, et surnud näeksid välja, nagu nad lihtsalt magaksid.

Te peate teadma, mida Piibel selle teema kohta selgelt ütleb. Kui jumestamine on Jumalale oluline, siis peab see olema mainitud Tema Sõnas - nii konkreetselt kui ka põhimõtteliselt.

Ja kui Jehu tuli Iisreelisse, kuulis Iisebel sellest; ja ta värvis oma näo ja väsitas oma pea ning vaatas aknast välja.
(2. Kuningate 9:30)

Noormees Jehu läks siis kohe Iisreeli, et viia Iisebeli üle kohut. Kui ta kuulis, et ta on ohus, meikis ta end; kuid tema meik ei suutnud Jehut võrgutada. See, mida Jumala prohvet Jisebeli ja tema abikaasa kuningas Ahabi üle ennustas, läks täide. Tema jäledus sai lõpu, nagu Jumala prohvet nende üle ennustanud oli. Kui Jehu laskis ta aknast välja visata, sõid koerad tema liha; nagu Jumal oli kuulutanud! Make-up on enesehävituslik relv.

Ära ihalda oma südames tema ilu järele, ära lase tal sind oma silmalaugudega haarata (Õpetussõnad 6:25).

"Ja kui sa oled rikutud, mida sa teed? Kuigi sa riietad end karmiinpunase riietusega, kuigi sa kaunistad end kuldsetega, kuigi sa rebened oma nägu maalimisega, asjata teed sa end ilusaks; su armastajad põlgavad sind, nad otsivad su elu."
(Jeremija 4:30)

Ajalugu räägib meile, et prostituudid värvisid oma nägu, et neid saaks ära tunda kui prostituute. Aja jooksul on meikimine ja näo värvimine muutunud üldlevinud. Seda ei peeta enam ebasobivaks.

Ja veel, et te olete kutsunud kaugelt mehi, kelle juurde saadeti käskjalg, ja vaata, nad tulid, kelle pärast sa pesid ennast, värvisid oma silmad ja ehtisid end kaunistustega. (Hesekiel 23:40)

Meik on "tooted, mida keegi ei vaja", kuid nende tahtmine on inimloomus. Uhkus ja edevus on põhjus, miks paljud naised kasutavad meiki, et nad sobiksid maailma. See on inimloomus. Me kõik tahame sobituda!

Hollywoodi staarid on vastutavad selliste drastiliste muutuste eest naiste mõtlemises välisest välimusest. Meiki kandsid ainult ülbed ja ülbed uhked naised. Kõik tahavad ilusad välja näha, isegi lapsed, kes meikivad end.

Uhkus ja edevus on edendanud meigitööstust, meiki tervitades on nad muutunud nurjatuks. Kus iganes sa lähed, leiad meiki. Alates kõige vaesematest kuni kõige rikkamateni, kõik tahavad ilusad välja näha. Tänapäeva ühiskond paneb liiga palju rõhku väljanägemisele; sisemise ebakindluse tõttu meikivad end igas vanuses naised.

Paljud on oma välimuse tõttu masenduses; nad üritavad isegi enesetappu sooritada. Ilu on selle põlvkonna jaoks üks kõige imetletumaid asju. Mõned inimesed kannavad meiki kohe, kui nad ärkavad. Neile ei meeldi nende loomulik välimus. Meik on neid nii väga riivanud, et ilma meigita tunnevad nad end ebasoovitavalt. See põhjustab meie nooremas põlvkonnas ja isegi väikestes lastes depressiooni.

Mõelge nüüd Vana või Uue Testamendi Piibli kõige tuntumatele õigemeelsetele naistele. Te ei leia ühtegi neist, kes oleks meiki kandnud. Ei ole mainitud, et Saara, Rut, Abigail, Naomi, Maarja, Debora, Ester, Rebeka, Feebie või mõni muu vooruslik ja leebe naine oleks kunagi meiki kasutanud.

Ta kaunistab alandlikke päästega (Psalmid 149:4b).

Tegelikult on Jumala Sõnas ainsad näited nende kohta, kes meikisid end, abielurikkujaid, hoorasid, mässulisi, tagurlikke ja valeprohvetannasid. See peaks olema suureks hoiatuseks kõigile, kes hoolivad Jumala Sõnast ja soovivad järgida piibellikku õiget eeskuju, selle asemel et valida jumalavallatute naiste eeskuju.

***Pange** nüüd **selga**, nagu Jumala valitud, pühad ja armsad, halastuse soolikad, headus, alandlikkus, leebus, pikaealisus (Koloslastele 3:12).*

Ei, vaid, oh inimene, kes sa oled, kes Jumala vastu sõimab? Kas see, mis on loodud, peab ütlema sellele, kes selle on loonud: "Miks sa oled mind nii teinud?" (Roomlastele 9:20).

Meie keha on Jumala tempel; me peaksime soovima püüelda Jumala õigete teede poole. Seda tehakse sellega, et naised esinevad pühalikult riides, avatud näoga (puhta näoga) ja peegeldavad Jumala kallist hiilgust meie kehas.

Mis? Kas te ei tea, et teie keha on Püha Vaimu tempel, mis on teie sees, mis teil on Jumalalt, ja te ei ole oma? (1. Korintlastele 6:19)

Teie ja mina oleme ostetud kalli hinnaga ja ka Jumal on meid loonud oma näo järgi. Jumala seadused kaitsevad meid ja peaksid olema kirjutatud meie südamesse. Teil ja minul on reeglid ja suunised, mille järgi elada, nii nagu meil, kes me oleme vanemad, on reeglid ja suunised oma lastele. Kui me otsustame järgida Jumala seadusi ja suuniseid, siis meid õnnistatakse, mitte ei karistata.

"Ma kutsun täna taevas ja maa kirja sinu vastu, et ma olen pannud sinu ette elu ja surma, õnnistuse ja needuse: vali seepärast elu, et sa ja su järglased elaksid" (5Moosese 30:19).

Uhkus ja mässumeelsus toovad meie peale haiguse, rahanduse, rõhumise ja deemonliku riivamise viletsuse. Kui me otsime selle maailma asju uhkuse ja mässu kaudu, siis valmistame end läbikukkumisele. See on kuradi soov rikkuda meie elu uhkuse patuga. See ei ole Jumala tahe meie elule!

Ma olen näinud muutusi, kui maistest naistest saavad jumalikud naised. Nad muutuvad vananenud, masendunud, stressis, piinatud ja õnnetu välimusega naistest nooruslikumaks, kaunimaks, elujõulisemaks, rahulikumaks ja säravamaks naiseks.

Meil on üks elu elada! Seepärast esindagem Aabrahami, Jaakobi ja Iisaku Jumalat...., esitades oma ihu elavaks ohvriks, pühaks ja meelepäraseks Tema silmis. See on meie mõistlik teenistus sisemiselt ja väliselt, kõiges laitmatu!

Kui me uhkuse ja mässu kaudu Jumala Sõna ei järgi, siis toome needuse meie endi, meie laste ja meie laste laste peale. Seda võib näha Eeva sõnakuulmatuse ja mässumeelsuse puhul; tulemuseks oli veeuputus, mis tuli maa peale ja kõik hävis. Simson ja Saul tõid oma sõnakuulmatusega endale ja oma perekonnale hävingu. Eeli sõnakuulmatus tõi surma tema poegadele ja eemaldamise preesterlusest.

Ajalugu Jumala Sõna kaudu ütleb meile, et enne hävingut oli inimkonna mentaliteet ülbe, enesekeskne ja nad otsisid omaenda naudingut.

*Ja Issand ütleb: "Sest **Siioni tütred** on ülbed ja kõnnivad välja sirutatud kaelaga ja pilkudega, kõnnivad ja kõnnivad, kui nad lähevad, ja teevad oma jalgadega kõlinat. Seepärast lööb Issand Siioni tütarde peakroonile räbalat, ja Issand paljastab nende salajased osad. Sel päeval võtab Issand ära nende vapruse, mis on nende jalgade ümber helisevad kaunistused, nende kallad ja nende ümmargused rehad nagu kuu, ketid ja käevõrud ja muhvlid, peakatte ja jalgade kaunistused, ja peapaelad, ja tahvlid ja kõrvarõngad, sõrmused ja ninaehteid, vahelduvad rõivad, ja mantlid, ja vimplid, ja krõbinad, prillid, ja peened linikud, ja kapuutsid, ja vuntsid. Ja tuleb, et magusa lõhna asemel on hais, ja vöö asemel on rebenemine, ja hästi sätitud juuste asemel on kiilaspäisus, ja vöökoha asemel on kotiriietus, ja ilu asemel on põletamine. Su mehed langevad mõõga läbi ja su vägevad sõjas. Ja tema väravad nutavad ja leinavad, ja ta on hüljatud ja istub maa peal. (Jesaja 3:16-26)*

Meie valikud elus on väga olulised. Piiblil põhinevate ja Vaimust juhitud valikute tegemine toob õnnistuse meile ja meie lastele. Kui te otsustate mässata Jumala Sõna vastu ja otsida oma isekat naudingut, siis kordub ajalugu:

1. Sõnakuulmatu Eeva, kes tõi kaasa veeuputuse.

Ja Jumal nägi, et inimese kurjus oli suur maa peal ja et iga tema südame mõtete kujutlusvõime oli pidevalt ainult kuri. Ja Issand kahetses, et ta oli teinud inimese maa peale, ja see kurvastas teda südames. Ja Issand ütles: "Ma hävitan inimese, kelle ma olen loonud, maa pealt, nii inimese kui ka looma ja roomajad ja linnud taeva all, sest see kahetseb mind, et ma neid olen teinud. (1Moosese 6:5-7)

2. Sodoma ja Gomorra mässu:

Ja Issand sadas ***Soodoma*** *ja Gomorra peale väävlit ja tuld Issandalt taevast (1Moosese 19:24).*

Need on mõned näited Piiblist. Te teate, et te muudate midagi selles maailmas. Te ei taha taaselustada kurja iidset ajalugu.

See on see, mida Jumal on mässuliste ja sõnakuulmatuse kohta:

Ja ma saadan nende keskele mõõga, nälja ja katku, kuni nad hävitatakse maalt, mille ma olen andnud neile ja nende isadele (Jeremija 24:10).

Aga kuulekatele:

Ja sina pöördu tagasi ja kuula Issanda häält ning tee kõiki tema käske, mida ma täna sulle annan. Ja Issand, su Jumal, teeb sind rikkalikuks igas sinu käe töös, su viljas, mis on su käe vilja.

keha ja su karja vilja ja su maa vilja, sest Issand rõõmustab jälle sinu üle, nii nagu ta rõõmustas su vanemate üle: Kui sa kuuled Issanda, oma Jumala häält, et pidada tema käske ja seadusi, mis on kirjutatud selles Seaduse raamatus, ja kui sa pöördud Issanda, oma Jumala poole kogu oma südamest ja kogu oma hingest. Sest see käsk, mida ma täna sulle annan, ei ole sinu eest varjatud ega kaugel. (5. Moosese 30:8-11)

17. peatükk

Reisijateenistus: Kutsutud õpetama ja levitama evangeeliumi.

Ma ei ole vaimulik selles mõttes, et mind nimetatakse pastoriks, pastoriks või jutlustajaks. Kui me saame Püha Vaimu ja tule, siis saame Tema Sõna teenijateks, kes levitavad head sõnumit. Kus iganes ma ka ei läheks, palun Jumalalt võimalust olla Tema Sõna tunnistaja ja õpetaja. Kasutan alati KJV Piiblit, sest see on ainus allikas, mis elavdab inimese südant ja mõistust. Kui seemned on istutatud, on saatanal võimatu neid eemaldada, kui me neid pidevalt palvega kastame.

Kui inimesed võtavad selle imelise tõe vastu, siis ühendan nad kohaliku kogudusega, et nad saaksid ristitud ***Jeesuse nimesse***; nad saavad olla pastori jüngriks, et nendega ühenduses olla. On oluline, et neil oleks pastor, kes toidab (õpetab) Jumala Sõna ja valvab nende üle.

*"Seepärast minge ja õpetage kõiki rahvaid, ristides neid Isa ja Poja ja Püha Vaimu **nimel**." (Matteuse 28:19)*

"Ja ma annan teile oma südame järgi pastoreid, kes toidavad teid teadmistega ja mõistusega." (Jeremija 3:15)

Kui Issand annab meile juhiseid Tema tahte täitmiseks, võib see toimuda igal pool ja igal ajal. Tema teed ei pruugi mõnikord olla mõistlikud, kuid ma olen kogemusest õppinud, et see ei ole minu jaoks oluline. Alates hetkest, mil ma ärkan, kuni hetkeni, mil ma kodust välja lähen, ei tea ma kunagi, mida Jumal on mulle valmistanud. Usklikena peame oma usus kasvama Sõna uurimise kaudu, et meist saaksid küpsed õpetajad. Me jätkame küpsuse kõrgemale tasemele jõudmist sellega, et me ei jäta kunagi kasutamata võimalust teistele tunnistust anda; eriti kui Jumal on avanud ukse.

"Sest kui te peaksite olema õpetajad, siis teil on vaja, et keegi õpetaks teid uuesti, mis on Jumala oraaklite esimesed põhimõtted, ja te olete muutunud sellisteks, kes vajavad piima, mitte kanget liha. Sest igaüks, kes kasutab piima, on oskamatu õigluse sõnas, sest ta on lapsuke. Aga tugev liha kuulub neile, kes on täisealised, ka neile, kelle meeled on kasutuse tõttu harjutatud, et nad suudaksid eristada nii head kui ka kurja." (Heebrealastele 5:12-14)

Selles peatükis jagan teiega mõningaid oma reisikogemusi koos mõne olulise ajaloolise punktiga, mis on sisse viidud varase kiriku ja hilisema õpetuse uskumuste selgitamiseks.

Jumal tõi mind "ebaloogilise lennuplaani" kaudu tagasi Californiasse. Terviseprobleemide tõttu eelistan alati otselende. Seekord ostsin lennu Dallas-Ft. Worthist (Texas) Ontariosse (California) koos vahemaandumisega Denveris (Colorado). Ma ei oska seletada, miks ma seda tegin, kuid hiljem oli sellel mõte. Lennukis olles tegin stjuardessile teatavaks, et mul on valu ja ma istusin puhkeruumi lähedal. Lennu lõpuosas küsisin stjuardessilt, kas ta võiks leida mulle koha, kus ma saaksin pikali heita. Ta viis mind lennuki tagumisse ossa. Hiljem valu vaibus. Stjuardess tuli tagasi, et näha, kuidas ma end tunnen, ja ütles mulle, et ta oli minu eest palvetanud.

Issand avas mulle ukse, et jagada seda, mida Ta oli minu heaks teinud. Ma rääkisin talle oma vigastustest, haigustest ja paranemistest. Ta oli nii üllatunud, et ma olin seda kõike ilma ravimiteta ja ainult Jumalale usaldades välja kannatanud. Kui me rääkisime Piiblist, ütles ta mulle, et ta ei olnud kunagi kuulnud, et keegi võiks saada Püha Vaimu. Ma selgitasin, et Pühakirja järgi on see meile isegi tänapäeval. Ma ütlesin talle oma põhjuse, miks ma oma kodust Indiast lahkusin; kui me otsime Jumalat kogu südamest, vastab Ta meie palvetele. Ta oli minu suhtes väga kena ja hooliv, nagu ka paljudel teistel kordadel, kui ma olen lennanud, tundub, et alati on lennul keegi, kes on mulle sellist headust ja hoolivust näidanud. Ma jätkasin talle jutustamist Pühast Vaimust ja keeltes rääkimise tõenditest. Ta ütles vankumatult, et ei usu seda. Rääkisin talle ristimisest Issanda Jeesuse nimesse ja ta tunnistas, et ka sellest ei ole ta kunagi kuulnud. Apostlite teod 2. peatükis räägitud apostlite ristimist ei kuulutata enamikus kogudustes, sest enamik on võtnud omaks Kolmainsuse õpetuse kolme isiku Jumalusest ja tiitlitele viitamisest: Isa, Poeg ja Püha Vaim, kui nad ristivad.

*"Ja Jeesus tuli ja rääkis neile, öeldes: "Mulle on antud kogu võim taevas ja maa peal. Seepärast minge ja õpetage kõiki rahvaid, ristides neid Isa ja Poja ja Püha Vaimu **nimel**." (Mt 28:18-19)*

Kui jüngrid ristisid Jeesuse nimele, täitsid nad Isa, Poja ja Püha Vaimu ristimist, kui inimene läks vette täielikult alla. See ei olnud mingi segadus; nad täitsid seda, mida Jeesus käskis neil teha, nagu pühakirjad näitavad.

*Sest kolm on need, kes taevas kirjutavad, Isa, Sõna ja Püha Vaim, ja need **kolm on üks**. (1. Johannese 5:7)*

(See kirjakoht on eemaldatud NIV-st ja kõikidest kaasaegsetest piiblitõlgetest)

"Aga kui nad seda kuulsid, torkas neile südamesse ja nad ütlesid Peetrusele ja teistele apostlitele: "Mehed ja vennad, mida me peame tegema?". Ja Peetrus ütles neile: "Tehke meeleparandus ja laske end

*igaüks teist ristida **Jeesuse Kristuse nimesse** pattude andeksandmiseks, ja te saate Püha Vaimu andi."" (Apostlite teod 2:37-38)*

*"Kui nad seda kuulsid, lasid nad end **ristida Issanda Jeesuse nimesse**. Ja kui Paulus oli pannud oma käed nende peale, tuli Püha Vaim nende peale; ja nad rääkisid keeltega ja prohvetlikult. Ja kõiki neid mehi oli umbes kaksteist." (Apostlite teod 19:5-7)*

*"Sest nad kuulsid, kuidas nad kõnelesid keeltega ja ülistasid Jumalat. Siis vastas Peetrus, kas keegi võib keelata vett, et need ei oleks ristitud, kes on saanud Püha Vaimu nagu meiegi? Ja ta käskis neid **ristida Issanda nimel**. Siis palusid nad teda, et ta jääks mõned päevad". (Apostlite teod 10:46-48)*

Apostlid ei olnud Jeesusele sõnakuulmatud. Nelipüha päev oli kirikuaja algus pärast seda, kui Jeesus oli surnuist üles tõusnud ja vastu võetud kirkusesse. Ta oli ilmunud apostlitele ja noominud neid nende uskmatuse eest ning viibis nendega nelikümmend päeva. Selle aja jooksul õpetas Jeesus neile palju asju. Piibel ütleb, et usklikud peavad olema ristitud.

"Pärast seda ilmus ta üheteistkümnele, kui nad istusid söögi juures, ja heitis neile ette nende uskmatust ja südamekaredust, et nad ei uskunud neid, kes olid teda pärast tema ülestõusmist näinud. Ja ta ütles neile: "Käige kogu maailma ja kuulutage evangeeliumi igale olendile. Kes usub ja laseb end ristida, see saab päästetud; kes aga ei usu, see saab neetud." (Markuse 16:14-16)

Hiljem võttis inimene kasutusele erinevad ristimisvalemid, sealhulgas "piserdamise", täieliku uputamise asemel. (Mõni argument on, et Piibel ei ütle, et ei tohi piserdada ja Rooma kirik ristis väikelapsi). Jeesuse nimesse ristimist muutis Rooma kirik, kui nad võtsid vastu kolmainsuse vaate.

Enne kui ma jätkan, tahan kõigepealt öelda, et ma ei sea kahtluse alla paljude imeliste usklike siirust, kes otsivad isiklikku kõndimist meie

Issandaga, kes armastavad Jumalat ja usuvad seda, mida nad peavad varaseks piibliõpetuseks. Seepärast ongi nii oluline lugeda ja uurida ise Pühakirja, sealhulgas varase apostliku kiriku õpetuse ajalugu Piiblist. "Kirikuõpetus läheb apostliseks".

Lahkumine tähendab eemaldumist tõest. Lahkardaja on keegi, kes kunagi uskus ja siis lükkas Jumala tõe tagasi.

Aastal 312 pKr, kui Konstantin oli keiser, võttis Rooma vastu kristluse kui eelistatud religiooni. Constantinus tühistas Diokletianuse (ladina keeles Gaius Aurelius Valerius Diocletianus Augustus ;) tagakiusamismäärused, mis algasid 303. aastal pKr. Diokletianus oli Rooma keiser aastatel 284-305 pKr. Tagakiusamismäärused võtsid kristlastelt nende õigused ja nõudsid neilt "traditsiooniliste usutavade" järgimist, mille hulka kuulus ka Rooma jumalatele ohverdamine. See oli viimane ametlik kristluse tagakiusamine koos nende tapmise ja hirmutamisega, kes ei allunud. Konstantinoopoli "kristianiseeris" Rooma impeeriumi ja muutis selle riigi religiooniks, st ametlikuks religiooniks. Tema valitsemise ajal julgustas ta Roomas ka paganlikke religioone. See tugevdas Konstantinoopoli plaani, et tema impeeriumis valitseks ühtsus ja rahu. Seega tehti "kristianiseeritud Rooma" ja poliitiline kirik valitsema. Kõige selle abil oli Saatan kavandanud kõige võimsama plaani kiriku korruptsiooniks seestpoolt, kusjuures varakirikut ei tunnistatud kusagil. Kristlus alandati, saastati ja nõrgestati koos paganliku süsteemiga, mis liitus tolleaegse maailma poliitilise süsteemiga. Selle süsteemi kohaselt tegi ristimine igaühe kristlaseks ja nad tõid kirikusse sisse oma paganliku religiooni, pühakud ja kujutised. Hilisemas etapis kehtestati nende kirikukogus ka kolmainsusõpetus. Lahkunud kirik ei tunnustanud, ei kuulutanud ega mõelnud enam Püha Vaimu või keelte abil kõnelemise tähtsusele. 451. aastal pKr. kehtestati Kaltsedoni kontsiilil paavsti heakskiidul Nikeni/Konstantinoopoli usutunnistus autoriteetseks. Keegi ei tohtinud selle üle arutleda. Kolmainsuse vastu rääkimist peeti nüüd jumalateotuseks. Neile, kes ei kuulutanud, kuulutati välja karmid karistused, mis ulatusid sandistamisest kuni surmani. Kristlaste vahel tekkisid uskumuste lahkarvamused, mille tulemuseks oli tuhandete inimeste sandistamine ja tapmine. Tõelistel usklikel ei jäänud muud üle kui varjuda oma tagakiusajate eest, kes tapsid kristluse nimel. Ütlesin talle, et usk kolmainsusesse pärineb paganate poolt, kes ei teadnud Jumala määrusi, seadusi ja käske, ja see kehtestati 325. aastal pKr, kui esimene Nikaia kirikukogu kehtestas kolmainsusõpetuse õigeusuks ja võttis vastu Rooma kiriku Nicea usutunnistuse.

Kolmainsus pandi kokku pärast seda, kui 300 piiskoppi kogunesid ja tulid selle peale kuue nädala pärast.

Keegi ei saa kunagi käsku muuta! Varajane kogudus Apostlite tegude raamatus lähtus Vana Testamendi usust Jumala absoluutsesse Ühtsusesse koos Uue Testamendi ilmutusega Jeesusest Kristusest kui ühest Jumalast, kes on kehastunud. Uus Testament oli valmis ja viimane apostel oli surnud esimese sajandi lõpu poole. Neljanda sajandi alguseks oli kristluse esmane Jumalaõpetus muutunud piibellikust Jumala Ühtsusest trinitaarsuse ilmselge uskumuse suunas.

Ma imestan, et te olete nii kiiresti eemaldunud temast, kes teid Kristuse armu kutsus, teise evangeeliumi juurde: Mis ei ole teine, vaid on mõned, kes teid vaevavad ja tahavad Kristuse evangeeliumi moonutada. Aga kui meie või mõni ingel taevast kuulutab teile mingit muud evangeeliumi kui seda, mida me oleme teile kuulutanud, siis olgu ta neetud. Nagu me enne ütlesime, nii ütlen ma nüüd uuesti: Kui keegi kuulutab teile mingit muud evangeeliumi kui seda, mille te olete vastu võtnud, siis olgu ta neetud. (Galaatlastele 1:6-9)

Postapostoolse ajastu (90-140 pKr) kirjanikud olid lojaalsed piibli keelele, sellele, kuidas seda kasutati ja kuidas sellest mõeldi. Nad uskusid monoteismi, mis on Jeesuse Kristuse absoluutne jumalikkus ja Jumala ilmutus lihaks.

Kuule, Iisrael: Issand, meie Jumal, on üks Issand (5Moosese 6:4).

Ja ilma vastuoludeta on jumalakartlikkuse saladus suur: ***Jumal on ilmsiks saanud lihas****, õigustatud Vaimus, nähtud inglite poolt, kuulutatud paganatele, usutud maailmas, võetud üles kirkusesse. (1Timoteuse 3:16)*

Nad omistasid Jumala nimele suurt tähtsust ja uskusid Jeesuse nimele ristimisse. Varakiriku pöördunud olid juudid; nad teadsid, et Jeesus on "Jumala Tall". Jumal võttis liha selga, et Ta saaks verd valada.

"Hoidke nüüd endid ja kogu karja, mille üle Püha Vaim teid on teinud järelevalvajaks, ***et te toidaksite Jumala kogudust****, mille ta on ostnud* ***oma verega*** *(Apostlite teod 20:28)!".*

Nimi Jeesus tähendab: Jesus. Sellepärast ütles Jeesus.

Jeesus ütles talle: "Kas ma olen nii kaua aega teie juures olnud ja sa ei tunne mind, Filippus?" Kes mind on näinud, see on näinud Isa; kuidas sa siis ütled: "Näita meile Isa!"? (Johannese 14:9)

Nad ei toetanud mingit kolmainsuse ideed ega trinitaarset keelt, nagu seda hiljem Rooma kirik üle võttis. Kuigi enamik kristlikke kirikuid järgib tänapäeval kolmainsusõpetust, on varakiriku apostlite õpetus nelipühapäevast ikka veel valdav. Jumal hoiatas meid, et me ei pöörduksid usust ära. On üks Jumal, üks usk ja üks ristimine.

"Üks Issand, üks usk, ***üks ristimine****, üks Jumal ja kõigi Isa, kes on kõigi kohal ja kõigi kaudu ja kõigis teie sees." (Ef 4:5-6)*

"Ja Jeesus vastas talle: Esimene käsk on: Kuule, Iisrael, ***Issand, meie Jumal on üks Issand****." (Mk 12:29).*

"Aga mina olen Issand, su Jumal, Egiptusemaalt, ja sa ei tunne muud jumalat kui mind, sest ***peale minu ei ole teist päästjat****." (Hoosea 13:4)*

Kristlus kaldus kõrvale Jumala ühtsuse kontseptsioonist ja võttis vastu segadusttekitava kolmainsusdoktriini, mis on kristlikus religioonis jätkuvalt vaidluste allikas. Kolmainsusõpetus väidab, et Jumal on kolme jumaliku isiku - Isa, Poja ja Püha Vaimu - liit. Kõrvuti tõest ja hakati ekslema.

Kui see Kolmainsusõpetuse praktika algas, varjas see "Jeesuse nime" kasutamist ristimisel. JEESUSE nimi on nii võimas, sest selle nime kaudu me oleme päästetud:

Samuti ei ole päästet üheski teises nimes peale JEESUSE:

*Ka ei ole päästet üheski teises, sest **ei ole** antud inimeste seas **ühtegi teist nime** taeva all, mille kaudu me peame päästetama. (Apostlite teod4:12)*

Oli juudi ja paganlikke kristlasi, kes ei võtnud vastu seda ristimist (Isa, Poeg ja Püha Vaim). Kirikuaeg läks usulahutusse. (Mida see tähendas? tõe ära langemist).

Lahkumine on mässamine Jumala vastu, sest see on mässamine tõe vastu.

Võrdleme, mida ütlevad NASB ja KJV piiblid selles olulises küsimuses.

Allakriipsutatud lause on eemaldatud NIV, NASB ja teistest piiblitõlgetest.

*"Ärgu keegi teid kuidagi eksitagu, sest see [*Jeesuse *tagasitulek] ei tule, kui enne ei tule **usulahkumine** ja kui ei ilmne seadusetuse mees, hävingu poeg," (2. Tessalooniklastele 2:3, **NASB versioon**).*

*"Ärgu keegi teid mis tahes viisil eksitagu, sest see päev (Jeesuse tagasitulek) ei tule, **kui mitte enne ei tule ära langemine** ja ei ilmne see patuinimene, kaduvuse poeg." (2 Tessalooniklastele 2:3 **KJ versioon**)*

Stjuardess oli väga huvitatud sellest, mida ma talle õpetasin. Kuid ajapiirangut silmas pidades selgitasin talle Jumala Ühtsust, et anda talle lühikese aja jooksul täielik arusaam.

"Ettevaatust, et keegi teid ei riku filosoofia ja asjatu pettuse kaudu, inimeste traditsiooni järgi, maailma algupärade järgi, mitte aga Kristuse järgi. Sest temas elab kogu Jumala täius ihuüksi." (Koloslastele 2:8-9)

Saatana asukoht (tuntud ka kui Pergamos, Pergos või Pergemon):

Samuti selgitasin stjuardessile, millist võtmerolli mängib Türgi riik meie tänapäeval ja lõpuajal. Pergamon ehk Pergamum oli iidne kreeka linn tänapäeva Türgis, millest sai hellenistlikul perioodil Attaliidide dünastia ajal (281-133 eKr) Pergamoni kuningriigi pealinn. Linn asub künkal, kus asub nende peajumala Asklepiose tempel. Seal on Asklepiose kuju, mis kujutab istuvat saua, mille ümber kõverdub madu. Ilmutusraamatus on juttu Pergamumist, mis on üks seitsmest kirikust. Patmose Johannes nimetas seda oma Ilmutusraamatus "Saatana istmeks".

"Ja Pergamose koguduse inglile kirjuta: Seda ütleb see, kellel on terav kaheservaline mõõk: Ma tean sinu tegusid ja seda, kus sa elad, kus on ***saatana asukoht****, ja sa hoiad kinni minu nimest ega ole eitanud minu usku, isegi neil päevil, mil Antipas oli minu ustav märtri, kes tapeti teie seas, kus elas saatan. Aga mul on mõned asjad sinu vastu, sest sul on seal neid, kes hoiavad Bileami õpetust, kes õpetas Balaaki, et ta heidaks Iisraeli laste ette komistuskivi, et nad sööksid ebajumalate ohvritele ja sooritaksid hoorust." (Ilm 2:12-14)*

Miks on see linn tänapäeval nii oluline? Põhjus on selles, et kui Kyros Suur vallutas Babüloni 457. aastal eKr, sundis kuningas Kyros paganlikku Babüloonia preesterkonda põgenema lääne poole PERGAMOSSE, tänapäeva Türgis.

{märkus: Me peame vaatama Iisraeli ja prohvetikuulutuste täitumist. Kas pole ime, et 6. juulil 2010 Madridis Hispaanias hoiatas Süüria president Assad, et Iisrael ja Türgi on lähedal sõjale? Jumala armastatud Iisrael ja Saatana (istme)troon tulevad tänastes uudistes kokku

Pärast seda, kui ma olin arutanud Pergamose teemat lennujuhtimisega, hakkasin ma õpetama uuestisündi. Ta ei olnud kunagi kuulnud kedagi keeltes (Püha Vaim) rääkimas. Andsin talle kogu teabe, pühakirjad ja nimekirja, kust ta võiks leida Piiblisse uskuva koguduse. Ta oli selle tõe ja ilmutuse üle nii vaimustuses. Nüüd sain ma aru, miks ma seletamatul kombel ostsin mitte otselennu Californiasse. Jumal teab alati, mida Ta teeb, ja ma õppisin, et ma ei tea alati Tema kavatsusi, kuid saan hiljem tagasi vaadata ja näha, et Tal oli kogu aeg plaan. Niipea, kui ma jõudsin Californiasse, kõndisin lennukist välja valuvabalt ja ilma palavikuta.

Küsimus: Mis on apostlik?

Olin teisel lennul Dallas-Ft. Worthist Ontario'sse, Californiasse. Pärast lühikest uinakut märkasin, et minu kõrval istuv daam luges. Ta püüdis raskustega välja vaadata, nii et ma tõstsin akna ruloo üles ja ta oli õnnelik. Otsisin võimalust temaga rääkida, nii et sellest žestist algas meie vestlus, mis kestis peaaegu tund aega. Hakkasin talle oma tunnistusest rääkima.

Ta ütles, et vaatab seda, kui ta oma hotellituppa sisse logib. Hakkasime rääkima kirikust, kui ta tunnistas, et käis vaid korra. Ta ütles mulle ka, et on abielus ja tal on kaks tütart. Siis ütlesin talle, et ma käin apostellikus nelipühi kirikus. Siis märkasin, et tema silmad avanesid pärani. Ta ütles mulle, et hiljuti oli ta koos abikaasaga näinud reklaamplakatit apostelliku kiriku kohta. Me ei teadnud, mida see sõna (apostlik) tähendab, ütles ta. Ma selgitasin talle, et see on Jeesuse poolt Johannese 3:5-s kehtestatud õpetus, mida kohaldatakse Apostlite tegude raamatus, kus kirjeldatakse apostliku ajastu varajase koguduse tegevust. Ma usun kindlalt, et Jumal pani mind selle naise kõrvale, et vastata just sellele küsimusele. See oli liiga suur kokkusattumus, et olla juhuslik.

Apostlik ajastu:

Arvatakse, et Kristus sündis enne 4. aastat eKr või pärast 6. aastat pKr ja löödi risti 30. ja 36. aasta vahel, 33 aasta vanusena. Seega on kristliku kiriku asutamine hinnanguliselt toimunud nelipüha pühal mais 30 pKr.

Apostlik ajastu hõlmab umbes seitsekümmend aastat (30-100 pKr), mis ulatub nelipühapäevast kuni apostel Johannese surmani.

Alates Johannese kirjade kirjutamisest oli esimene sajand eemaldumas tõe suhtes. Pimedus tungis esimese sajandi kogudustesse. Peale selle teame me sellest kirikuloo perioodist väga vähe. Apostlite tegude raamatus (2:41) on kirja pandud kolme tuhande inimese pöördumine ühe päeva jooksul Jeruusalemmas. Ajalugu räägib massimõrvast Nero ajal. Kristlasteks pöördunud olid enamasti kesk- ja alamklassi inimesed, näiteks kirjaoskamatud, orjad, kaupmehed jne. Arvatakse, et Konstantinoopoli pöördumise ajal võis kristlaste arv selle Rooma dekreedi alusel ulatuda üle üheteistkümne miljoni, mis on kümnendik Rooma impeeriumi kogurahvastikust, mis on kristluse jaoks tohutu ja kiire edu. Selle tulemuseks oli vaenulikus maailmas elavate kristlaste julm kohtlemine.

Jeesus õpetas, et me peaksime armastama üksteist nagu iseennast ja et päästmine ja pattude kahetsemine tuleb Tema nimel.

Ja et tema nimel kuulutatakse meeleparandust ja pattude andeksandmist kõigile rahvastele, alustades Jeruusalemmast. (Luuka 24:47)

Apostlid võtsid Jeesuse õpetused ja rakendasid neid nelipüha päeval, seejärel läksid välja ja kuulutasid Jeesust kõigepealt juutidele, seejärel paganatele.

*"Hoidke siis endid ja kogu karja eest, mille üle Püha Vaim teid on teinud järelevalvajaks, **et toidaksite Jumala kogudust, mille ta on ostnud oma verega**. Sest ma tean seda, et pärast minu lahkumist tulevad teie keskele kurjad hundid, kes ei säästa karja. Ka teie endi seast tõuseb inimesi, kes räägivad pahelisust, et meelitada jüngrid enda järel. Seepärast valvake ja pidage meeles, et ma ei lakanud kolme aasta jooksul hoiatamast igaüht öösel ja päeval pisaratega." (Apostlite teod 20:28-31)*

Mitte kõik ei allunud Konstantinoopoli Rooma keisririigi dekreedile.

Oli neid, kes järgisid apostlite algset õpetust, kes ei nõustunud Konstantinoopoli dekreedis sätestatud "pöördumisega". See dekreet sisaldas usutraditsioone, mis loodi Rooma kirikukogude ajal, koos muudatustega, mis tehti ja mis moonutasid varakiriku tõde. Need inimesed, kes koostasid Konstantinoopoli dekreedi koostanud kontsiilid, ei olnud tõelised uuestisündinud usklikud.

Seepärast nimetavad paljud kogudused end tänapäeval apostlikeks või nelipühi kirikuteks, järgides apostlite õpetusi.

"Ei ole palju tarku liha järgi, ei ole palju vägevaid, ei ole palju õilsaid kutsutud, vaid Jumal valis maailma rumalused, et ta häbistaks neid, kes on targad; ja Jumal valis maailma nõrgad, et ta häbistaks neid, kes on tugevad; ja maailma madalad ja põlatud valis Jumal, jah, ja need, mis ei ole, et ta hävitaks need, mis on, et ükski liha ei peaks kiitma Jumala ees." (1Korintlastele 1:26-29)

Religioonidevaheline

Täna on meil uus oht Jumala põhimõtete vastu. Seda nimetatakse "religioonidevaheliseks". "Religioonidevaheline" väidab, et **kõigi jumalate** austamine on oluline. Jagatud lojaalsus ja jagatud austus on religioonidevahelistele usklikele vastuvõetav. Me võime üksteist kui indiviide austada ja üksteist armastada, isegi kui me ei nõustu; aga Piibel on kristallselge "Jumala kadeduse" kohta, mis nõuab ainuõiget pühendumist Temale ja teistele jumalatele austuse andmine on lõksu ajamine.

"Hoia end, et sa ei tee lepingut selle maa elanikega, kuhu sa lähed, et see ei oleks lõksuks sinu keskel; vaid sa hävitad nende altarid, purustad nende kujud ja raiud nende puisniidud: Sest sa ei tohi kummardada ühtegi teist jumalat, sest Issand, kelle nimi on armuline, on armuline Jumal: Et sa ei teeks lepingut selle maa elanikega ja nad ei läheks hoorama nende jumalate järele ja ei ohverdaks oma jumalatele, ja üks kutsuks sind ja sina sööksid tema ohvrit."
(2Moosese 34:12-15)

Kurat on välja mõelnud petliku uskumuse "inter- usku", et petta väga väljavalituid. Ta teab, kuidas manipuleerida tänapäeva inimest oma poliitilise korrektsuse seadeldisega, kui tegelikult sõlmitakse leping, tunnustades või austades oma valejumalaid, ebajumalaid ja kujutisi.

18. peatükk

Ministeerium Mumbais, Indias "Suure usu mees"

Mingil ajal enne 1980. aastat läksin Indias Mumbaisse, et saada viisat, et reisida riigist välja. Kui ma rongiga läbi Mumbai sõitsin, märkasin, et me sõitsime läbi väga vaeste inimeste ja hüttidega slummide piirkonna. Ma polnud kunagi varem näinud nii haletsusväärseid elutingimusi, kus inimesed elasid kohutavas vaesuses.

Ütlesin alguses, et mind kasvatati rangelt religioosses perekonnas. Minu isa oli arst ja ema oli meditsiiniõde. Kuigi me olime religioossed ja ma lugesin palju Piiblit, ei olnud mul sel ajal minu elus Püha Vaimu. Mu süda oli kurb, kui Issanda koormus tuli minu peale. Sellest päevast alates kandsin ma seda koormat nende inimeste eest, kes olid nendes slummides ilma lootuseta. Ma ei tahtnud, et keegi mu pisaraid näeks, nii et ma panin pea maha, varjates oma nägu. Tahtsin lihtsalt magama jääda, kuid mu koorem nende inimeste pärast tundus olevat suurem kui terve rahvas. Ma palvetasin ja küsisin Jumalalt" :Kes läheb neile inimestele evangeeliumi kuulutama?" Mõtlesin, et ma kardan ise sinna piirkonda tulla. Ma ei mõistnud sel ajal, et Jumala käsi on nii suur, et

Ta võib jõuda ükskõik kuhu, ükskõik kuhu. Ma ei teadnud siis, et Jumal toob mind aastate pärast sinna tagasi. Tagasi Ameerikas ja 12 aastat hiljem oli mu koormus Mumbai slummides elavate inimeste suhtes ikka veel mu südames.

India ja meie pere tavaks oli alati võtta vaimulikke vastu oma koju, toita neid, rahuldada nende vajadusi ja anda neile annetusi. Ma olin varem metodist, kuid nüüd olin saanud tõe ilmutuse ja kompromissi ei olnud. Minu perekond ootas Ameerikas külas viibivat indiaani vaimulikku. Me ootasime, kuid ta ei saabunud õigel ajal. Ma pidin tööle minema ja jätsin võimaluse temaga kohtuda, kuid mu ema ütles mulle hiljem, et ta oli väga siiras. Järgmisel aastal, 1993. aastal, tuli sama vaimulik teist korda meie koju West Covinasse, Californiasse. Seekord ütles mu vend talle, et ta peab kohtuma oma õega, sest ta oli tõene Jumala Sõna suhtes ja perekond austas tema usku ja usku Jumalasse. See oli päev, mil ma kohtusin pastor Chackoga. Hakkasime arutama ristimise ja tema usu üle Jumala Sõnasse. Pastor Chacko ütles mulle, et ta ristib Jeesuse nimele täies ulatuses vee alla kastmisega ja et ta ei lähe kompromissile ühegi teise ristimise viisiga. Mul oli väga hea meel ja ma olin vaimustuses, et see Jumala mees teeb seda apostliku varase koguduse piibellikul viisil. Seejärel esitas ta mulle kutse külastada Mumbais, Indias, kus ta elab.

Ma rääkisin oma pastorile pastor Chacko tugevast veendumusest Jumala Sõnast ja tema külaskäigust meie koju. Sel õhtul tuli pastor Chacko meie kogudust külastama, minu pastor palus tal öelda paar sõna koguduse ees. Pastor Chacko töö vastu Mumbais oli nii suur huvi, et minu kogudus hakkas teda rahaliselt ja oma palvetega toetama. Meie kogudus oli missioonimeelne. Me maksime alati misjonile nagu kümnist. See oli hämmastav, kuidas kõik hakkas paika loksuma ja Mumbai sai nüüd toetust minu kohalikult kirikult Californias.

Järgmisel aastal saatis Jumal mind Indiasse, nii et ma võtsin vastu pastor Chaco pakkumise külastada kogudust ja tema perekonda Mumbais. Kui ma esimest korda saabusin, tuli pastor Chacko mulle lennujaamast järele. Ta viis mind hotelli. See oli ka kohtumispaik, kus nad kogudust pidasid, ja samas slummis, millest ma 1980. aastal rongiga läbi sõitsin. Nüüd oli 1996. aasta ja minu südamlik lootuse palve nende kaunite hingede eest sai vastuse. Pastor Chacko oli väga külalislahke ja jagas minuga oma koormat ja soovi ehitada kirikut. Mul oli võimalik külastada teisi kogudusi ja mind paluti enne oma sihtlinna Ahmadabadisse minekut koguduse ees kõneleda. Olin nii kurb Mumbai koguduse elutingimuste üle. Üks katoliku isa andis pastor Chackole pühapäevase jumalateenistuse jaoks klassiruumi.

Inimesed olid nii väga vaesed, kuid mul oli rõõm näha väikeseid ilusaid lapsi, kes ülistasid ja teenisid Jumalat. Nad sõid koos ainult väikese leivatükiga, mida anti edasi, ja veega, mida sai juua. Mind liigutas kaastunne, et osta neile toitu, ja palusin neil anda mulle nimekirja asjadest, mida nad vajavad. Ma tegin kõik, mis võimalik, et rahuldada selles nimekirjas olevad vajadused. Nad kostitasid mind oma palvetega pärast minu pikka lendu Indiasse. Üks vend kogudusest palvetas minu eest ja ma tundsin, kuidas Püha Vaimu vägi nagu elekter kohe mu nõrgestatud ja unetu keha üle tuli. Ma tundsin end värskena, kui jõud naasis ja mu valu oli kogu mu kehast kadunud. Nende palved olid nii võimsad, et mind õnnistati rohkem, kui ma suudan seletada. Nad andsid mulle rohkem, kui ma olin neile andnud. Enne Ameerikasse tagasi lendamist lahkusin Ahmadabadist ja pöördusin tagasi Mumbaisse, et külastada pastor Chackot veel kord. Andsin talle kõik ruupiad, mis mul oli jäänud, annetusena tema ja tema perekonna jaoks.

Õnneks andis ta mulle tunnistust oma naisest, kes oli tõsiselt häbi, kui ta poest, kus nad olid võlgu, mööda kõndis. Ta kõndis pea häbistunult allapoole vaadates, sest nad ei suutnud seda võlga maksta. Pastor Chacko rääkis mulle ka oma poja haridusest. Koolile olid võlgnetavad tasud ja tema poeg ei saa kooli jätkata. Ma nägin, et olukord oli pere jaoks üle jõu käiv. Jumal oli mind liigutanud andma ja annetus, mille ma andsin, oli enam kui piisav, et hoolitseda mõlema asja eest ja veel ohtralt muudki. Kiitus Jumalale!

"Kaitske vaeseid ja isatuid, tehke õiglust kannatanutele ja abivajajatele. Vabastage vaesed ja abivajajad, vabastage nad õelate käest." (Psalmid 82:3-4)

Kui ma Californiasse tagasi tulin, palvetasin ja nutsin selle väikese koguduse ja selle inimeste pärast. Olin nii murtud, et küsisin Jumalalt kahe-kolme nõusolekut, et nad puudutaksid kõike, mida nad paluvad.

"Tõesti, ma ütlen teile: kõik, mis te maa peal seotakse, see on seotud taevas, ja kõik, mis te maa peal lahti lasete, see on lahti taevas." "Ja ma ütlen teile, et kõik, mis te maa peal seotakse, see on lahti taevas. Ja veel kord ütlen ma teile, et kui kaks teist lepivad kokku maa peal, mida iganes nad paluvad, siis tehakse see neile minu Isa poolt, kes on taevas. Sest kus kaks või kolm on minu nimel kokku kogunenud, seal olen mina nende keskel." (Matteuse 18:18-20)

Minu koormus ja mure oli aidata Jumala kogudust Mumbais, kuid mul oli vaja oma koormat kellegagi jagada. Ühel päeval küsis mu kolleeg Karen, kuidas ma nii kaua palvetada võisin? Ma küsisin Karenilt, kas ta tahaks ka õppida, kuidas pikemalt palvetada, ehitades oma palveelu ja paastu koos minuga. Ta oli lahkesti nõus ja temast sai minu palvepartner. Karen jagas ka minu koormat Mumbai jaoks. Kui me hakkasime palvetama ja paastuma, hakkas ta innukalt palvetama pikemaid perioode ja paastuma rohkem. Ta ei käinud sel ajal üheski kirikus, kuid oli väga tõsine ja siiras selles, mida ta vaimselt tegi. Me palvetasime lõunapauside ajal ja pärast tööd kohtusime, et palvetada 1½ tundi autos. Mõned kuud hiljem rääkis Karen mulle, et ta oli kindlustusest raha saanud, sest tema onu oli surnud. Karen on väga heasüdamlik ja andekas ning ütles, et ta tahab sellest rahast kümnist anda, andes selle Mumbai teenistusele. Raha saadeti pastor Chackole, et osta rajatis, kus nad saaksid oma kiriku. Nad ostsid väikese ruumi, mida oli kasutatud saatanlikuks jumalateenistuseks. Nad koristasid selle ja taastasid selle oma kirikuks. Järgmisel aastal läksime Kareniga Mumbaisse kiriku pühitsemisele. See oli palve, mis sai vastuse, sest Karen, kes nüüd teenib Issandat, on tugevas usus. Kiitus Jumalale!

Kuna kirik Mumbais oli kasvamas, palus pastor Chacko abi annetusega, et osta kiriku kõrval asuv väike krunt. Pastor Chackol oli suur usk koguduse kasvu ja Jumala tööle. See maa kuulus katoliku kirikule. Pastor Chackol ja preestril olid sõbralikud suhted ja preester oli nõus selle maatüki pastor Chackole müüma. Pastor Chacko ei saanud annetust, mida ta uskus, et Jumal annab. Jumal teab kõike ja Ta teeb asju oma viisil ja paremini, kui me suudame isegi ette kujutada!

Mõned aastad hiljem toimusid kogu Indias hindude ja kristlaste vahelised rahutused. Hindud üritasid kristlastest Indiast vabaneda. Rahutajad tulid hommikul kirikusse, kus politsei neid toetas. Nad hakkasid kirikut hävitama, kuid pastor Chacko ja kiriku liikmed palusid neid enda pärast mitte hävitada, sest see oli neile ohtlik asi, et nad hävitavad Kõigevägevama Jumala Maja. Mässajad jätkasid kõige hävitamist, mida nad nägid, mitte kuuldes inimeste hoiatusi ja palveid, kuni kirik oli täielikult lammutatud. Kogu ülejäänud päeva kartsid kirikuliikmed seda väga kurikuulsat ja tigedat rühmitust, sest nad teadsid, et nende enda elu on ohus.

Nad tundsid kurbust, et neil ei ole enam oma kirikut pärast seda, kui nad olid nii kaua palvetanud, et neil oleks oma koht, kus Jumalat kummardada. See oli koht, kus nad nägid, kuidas Jumal tegi imesid, deemoneid välja ajas ja patustele päästet kuulutas. Samal ööl, umbes keskööl, koputati pastor Chacko uksele. Hirm tabas teda, kui ta nägi, et see oli selle kurikuulsa grupi juht, kes varem kiriku hävitas. Pastor Chacko arvas, et teda tapetakse kindlasti ja see oli tema lõpp. Ta palvetas, et Jumal annaks talle julgust ukse avamiseks ja kaitset. Kui ta ukse avas, nägi ta oma üllatuseks meest, kellel olid pisarad silmis ja kes palus pastor Chackol andestada neile seda, mida nad olid varem sel päeval tema kirikule teinud.

Mees jätkas pastor Chackole, et pärast kiriku hävitamist oli juhi naine surnud. Ühel mässajal oli masinaga käsi ära lõigatud. Kiriku hävitanud inimeste vastu olid asjad tulemas. Mässajate seas oli hirm selle eest, mida nad olid teinud pastor Chacko ja tema Jumala vastu! Jumal ütles, et Ta võitleb meie lahinguid ja nii ta ka tegi. Religioossed hindud ja kristlased Indias on jumalakartlikud inimesed, kes teevad kõike, et asjad korda teha. Selle tõttu, mis juhtus hindudega kiriku hävitamises osalemise eest, tulid samad mässajad hirmust tagasi, et kirikut uuesti üles ehitada. Nad võtsid ka katoliku kirikule kuulunud vara enda valdusesse. Keegi ei tulnud nende vastu ega kaevanud. Mässajad ehitasid kiriku ise uuesti üles, andsid materjalid ja kogu töö ilma kiriku abita. Kui kirik valmis sai, oli see ühe korruse asemel kahekorruseline ja suurem.

Jumal vastas pastor Chacko palvele ja ta ütleb: "Jeesus ei jäta kunagi hätta." Me oleme jätkanud palvetamist Mumbai eest. Täna on seal 52 kirikut, lastekodu ja kaks päevakeskust tänu paljude inimeste usule ja palvetele, kellel on koormus India jaoks. Hakkasin mõtlema, kuidas minu süda oli sügavalt puudutatud, kui ma 1980. aastal selles rongis olin. Ma ei teadnudki, et Jumal oli oma silmad selle riigi osa peal ja tõi armastuse ja lootuse Mumbai slummide inimestele läbi vankumatute palvete ja Jumala, kes kuulab südant. Alguses ütlesin, et minu koorem on sama suur kui terve rahvas. Ma hindan Jumalat selle eest, et ta andis mulle selle koorma. Jumal on suur strateeg. See ei juhtunud kohe, kuid kuusteist aastat kestnud aja jooksul toimusid mulle tundmatud asjad, sest Ta pani aluse tulemustele, mis vastasid palvetele, ja seda kõike siis, kui ma elasin Ameerikas.

Piibel ütleb, et palvetage lakkamatult. Ma palvetasin järjekindlalt ja paastusin kogu Indias elavnemise eest. Minu riik tegi läbi vaimulikku metamorfoosi Issanda Jeesuse jaoks.

Pastor Chacko veebileht on: http://www.cjcindia.org/index.html.

19. peatükk

Ministeerium Gujaratis!

1990ndate lõpus külastasin Ahmedabadi linna Gujarati osariigis. Oma viimasel visiidil Mumbaisse, Indias, tundsin sealse töö eest täitumise tunnet. Hiljem sellel reisil külastasin Ahmedabadi linna ja olin tunnistajaks. Teadsin, et enamik inimesi on trinitaarsed. Kõik minu kontaktid olid trinitaarlased. Palvetasin aastaid, et tuua see tõde Indiasse. Minu esimene palve oli, et ma tahan võita kedagi nagu Paulus või Peetrus, et minu töö muutuks kergemaks ja jätkuks. Ma palvetan alati plaani ja visiooniga. Enne kui ma külastan mõnda kohta, ma palvetan ja paastun, eriti kui ma lähen Indiasse. Ma alati palvetan ja paastun kolm päeva ja ööd ilma toidu ja veeta või kuni ma olen Vaimuga täidetud. See on piibellik paastumise viis.

Ester 4:16 Minge, koguge kokku kõik juudid, kes on Suusanis, ja paastuge minu pärast, ärge sööge ega jooge kolm päeva, ei öösel ega päeval: Ka mina ja mu neiud paastume samuti; nii lähen ma kuninga juurde, mis ei ole seaduse järgi; ja kui ma hukkun, siis hukkun ma.

Joona 3:5 Ja Niineve rahvas uskus Jumalat, kuulutas paastu ja pani kotiriideid selga, suurimast kuni kõige väiksema elanikuni. 6 Sest sõna tuli Ninive kuningale, ja ta tõusis oma troonilt, pani oma rüü seljast ja kattis end kotiriidega ning istus tuhka. 7 Ja ta laskis kuulutada ja avaldada läbi Ninive kuninga ja tema aadlike käsu, öeldes: Ärgu inimene ega loom, karja ega kari midagi maitsegu, ärge sööge ega jooge vett:

India on vaimse pimeduse poolt haaratud. Te ei julgeks sinna minna, kui te poleks täis Jumala Vaimu. Mõned aastad tagasi, 1990ndatel, tutvustasid nad mulle Bro. Christianiga mõnes trinitaarses jumalateaduskonna ülikoolilinnakus. Selle külastuse ajal ründas mind enamik kolmainuse pastoreid. See oli minu esimene kohtumine Vend Christianiga. Selle asemel, et öelda kiitust Issandale! küsisin ma temalt" :Mida sa jutlustad?". "Kas te ristite Jeesuse nimele"? Ta ütles: "Jah". Tahtsin teada, kuidas ta seda tõde teada sai. Ta ütles, et Jumal näitas mulle tõde, kui ma ühel varahommikul Malek Sabeni staadionil Jumalat kummardasin. Jumal rääkis mulle selgelt Jeesuse nimeristimisest".

Selle visiidi ajal trükkisin ja jagasin välja üle paari tuhande brošüüri, milles selgitati vees ristimist Jeesuses. See vihastas religioosseid kirikuasutusi. Religioossed juhid hakkasid minu vastu jutlustama. Nad ütlesid: "Absoluutselt, visake ta oma majast välja. Ükskõik, kuhu ma ka ei läheks, nad kõik räägiksid minu vastu. Tõde vihastab kuradit, aga Jumala sõna ütleb: "Ja te saate teada tõde ja tõde teeb teid vabaks.". Kohtumine Bro. Christianiga aitas mul tõde levitada. Kiitke Jumalat, et ta saatis üksuse pastori, kes õpetab ja kuulutab tõelist evangeeliumi Indiasse.

Pärast seda India külastust 1999. aastal muutusin invaliidiks ja ma ei saanud Indiasse tagasi minna. Kuid töö oli **loomisel**. Varsti unustasid kõik need inimesed, kes minu vastu rääkisid, mind ja nüüdseks on nad lahkunud. Selle füüsilise puude ajal salvestasin kõik "Search for Truth", "Oneness" ja õpetuse CD-d ja andsin need tasuta ära. Ma olin ratastoolis ja kaotasin oma mälu, nii et ma laiendasin oma teenistust raamatute salvestamisega. Istuda oli raske, kuid Issanda abiga tegin seda, mida ma füüsiliselt ei suutnud. Sõltudes Issandast, viib teid uutele teedele ja maanteedele. Me seisame silmitsi kõigi väljakutsetega. Jumala vägi on aukartustäratav, et miski ei saa võidmist peatada.

Sõnum, mille vastu nii kõvasti võideldi, kõlas nüüd kodudes salvestatud CD-del. Kiitus Jumalale! Minu rõõmuks ja hämmastuseks oli see, et paljud inimesed teadsid piibellikust õpetusest ja Jumala ühtsusest.

Ma olin aastaid palvetanud ja paastunud, et India armastaks tõde. Samuti, et ta kuulutaks vabalt Jeesuse evangeeliumi igas India osariigis. Mul oli suur soov tuua neile tõe tundmine läbi piibliõpikute tõlkimise inglise keelest gujarati keelde. Gujarati keel on selles osariigis kõneldav keel. Leidsin Indias tõlkijad, kes olid innukalt valmis aitama mind nende piibliõpikute tõlkimisel. Üks selline tõlkija, kes oli ise pastor, tahtis muuta pühakirja apostelliku varase kiriku piibli ristimisest, jättes välja JEESUSE nime Isa, Poja ja Püha Vaimu nimeks. See on ühe tõelise Jumala tiitel. Minu tõlkijale oli raske usaldada, et ta hoiab Jumala Sõna õigesti. Piibel hoiatab meid selgelt, et me ei tohi Pühakirjast midagi lisada ega ära võtta. Alates Vanast Testamendist kuni Uue Testamendini ei tohi me muuta Jumala Sõna inimese tõlgenduse järgi. Me peame järgima ainult Jeesuse eeskuju ning apostlite ja prohvetite õpetust.

Efeslastele 2:20 Ja nad on ehitatud apostlite ja prohvetite vundamendile, kusjuures Jeesus Kristus ise on nurgakivi;

Jüngrid olid need, kes läksid välja kuulutama ja õpetama Jeesuse evangeeliumi. Me peame järgima apostlite õpetust ja uskuma, et Piibel on eksimatu ja autoriteetne Jumala Sõna.

5Moosese 4:1 Aga nüüd kuula, Iisrael, neid seadusi ja seadlusi, mida ma sulle õpetan, et sa neid täidaksid, et sa elaksid ja läheksid ja päriksid maa, mille Issand, su vanemate Jumal, sulle annab. 2 Ärge lisage sõna, mida ma teile käsin, ega vähendage sellest midagi, et hoida Issanda, oma Jumala käske, mida ma teile käsin.

Ma otsustan siinkohal öelda, et on suur erinevus selle vahel, mida me täna tõeks peame, ja selle vahel, mida varakirik õpetas. Juba varase kiriku ajaloo ajal olid mõned juba Pauluse kirjade kohaselt kogudustele saadetud kirjade järgi tervest õpetusest ära pöördunud. Paljud piibliversioonid on muudetud kuradi õpetusele vastavaks. Mina eelistasin KJV-d, kuna see on 99,98% täpsusega tõlge, mis on lähedal originaalkirjadele.

Lugege ja uurige hoolikalt järgmisi pühakirjakohti:

2Peetruse 2:1 Aga rahva seas olid ka valeprohvetid, nagu ka teie seas on valeõpetajaid, kes salaja toovad sisse neetud ketserluseid, eitades Issandat, kes nad ostnud on, ja toovad endile kiire hukkumise.2 Ja paljud järgivad nende kahjulikke teid, kelle tõttu tõe tee on halvasti räägitud.3 Ja nad teevad teie pealekaebamise läbi võltssõnadega kaubandust, kelle kohus nüüd kaua aega kestab ja kelle hukkamõistmine ei lange, ja nende hukkamõistmine ei lase end lõdvemaks teha.

Olles saanud teada Jeesuse identiteedi, andis ta apostel Peetrusele kuningriigi võtmed ja pidas oma esimese jutluse nelipüha päeval. Nad hoiatasid meid eksitajate eest, kellel on jumalakartlikkuse vorm, kuid kes ei järgi apostlite ja prohvetite õpetust. Üks Jumalasse uskuv ei saa olla antikristus, sest nad teadsid, et Jehoova tuleb ühel päeval lihaks.

2Jh 1:7 Sest palju eksitajaid on tulnud maailma, kes ei tunnista, et Jeesus Kristus on tulnud lihaks. See on pettur ja antikristus. 8 Vaadake, et me ei kaotaks seda, mida oleme teinud, vaid et me saaksime täieliku tasu. 9 Kes iganes üleastuja ei jää Kristuse õpetuse juurde, see ei ole Jumala juures. Kes jääb Kristuse õpetuses, sellel on nii Isa kui ka Poeg. 10 Kui keegi tuleb teie juurde ja ei too seda õpetust, siis ärge võtke teda oma majja ega ütle talle jumalateenistust; 11 sest kes talle jumalateenistust ütleb, on osavõtja tema kurjadest tegudest.

Indias toimus palju konverentse, kus jutlustajad läksid Stocktoni piiblikolledžist ja teistest osariikidest, et edastada sõnumit uuestisündimisest. Rev. McCoy, kes oli kutsutud Indias jutlustama, tegi imelist tööd, jutlustades paljudes kohtades Indias. Palju palve- ja paastutunde kasutades on India teenistuse edu jätkunud alates 2000. aastast. Mäletan, et helistasin ühele pastorile, pastor Millerile, kelle juurde välismisjoni Aasia direktor oli mind suunanud. Kui ma talle tema koju helistasin, ütles ta mulle, et ta kavatseb mulle helistada, et anda teada, et ta oli kuus kuud varem Calcuttas ja Lääne-Bengalis käinud. Ta tahtis minna ka Ahmedabadisse, kuid haiguse tõttu pöördus ta tagasi Ameerikasse. Pastor Miller ütles lahkelt, et ta tahaks tagasi Indiasse minna, kuid peab selle üle palvetama ja küsis Jumalalt, kas tema kutsumus on selle riigi jaoks. Ta naasis teist korda Indiasse ja jutlustas kahel üldkonverentsil. Kuna Jumal liikus võimsalt selle riigi Gujarati rahvaga.

Pastor Christian ütles, et selles riigis on väga raske Jumala tööd rajada. Palun palvetage jutlustajate eest, kes seisavad silmitsi tohutu võitlusega. Issand teeb Gujarati osariigis suurt tööd. Kurat ei võitle uskmatute vastu, sest ta on nad juba kätte saanud! Ta ründab neid, kellel on tõde; Issanda ustavaid väljavalituid. Jeesus maksis oma verega hinda, et meil oleks meie pattude andeksandmine või andeksandmine. Kurat võitleb veelgi tugevamalt ministeeriumi (vaimulike) vastu, rünnates nii mehi kui ka naisi. Kurat kasutab kõiki perversseid vahendeid, et viia nad langenud patu ja hukkamõistu seisundisse.

Johannese 15:16 Teie ei ole mind valinud, vaid mina olen teid valinud ja määranud teid, et te läheksite ja kannaksite vilja ning et teie viljad jääksid, et mida iganes te palute Isalt minu nimel, seda ta teile annaks.

Üks kord päästetud, alati päästetud on samuti üks kuradi vale. Aastatel 1980-2015 käisin ma paar korda Indias. Selles riigis oli toimunud palju muutusi. Kui te alustate Jumala tööd, pidage meeles, et teete Jeesuse jüngrid, mis on Jeesuse ja Tema jüngrite poolt alustatud töö jätkamine. Me oleksime praeguseks võitnud kogu maailma, kui me jätkaksime Jeesuse Kristuse evangeeliumi järgimist.

2013. aastal viis Ta mind Jumala plaani kohaselt Dallases asuvasse kogudusse (maksud). Ma istusin Jumala tõelise prohveti all. Tal oli üheksa Jumala Vaimu annet. Ta saab Püha Vaimu poolt täpselt teada oma nime, aadressi, telefoninumbri jne. See oli minu jaoks uus. 2015. aastal, ühel pühapäeva hommikul vaatas mu pastor Dallases, Texases, mind ja ütles: "Ma näen inglit, kes avab suure ukse, mida ükski inimene ei saa sulgeda. Ta kutsus mind välja ja küsis, kas sa lähed Filipiinidele? Ta ütles, et ma ei näe seal ei musti ega valgeid inimesi. Kuna ta sai

Pühalt Vaimult täiendavat teavet, siis küsis ta, kas te lähete Indiasse? Püha Vaim rääkis temaga, öeldes, et ma teenin hindudele. Sel ajal olid kristlased Indias ohus. Hindud ründasid kristlasi, põletades nende pühakodasid ja peksnud Jeesuse pastoreid ja pühakuid.

Ma usun ettekuulutusse, nii et ma kuulsin Jumala häält ja läksin Indiasse. Kui ma jõudsin Badlapuri kolledžisse, oli 98% üliõpilastest kristlusse pöördunud hindud. Mind hämmastas kuulda nende tunnistusi sellest, kuidas Jumal toob inimesi pimedusest valguse juurde. Nende tunnistuste kaudu õppisin palju hinduismi kohta. Mind hämmastas kuulda, et nad usuvad 33 miljonisse ja enamasse jumalasse ja jumalannasse. Ma ei saanud aru, kuidas saab uskuda, et on nii palju jumalaid ja jumalannasid.

2015. aastal pöördusin pärast 23 aastat tagasi Badlapurisse, Bombaysse, et õpetada piiblikolledžis. Ma teenin seal piiblikolledži tõlkija, vend Sunil. Vend Sunil oli üleminekuperioodil. Vend Sunil oli heidutatud, kuna ta ei teadnud, et Jumal muudab tema suunda, ja oli heidutatud. Temaga koos töötades teadsin, et tal on tõde ja armastus selle vastu. Ta ei kaldu kunagi kõrvale Piibli tõest. Laske Pühal Vaimul juhtida, juhatada, õpetada ja võimestada teid imetegude ja tervenemiste tunnistajaks. India vajab ikka veel palju töölisi, tõelisi prohveteid ja õpetajaid. Palvetage, et Jumal saadaks Indiasse palju töölist.

Selle missioonireisi ajal külastasin Lõuna-Gudžaratis asuvat linna nimega Vyara. Ma kuulsin, et Lõuna-Gudžaratis toimub suur ärkamine. Jumal avas mulle ukse sinna külastada. Olin seal väga põnevil ja kohtusin paljude ebajumala kummardajatega, kes on nüüd pöördunud ainsa tõelise Jumala poole. Seda seetõttu, et nad said Jeesuse nime kaudu tervenemist, vabanemist ja päästet. Kui suur on meie Jumal!

Paljud inimesed palvetavad ja paastuvad India eest. Palun palvetage elavnemise eest. Vyara külaskäigu ajal kutsus pastor mind oma koju. Ma palvetasin tema üle ja paljud takistavad vaimud lahkusid. Pärast seda oli ta vaba murest, kahtlustest, raskusest ja hirmust. Jumal kuulutas minu kaudu, et ta ehitab palvekodu. Pastor ütles, et meil pole raha. Jumal ütles mulle, et Ta annab. Aasta jooksul oli neil suur ilus palvemaja ja me maksime selle ära. Jumala sõna ei tule tühja tagasi.

Oma viimasel visiidil Indias 2015. aastal teenisin erinevates osariikides mitmeid kristlusele pöördunud hindusid. Ma teenisin ka paljudele mittekristlastele, kes kogesid Jeesuse nimel tehtud tunnustähti ja imesid ja olid hämmastunud. Ma nägin mitu aastat palveid koos paastuga vastuseid India eest. Kiitus Jumalale! Alates sellest ajast, kui ma sain selle tõe ilmutuse, olen töötanud katkematult, et anda seda teavet CD-de, audio, video, YouTube'i kanali ja raamatute kaudu India riigile. Meie raske töö ei ole asjata!

Hiljem kuulsin, et vend Sunil võttis vastu oma kutsumise Bombay ja ümbruskonna linnade pastoriks. Nüüd töötan koos pastor Suniliga ja teistes kohtades, mida ma 2015. aastal külastasin. Me oleme rajanud palju pühapaiku Maharashtra ja Gujarati osariigis. Isegi täna jätkan neis osariikides uute pöördunute õpetamist. Ma toetan neid palvete ja õpetamise kaudu. Ma toetan rahaliselt Jumala tööd Indias.

Paljud neist inimestest lähevad haiguse korral nõiaarstide juurde, kuid nad ei saa terveks. Nii et nad helistavad mulle igal hommikul ja ma teenin, palvetan ja ajan Jeesuse nimel deemonid välja. Nad saavad terveks ja vabastatakse Jeesuse nimel. Meil on palju uusi pöördunuid erinevates osariikides. Kui nad tervenevad ja vabanevad, lähevad nad välja tunnistama oma peredele, sõpradele ja oma küladesse, et tuua teisi Kristuse juurde. Paljud neist paluvad mul saata Jeesuse pilti. Nad ütlesid, et me tahaksime näha Jumalat, kes tervendab, vabastab, teeb vabaks ja annab vabaduse tasuta. Jumala töö saab jätkuda, kui meil on töölised. Paljud neist töötavad talus. Paljud on kirjaoskamatud, nii et nad kuulavad Uue Testamendi salvestusi ja piibliõpetust. See aitab neil Jeesust tunda ja õppida.

2015. aasta novembrikuu viimasel laupäeval Indias tulin teenistusest hilja koju. Olin otsustanud pühapäeval ja esmaspäeval koju jääda, et pakkida ja valmistuda oma edasiseks reisiks AÜEsse. Nagu Dallase pastor minu üle prohvetlikult ütles: "Ma nägin, kuidas ingel avas tohutu ukse, mida keegi ei saa sulgeda .See tõestas, et isegi mina ei suutnud seda ust sulgeda. Selle laupäeva hilisõhtul sain telefonikõne, milles mind kutsuti osalema pühapäevasel jumalateenistusel, kuid see ei sobinud minu ajakavasse, nii et ma püüdsin seda neile selgitada, kuid nad ei võtnud vastuseks EI. Mul ei ole muud valikut kui minna. Järgmisel hommikul viisid nad mind kell 9 hommikul pühakotta, kuid see algab kell 10 hommikul. Olin üksi ja üks muusik harjutas oma laule.

Kui ma palvetasin, nägin pühakojas palju hinduistlike jumalate ja jumalannade vaime. Ma imestasin, miks neid oli selles kohas nii palju. Umbes kell 10 hakkasid saabuma pastor ja liikmed. Nad tervitasid mind kätt surudes. Kui pastor mu kätt surus, tundsin end kohe südames naljakalt. Ma tundsin, et ma kukun kokku. Hiljem ütles Püha Vaim mulle, et pastorit ründasid need deemonid, keda te varem nägite. Hakkasin palvetama ja palusin Jumalat, et ta lubaks mul seda pastorit teenida. Teenistuse keskel paluti mind üles astuda ja rääkida. Kantsli poole kõndides palvetasin ja palusin Issandat, et ta räägiks minu kaudu. Kui ma sain mikrofoni, seletasin, mida Jumal mulle näitas ja mis pastorile juhtus. Kui pastor põlvitas, palusin kogudusel oma käed tema poole sirutada, et palvetada. Vahepeal panin oma käe tema peale ja palvetasin ning kõik deemonid lahkusid. Ta tunnistas, et oli eelmisel õhtul erakorralise meditsiini osakonnas. Ta oli paastunud ja palvetanud noorte eest. Sellepärast oli ta selle rünnaku all. Au Jumalale! Kui tähtis on olla kooskõlas Jumala Vaimuga! Tema Vaim räägib meiega.

Sealt läksin 1. detsembril 2015 AÜEsse. Ma teenisin Dubais ja Abu Dhabis hinduistidele ja ka nemad kogesid Jumala väge. Pärast missiooni lõpetamist naasin Texases asuvasse Dallasesse.

Kiitus Jumalale!

Minu YouTube'i kanalid: Igapäevane vaimne dieet:

1. youtube.com/@dailyspiritualdietelizabet7777/videos
2. youtube.com/@newtestamentkjv9666/videos mp3
3. Veebileht: https://waytoheavenministry.org

20. peatükk

Meie hinge karjane: pasunahääl

Mina olen hea karjane ja tunnen oma lambaid ja olen oma teada. (Johannese 10:14)

Jeesus on meie hinge karjane. Me oleme liha ja veri, kellel on elav hing. Me oleme siin maa peal vaid hetkeks Jumala aja jooksul. Hetkega, silmapilgu hetkega, on see kõik möödas "pasunahäälega", kui me muutume.

"Aga ma ei taha, vennad, et te ei oleksite teadmatuses nende suhtes, kes magavad, et te ei kurvastaksite nagu teised, kellel ei ole lootust." "Aga ma ei taha, et te oleksite teadmatuses nende suhtes, kes magavad, et te ei kurvastaks nagu teised, kellel ei ole lootust. Sest kui me usume, et Jeesus suri ja tõusis üles, siis ka need, kes magavad Jeesuses, toob Jumal koos temaga. Sest seda me ütleme teile Issanda sõna läbi, et meie, kes me oleme elus ja jääme Issanda tulekuni, ei takista neid, kes magavad. Sest Issand ise tuleb taevast alla hüüatusega, peaingli häälega ja Jumala pasunaga; ja surnud Kristuses tõusevad üles esimesena: Siis meie, kes me oleme elus ja allesjäänud, haaratakse koos nendega üles pilvedesse, et tulla

Issandale vastu taevas; ja nii me oleme igavesti Issanda juures. Seepärast lohutage üksteist nende sõnadega." (1. Tessalooniklastele 4:13-18)

Ainult need, kellel on Jumala Vaim (Püha Vaim), elavdatakse ja äratatakse üles, et olla koos Issandaga. Kõigepealt kutsutakse üles surnud Kristuses, siis need, kes on elus, tõstetakse õhku, et kohtuda meie Issanda Jeesusega pilvedes. Meie surelikud kehad muudetakse, et olla koos Issandaga. Kui paganate aeg on täitunud, jäävad need, kellel puudub Püha Vaim, maha, et tulla vastu suure kurbuse ja viletsuse ajale.

"Aga neil päevil, pärast seda viletsust, pimeneb päike ja kuu ei anna oma valgust, ja taevatähed langevad alla ja taevas olevad väed kõiguvad. Ja siis näevad nad Inimese Poega tulevat pilvedes suure väe ja hiilgusega. Ja siis saadab ta oma inglid ja kogub kokku oma valitud neljast tuulest, maa ääremaast kuni taeva ääremaani." (Markuse 13:24-27)

Paljud lähevad kaduma, sest neil ei ole olnud Jumala kartust (austust), et uskuda Tema Sõnasse, et nad saaksid päästetud. Issanda kartus on tarkuse algus. Kuningas Taavet kirjutas: "Issand on mu valgus ja mu pääste; keda ma peaksin kartma? Issand on mu elu tugevus; keda ma peaksin kartma? Taavet oli tõesti Jumala südame järgi olev mees. Kui Jumal lõi inimese maa tolmust, puhus Ta tema sieraupidesse elu hinge ja inimesest sai elav hing. Võitlus käib hinge pärast; inimese hing võib suunduda Jumala või põrgu poole.

"Ja ärge kartke neid, kes tapavad ihu, kuid ei suuda tappa ***hinge****, vaid kartke pigem teda, kes suudab hävitada nii hinge kui ka ihu* ***põrgus****." (Matteuse 10:28)*

Paljud teavad sel päeval seda, mida neil on täna liiga raske aktsepteerida. Elu lehekülgi tagasi keerata on juba liiga hilja, sest paljud seisavad Elava Jumala ees, et anda aru.

"Aga seda ma ütlen, vennad, et liha ja veri ei saa pärida Jumala kuningriiki, ega kaduvus pärida kadumatust. Vaata, ma näitan teile saladuse: Me kõik ei maga, vaid me kõik muutume, hetkega, silmapilguga, viimase pasuna ajal; sest pasunahääl kõlab, ja surnud äratatakse üles kadumatuks, ja meie muutume. Sest see, mis on kaduvuses, peab muutuma kadumatuseks ja see, mis on surelik, peab saama surematuse. Nii et kui see kaduvväeline on riietunud kadumatusse ja see surelik on riietunud surematusse, siis saab teoks, mis on kirjutatud: "Surm neelatakse alla võiduga". Oo surm, kus on su nõel? O haua, kus on su võit? Surma nõel on patt ja patu jõud on seadus. Aga tänu olgu Jumalale, kes annab meile võidu meie Issanda Jeesuse Kristuse kaudu." (I Korintlastele 15:50-57)

Millest " meidpäästetakse"? Igavesest põrgust tulega põlevas järves. Me võtame hinged ära kuradi haardest. See on vaimne sõda, mida me siin maa peal peame. Meie üle mõistetakse kohut Jumala Sõna (66 raamatut Piiblist) ja avatakse Elu Raamat.

"Ja ma nägin suurt valget trooni ja teda, kes sellel istus, kelle palge eest maa ja taevas põgenesid, ja neile ei leitud kohta. Ja ma nägin, et surnud, väikesed ja suured, seisid Jumala ees, ja raamatud avati; ja teine raamat avati, mis on eluraamat, ja surnute üle mõisteti kohut nende tegude järgi, mis raamatutesse kirjutatud olid. Ja meri andis välja surnud, kes selles olid, ja surm ja põrgu andsid välja surnud, kes neis olid, ja igaühe üle mõisteti kohut tema tegude järgi. Ja surm ja põrgu visati tulejärve. See on teine surm. Ja igaüks, keda ei leitud kirjutatud olevat eluraamatusse, visati tulejärve."
(Ilmutusraamat 20:11-15)

Ma hakkasin mõtlema sellistele meestele nagu Mooses, kuningas Taavet, Joosep, Iiob ja loetelu jätkub. Ma ei nautinud kogu seda valu, mida ma kogesin, ja ma ei mõista, miks kristluses on sellised kannatused. Ma olen kaugel sellest, et olla nagu need mehed, kes on meie eeskujuks ja kes annavad meile inspiratsiooni usu teel käimiseks. Jumala Sõna võidab isegi keset kannatusi ja valu. Katsumuse, haiguse ja häda ajal kutsume me kõige rohkem Jumalat. See on kummaline, kuid imeline usk, mida ainult Jumal teab, miks Ta on selle tee valinud. Ta armastab meid nii väga ja ometi on Ta andnud meile võimaluse ise valida, kas me tahame Teda teenida ja armastada. Ta otsib kirglikku pruuti. Kas sa abielluksid kellegagi, kes ei ole sinu vastu kirglik? See peatükk on kirjutatud julgustuseks, et ületada need asjad, mis takistavad teid igavese elu saavutamisel. Armastuse, armu ja armu Jumalast saab kohtu Jumal. Nüüd on aeg teha oma päästmine kindlaks ja pääseda põrgutulest. Me peame valima, nagu Joosua valis Joosua raamatus.

Ja kui teile tundub, et on paha teenida Issandat, siis valige täna, keda te tahate teenida, kas jumalaid, keda teie isad teenisid, kes olid teisel pool veeuputust, või amorlaste jumalaid, kelle maal te elate; aga mina ja minu suguvõsa teenime Issandat. (Joosua 24:15)

"Ja vaata, ma tulen kiiresti ja minu tasu on minu juures, et anda igale inimesele vastavalt tema tööle. Mina olen alfa ja oomega, algus ja lõpp, esimene ja viimane. Õndsad on need, kes täidavad tema käske, et neil oleks õigus elupuule ja nad pääseksid väravatest sisse linna." (Ilm 22:12-14)

Igaüks tahab minna läbi väravate linna, mille Jumal on meile valmistanud, kuid enne kui me saame siseneda, peab meie rõivas olema laitmatu ja laitmatu. See on vaimne sõda, mida "võideldakse ja võidetakse" meie põlvili palves. Meil on ainult üks elu siin maa peal ja ainult üks hea võitlus! Ainus asi, mida me saame sinna linna kaasa võtta, on nende hinged, kellele me oleme tunnistajaks olnud, kes võtsid vastu meie Issanda ja Päästja Jeesuse Kristuse evangeeliumi ja kes kuuletusid Kristuse õpetusele. Selleks, et tunnetada Sõna, peame seda lugema, Sõna lugemine tähendab armumist meie Päästmise autori vastu. Ma tänan oma Issandat ja Päästjat selle eest, et ta juhtis mu sammud Indiast Ameerikasse ja näitas mulle Tema teid, sest need on täiuslikud.

Sinu sõna on lamp mu jalgadele ja valgus mu teele.
(Psalm 119:105)

21. peatükk

Teenistus tööl

Pärast seda, kui ma sain Püha Vaimu, tulid minu ellu suured muutused.

Aga te saate väe, kui Püha Vaim on tulnud teie peale, ja te olete minu tunnistajad nii Jeruusalemmas kui ka kogu Juudamaal ja Samaarias ja kuni maa lõpuni. (Apostlite teod1:8)

Ma püüdsin oma töökohal töökaaslastele minsterdada; ma andsin tunnistust ja kui neil oli mingi probleem, siis ma palvetasin nende eest. Palju kordi tulid nad minu juurde ja rääkisid mulle oma olukorrast ning ma palvetasin nende eest. Kui nad olid haiged, panin neile käed külge ja palvetasin nende eest. Palju aastaid andsin ma neile tunnistust. Minu enda elu oli suureks tunnistuseks ja Jumal töötas minuga, kinnitades neid tervendamise, vabanemise, nõustamise ja lohutamise kaudu.

Ja ta ütles neile: "Minge kogu maailma ja kuulutage evangeeliumi igale loodule. Kes usub ja laseb end ristida, see saab päästetud; kes aga ei usu, see saab hukka. Ja need tunnustähed järgnevad neile, kes usuvad: Minu nimel ajavad nad kuradid välja; nad räägivad uutel keeltel; nad võtavad üles madu; ja kui nad joovad midagi surmavat, ei tee see neile haiget; nad panevad käed haigetele, ja nad tervenevad. Siis, kui Issand oli neile rääkinud, võeti ta üles taevasse ja istus Jumala paremale käele. Ja nad läksid välja ja jutlustasid kõikjal, Issand töötas koos nendega ja kinnitas sõna järgnevate tunnustähtedega. Aamen. (Mk 16:15-20)

Kus iganes ma palvetasin, kui nad paranesid või vabastati, rääkisin ma neile evangeeliumist. Evangeelium on Jeesuse surm, matmine ja ülestõusmine. See tähendab, et me peame kõigist pattudest meeleparandust tegema või me sureme oma lihale meeleparanduse kaudu. Teine samm on see, et meid maetakse Jeesuse nimel ristimise vees, et saada oma pattude andeksandmine ehk pattude andeksandmine. Me tuleme veest välja uutes keeltes rääkides, võttes vastu Tema Vaimu, mida nimetatakse ka Vaimu ristimiseks või Püha Vaimuks.

Paljud kuulsid ja kuuletusid sellele ka.

Ma tahaksin teid julgustada, andes oma tunnistuse sellest, kuidas Jeesus töötas võimsalt minu töökohal. Meie töökoht, kus me elame või kus iganes, on põld, kuhu me saame külvata Jumala sõna seemne.

Sõbranna paranes vähist ja tema ema pöördus surmas halva surma korral Issanda poole.

Mul oli oma töökohal üks väärtuslik sõber nimega Linda. Aastal 2000 olin ma väga haige. Ühel päeval helistas mu sõber mulle ja ütles, et ta on samuti väga haige ja tal on operatsioon. Meie sõpruse algusaastal lükkas ta evangeeliumi tagasi ja ütles mulle, et ma ei taha sinu Piiblit ega sinu palveid, mul on oma jumal. Ma ei olnud solvunud, kuid iga kord, kui ta kurtis haiguse üle, pakkusin talle palvetamist, ta ütles alati "Ei". Aga ühel päeval oli tal tal talumatult valus selg ja äkki oli tal ka põlv valus. See oli veelgi suurem valu kui tema seljas. Ta kaebas ja ma küsisin, kas ma võiksin tema eest palvetada. Ta ütles: "Tee kõik, mis vaja". Ma kasutasin seda võimalust, et õpetada talle, kuidas seda valu

Issanda Jeesuse nimel noomida. Tema valu oli talumatu; ta hakkas seda valu kohe Issanda Jeesuse nimel nuhtlema, valu lahkus kohe.

Kuid see tervenemine ei muutnud tema südant. Jumal kasutab kannatusi ja probleeme selleks, et pehmendada meie südant. See on paranduse vits, mida Ta kasutab oma laste jaoks. Ühel päeval helistas Linda mulle ja nuttis, et tal on suur haav kaelal ja see on väga valus. Ta palus mind palvetada. Ma olin rohkem kui õnnelik, et võisin oma hea sõbra eest palvetada. Ta helistas mulle iga tunni tagant lohutuseks ja küsis :"Kas sa saaksid tulla minu koju ja palvetada?". Samal pärastlõunal sai ta telefonikõne, milles öeldi talle, et tal on diagnoositud kilpnäärmevähk. Ta nuttis väga kõvasti ja kui tema ema kuulis, et tema tütrel on vähk, kukkus ta lihtsalt kokku. Linda oli lahutatud ja tal oli väike poeg.

Ta nõudis, et ma tuleksin tema üle palvetama. Ka mulle tegi see aruanne väga haiget. Hakkasin tõsiselt otsima kedagi, kes võiks mind tema juurde sõidutada, et ma saaksin tema üle palvetada. Kiidetud olgu Jumal, kui on tahe, siis on ka tee.

Minu palvetamispartner tuli töölt ja viis mind oma koju. Linda, tema ema ja poeg istusid ja nutsid. Hakkasime palvetama ja ma ei tundnud eriti midagi, aga ma uskusin, et Jumal teeb midagi. Pakkusin, et palvetan uuesti. Ta ütles" :***Jah, palvetage kogu öö***, ma ei pane pahaks." Teist korda palvetades nägin ma uksest tulevat heledat valgust, kuigi uks oli suletud ja silmad kinni. Ma nägin, et Jeesus tuli läbi selle ukse, ja tahtsin silmad avada, kuid Ta ütles" :***Palvetage edasi***".

Kui me lõpetasime palvetamise, naeratas Linda. Ma ei teadnud, mis oli juhtunud, et tema ilme oli muutunud. Küsisin temalt :*"Mis juhtus*?" Ta ütles" :*Liz, Jeesus on tõeline Jumal*". Ma ütlesin: "*Jah, ma olen seda sulle viimased kümme aastat rääkinud, aga ma tahan teada, mis juhtus.*" Ta ütles: "*Minu valu on täiesti kadunud.*" *"Palun anna mulle kiriku aadress, ma tahan end ristida.*" Linda nõustus minuga piiblitunnis käima ja siis ristiti ta. Jeesus kasutas seda kannatust, et juhtida tema tähelepanu.

Vaata mu viletsust ja valu ja anna andeks kõik mu patud. (Psalm 25:18).

Kiitus Jumalale!! Palun ärge loobuge oma lähedasest. Jätkake palvetamist päeval ja öösel, ühel päeval vastab Jeesus, kui me ei jää nõrgaks.

Ja ärgem väsigem heategevuses, sest õigel ajal me lõikame, kui me ei väsi. (Galaatlastele 6:9)

Oma ema surivoodil kutsus Linda mind, et ma läheksin teda külastama. Ta lükkas mind oma ratastoolis tema haiglaruumi. Kui me tema ema teenisime, tegi ta meeleparandust ja hüüdis Issanda Jeesuse poole andestuse saamiseks. Järgmisel päeval oli tema hääl täiesti kadunud ja kolmandal päeval ta suri.

Minu sõber Linda on nüüd hea kristlane. Kiitke Issandat!!

Minu töökaaslane Vietnamist:

Ta oli armas naine ja tal oli alati väga ilus vaim. Ühel päeval oli ta haige ja ma küsisin, kas ma võiksin tema eest palvetada. Ta võttis minu pakkumise kohe vastu. Ma palvetasin ja ta sai terveks. Järgmisel päeval ütles ta: "Kui see ei ole liiga suur vaev, siis palvetage minu isa eest". Tema isa oli viimastel kuudel pidevalt haige olnud. Ütlesin talle, et ma olen rohkem kui õnnelik, et saan tema isa eest palvetada. Jeesus oma halastuses puudutas ja tervendas teda täielikult.

Hiljem nägin teda haigena ja pakkusin talle uuesti palvetamist. Ta ütles: "*Ärge võtke vaevaks minu eest palvetada*"; tema sõber, kes töötab mehaanikuna teises vahetuses, vajab aga palvet. Ta ei saanud päeval ega öösel magada; seda haigust nimetatakse surmavaks unetuseks. Ta jätkas mulle teabe andmist ja oli väga mures selle härrasmehe pärast. Arst oli andnud talle suuri annuseid ravimeid ja miski ei aidanud. Ma ütlesin: *"Ma olen rohkem kui õnnelik, et ma saan palvetada."* Igal õhtul pärast tööd palvetasin peaaegu poolteist tundi kõigi palvete eest ja enda eest. Kui ma hakkasin selle mehe eest palvetama, märkasin, et ma ei maga korralikult. Ma kuulsin äkki kedagi kõrva plaksutamas või kuulsin valju müra, mis äratas mind peaaegu igal ööl, sest olin hakanud tema eest palvetama.

Paar päeva hiljem, kui olin paastunud, tulin kirikust koju ja lebasin oma voodis. Siis tuli äkki minu üllatuseks midagi läbi seina mu pea kohal ja kõndis mu tuppa. Jumalale tänu Püha Vaimu eest. Koheselt kõneles Püha Vaim mu suu kaudu: "Ma seon sind Jeesuse nimel". Ma teadsin vaimus, et midagi oli seotud ja see jõud oli Jeesuse nimel purustatud.

Tõesti, ma ütlen teile: Mis iganes te maa peal seotakse, see on seotud ka taevas, ja mis iganes te maa peal lahti teete, see on lahti taevas. (Matteuse 18:18)

Ma ei teadnud, mis see oli, ja hiljem, kui ma töötasin, hakkas Püha Vaim mulle avama, mis oli juhtunud. Siis ma teadsin, et deemonid kontrollivad seda mehaanikut ja ei lase tal magada. Ma palusin oma sõbrannal tööl, et ta palun uuriks välja oma sõbra magamisseisundi. Hiljem tuli ta koos mehaanikuga minu tööpiirkonda tagasi. Ta ütles mulle, et ta magab hästi ja tahtis mind tänada. Ma ütlesin: ***"Palun tänage Jeesust.*** " ***"Tema on see, kes teid päästis.*** " Hiljem andsin talle Piibli ja palusin tal iga päev lugeda ja palvetada.

Minu töö juures pöördusid paljud inimesed oma perekonnas Jeesuse poole. See oli minu jaoks suurepärane aeg tunnistada paljude eri rahvustest inimeste ees.

Ma tänan sind suures koguduses: Ma kiidan sind suure rahva seas. (Psalm 35:18)

Ma ülistan sind, mu Jumal, kuningas, ja ma õnnistan su nime igavesti ja igavesti. (Psalm 145:1)

22. peatükk

Õppimine Tema teed, kuuletudes Tema häälele

Ma leidsin selle ilusa tõe 1982. aastal. Paar aastat hiljem otsustasin minna Indiasse. Seal olles otsustasime koos oma sõbra Dinaga minna vaatamisväärsusi vaatama Udaipuri linna. Päeva lõpus läksime tagasi oma hotellituppa, mida jagasime. Meie toas oli seinal pilt, millel oli kujutatud valejumalat, keda seal Indias kummardatakse. Nagu te teate, on Indias palju jumalaid. Piiblis räägitakse ühest tõelisest Jumalast ja tema nimi on Jeesus.

Jeesus ütles talle: "Mina olen tee, tõde ja elu; ükski inimene ei tule Isa juurde, kui mitte minu kaudu". (Johannese 14:6)

Järsku kuulsin, kuidas üks hääl ütles mulle: "*Võta pilt seinalt maha.*" Kuna mul on Püha Vaim, siis oli mu mõte :*"Ma ei karda midagi ja miski ei saa mind kahjustada.*" Nii et ma ei kuuletunud sellele häälele ja ei võtnud pilti maha.

Kui me magasime, leidsin end ootamatult voodis istumas; ma teadsin, et ingel oli mind üles pannud. Jumal avas mu vaimsed silmad ja ma nägin tohutut musta ämblikku, kes tuli läbi ukse. See roomas üle minu, mu sõbra ja tema poja. Ja see läks mu kleidi poole, mis rippus vastu seina, ning kadus otse mu silmade eest. Sel hetkel tuletas Issand mulle meelde pühakirjasõna, mis ütleb, et ärge kunagi andke kuradile ruumi.

Ärge andke ka kuradile ruumi. (Ef 4:27)

Tõusin kohe püsti, võtsin pildi maha ja keerasin selle ümber. Sellest päevast alates mõistsin, et Jumal on püha Jumal. Tema käsud, mille Ta on meile andnud, hoiavad meid kaitstud ja õnnistatud, kui me neid alati järgime ja hoiame.

Sel ajal, kui ma töötasin, tulin alati koju ja tundsin end vaimselt kurnatuna. Ühel päeval rääkis Jeesus minuga ja ütles mulle: "*Räägi pool tundi keeltes, ülista ja palveta pool tundi ning pane käsi pea kohale ja räägi pool tundi keeltes*". See oli minu igapäevane palveelu.

Ühel päeval tulin ma pärast südaööd töölt koju. Hakkasin oma kodus ringi käima ja palvetama. Jõudsin oma maja teatud nurka ja nägin oma vaimulike silmadega deemonit. Panin valguse põlema ja panin prillid pähe, et näha, miks see deemon siin on? Järsku meenus mulle, et olin varem sel päeval katnud maisiõlikarbi peal olevad jumalate sõrmejäljed ja nimed. Kuidagi oli mul selle valejumala jäljendamata jäänud. Ma võtsin kohe püsimarkeri ja kandsin selle kinni.

Piiblis on öeldud, et Jeesus on andnud meile volitused kurjade vaimude sidumiseks ja väljaajamiseks. Sel ööl kasutasin ma seda volitust, avasin ukse ja ütlesin sellele deemonile: "*Jeesuse nimel käsin ma sind mu majast välja viia ja mitte kunagi tagasi tulla*!". Deemon lahkus koheselt.

Kiitus Jumalale! Kui me ei tunne Jumala Sõna, siis võime lubada deemonitel tulla meie majja ajakirjade, ajalehtede, televiisori ja isegi mänguasjade kaudu. On väga oluline teada, mida me oma kodudesse toome.

Teine näide sellest, et olin väga haige ja ei saanud kõndida, pidin sõltuma perekonnast ja sõpradest, et tuua oma toidukaupu ja panna need ära. Ühel hommikul ärkasin ja tundsin, et keegi katab mu suu, ma olin seotud.

Ma küsisin Jumalalt, miks ma nii tunnen. Ta näitas mulle haakristi sümbolit. Ma mõtlesin, kust ma selle sümboli leian. Läksin külmkapi juurde ja niipea, kui avasin ukse, nägin haakristi sümbolit toidukaupadel, mida mu õde oli eelmisel päeval toonud. Ma tänasin Jumalat Tema juhatuse eest ja eemaldasin selle kohe.

Usalda Issandasse kogu oma südamest ja ära toetu oma mõistusele. Tunnista teda kõigil su teedel, ja ta juhib su teed. (Õpetussõnad 3:5-6)

Tahaksin jagada veel üht kogemust, mis mul oli oma kodulinna Indias külastades. Veetsin ühe öö koos oma sõbraga, kes oli iidolite kummardaja.

Palju aastaid olin talle tunnistanud Jeesusest ja väest. Ta teadis ka palve väge ja palju imesid, mis juhtusid tema kodus. Ta andis tunnistust imedest, kui ma Jeesuse nimel palvetasin.

Kui ma magasin, äratas mind müra. Üle toa nägin kuju, mis nägi välja nagu mu sõber. See kuju osutas mulle kurja näoga. Selle käsi hakkas minu poole kasvama ja jõudis minust meetri kaugusele ning kadus siis. See kuju ilmus uuesti, kuid seekord oli see tema väikese poisi nägu. Taas hakkas selle käsi kasvama ja minu poole osutama. See tuli minust ühe jala kaugusele ja kadus. Mulle meenus, et Piiblis on öeldud, et inglid on meie ümber.

Kes elab Kõigekõrgema varjus, jääb Kõigevägevama varju alla. Ma ütlen Issandast: Ta on minu pelgupaik ja mu kindlus, minu Jumal,

temasse ma loodan. Kindlasti päästab ta sind linnupüüdja püünisest ja mürarikkast katkust. Ta katab sind oma sulgedega ja tema tiibade alla sa loodad; tema tõde on sinu kilp ja turvamees. Sa ei pea kartma öist hirmu ega päeval lendlevat noolt, ega pimeduses kõndivat katku ega keskpäevast hävingut. Tuhat langeb su külje kõrval ja kümme tuhat su paremal käel, aga see ei tule sinu lähedusse. Ainult oma silmadega näed ja näed sa kurjade tasu. Sest sa oled teinud Issandat, kes on minu pelgupaik, Kõigekõrgemat, oma elupaigaks; sind ei taba kurja ega ükski nuhtlus lähene su elupaika. Sest ta annab oma inglitele hoole sinu üle, et nad hoiaksid sind kõigil su teedel.
(Psalmid 91:1-11)

Kui ma hommikul ärkasin, nägin oma sõpra ja tema poega kummardamas ebajumalaid. Ja mulle meenus, mida Jumal oli mulle öösel näidanud. Nii et ma ütlesin oma sõbrale, et mul oli nägemus varem sel ööl. Ta ütles mulle, et ka tema oli seda näinud ja tundnud oma majas. Ta küsis minult, milline nägi välja see deemon, mida ma olin näinud. Ma ütlesin talle, et üks vorm nägi välja nagu tema ja teine nagu tema poeg. Ta ütles mulle, et tema ja tema poeg ei saa omavahel läbi. Ta küsis minult, mida on vaja teha, et vabaneda nendest deemonitest, mis teda ja tema perekonda piinasid. Ma selgitasin talle seda pühakirja.

Varas ei tule, vaid varastama, tapma ja hävitama; mina olen tulnud, et neil oleks elu, ja et nad saaksid seda veelgi enam.
(Johannese 10:10)

Ma andsin talle Piibli ja palusin, et ta loeks iga päev oma kodus valjusti ette, eriti Johannese 3:20 ja 21.

Sest igaüks, kes teeb kurja, vihkab valgust ega tule valguse juurde, et tema teod ei saaks ette heita. Aga kes teeb tõtt, see tuleb valguse juurde, et tema teod saaksid ilmsiks, et need on tehtud Jumalas.
(Johannese 3:20-21)

Ma õpetasin talle ka vaimse sõjapidamise palvet, milles te seotakse kõik kurjad vaimud ja vabastatakse Püha Vaim või inglid Jeesuse nimel. Samuti palusin tal pidevalt rääkida Jeesuse nime ja paluda Jeesuse verd oma majas.

Mõni kuu pärast seda reisi sain kirja, milles tunnistati, et deemonid olid tema kodust lahkunud, ta ja tema poeg said hästi läbi ja nende kodus oli täielik rahu.

Siis kutsus ta kokku oma kaksteist jüngrit ja andis neile võimu ja volituse kõigi kuradite üle ja haiguste ravimiseks. Ja ta läkitas nad kuulutama Jumala riiki ja tervendama haigeid (Luuka 9:1, 2).

Kui ta teistele sugulastele tunnistust andis, hakkasid need väga huvituma Piiblist ja tahtsid rohkem teada saada Issandast Jeesusest.

Järgmisel Indias toimunud visiidil kohtusin kogu perega ja vastasin nende küsimustele. Õpetasin neile, kuidas palvetada, ja andsin neile Piiblit. Ma annan Jumalale kogu au nende tulemuste eest.

Minu soov on, et inimesed õpiksid kasutama Jeesuse nime ja Jumala Sõna mõõgana vaenlase vastu. "Uuesti sündinud kristlaseks" saades, on meil see vägi olemas.

Issanda Jumala Vaim on minu peal, sest Issand on mind salvinud kuulutama head sõnumit minule; ta on saatnud mind siduma murtud südamega inimesi, kuulutama vangidele vabadust ja vangide avamist neile, kes on seotud (Jesaja 61: 1).

23. peatükk

Liikumine meedias

1999. aastal sai mul tööl vigastus, mis hiljem süvenes. See vigastus oli nii tõsine, et valu tõttu kaotasin mälu. Ma ei suutnud lugeda ega mäletada, mida olin lugenud. Ma ei saanud 48 tundi magada. Kui ma siiski magasin, siis ärkasin mõne tunni pärast üles, sest mu käed olid tuimad, selg, kael ja jalad valutasid. See oli minu usu tuline proovilepanek. Mul ei olnud aimugi, mida ma mõtlesin. Mitu korda ma ohkasin ja jäin magama. See oli ainus viis, kuidas ma enamasti magasin. Ma ei tahtnud oma aega raisata, nii et mõtlesin, mida ma peaksin tegema? Mõtlesin, et teen CD kõigist oma raamatutest, mis olid juba tõlgitud. Mõtlesin, et kui ma panen kõik need raamatud audioraamatutena, oleks see praegusel ajal ja ajastul suurepärane.

Et teie usu proovilepanek, mis on palju kallim kui kuld, mis hävib, kuigi seda tulega proovitakse, leitakse kiituseks ja auks ja kirkuseks Jeesuse Kristuse ilmumisel (1Peetruse 1:7).

Selle tõe levitamiseks olin valmis tegema kõike. Ükski hind ei ole suurem kui see, mida Jeesus maksis. Jumal aitas mind oma halastuses oma eesmärgini jõuda.

Kahtlemata kulus selleks üle aasta. Mul ei olnud piisavalt raha, et osta kõik seadmed, ega ka piisavalt teadmisi, et teada, kuidas salvestada. Hakkasin kasutama oma krediitkaarti, et osta selle uue projekti jaoks vajalikku. Mõtlesin, et kuna ma ei oska lugeda ja mäletada, võin lihtsalt raamatut ette lugeda ja teha audio-CD, nii ei ole mul vaja mälu lugeda.

Kuna ma käisin inglise keeles kirikus, olin peaaegu unustanud, kuidas guajarati keelt õigesti lugeda, ja ma ei tahtnud oma keelest loobuda. Nagu te teate, ei saanud ma mitu korda tervise tõttu päevi või isegi nädalaid istuda. Ma unustasin, kuidas salvestada ja kasutada oma salvestusseadmeid. Ma näeksin oma märkmeid ja alustaksin uuesti, kuid ma ei tahtnud sellest loobuda.

Üks asi, mida me peame meeles pidama: kurat ei anna kunagi alla! Me peame sellest õppima ja mitte kunagi alla andma!

Saabus päev, mil ma lõpetasin oma kuueleheküljelise vihiku. Minu üllatuseks võttis see aasta aega. Ma olin nii õnnelik, et panin CD mängima ja aeglaselt pöörasin oma ratastooli, et kuulata oma CD-d.

Äkki, kui ma vaatasin, ei näinud mu silmad enam midagi. Ma olin nii hirmul ja ütlesin endale :"Ma töötasin nii kõvasti oma halva tervise juures. Oleksin võinud oma tervise eest paremini hoolitseda, nüüd ma ei näe." Ma ei näinud oma kööki, stereot, seina ega mööblit. Seal ei olnud midagi peale paksu valge pilve. Ma ütlesin: "Ma olin enda vastu karm, nüüd olen pime." Järsku nägin selles paksus valges pilves oma toas Issandat Jeesust, kes seisis valges rüüs ja naeratas mulle. Lühikese aja pärast kadus Ta ära ja ma sain aru, et see oli nägemus. Ma teadsin, et Tema Sekina auhiilgus oli alla tulnud. Ma olin nii õnnelik ja mõistsin, et Issand Jeesus oli minu pingutustega rahul.

Ma tahan alati otsida Jumalalt Tema juhatust, et kasutada oma aega parimal viisil, et anda Temale au. Ükski olukord ei saa meid takistada Tema teenimist. Selle CD andsin vabalt inimestele ja laadisin üles ka oma https://waytoheavenministry.org

Kes lahutab meid Kristuse armastusest, kas viletsus või ahastus või tagakiusamine või nälg või alastisus või häda või oht või mõõk? Nagu on kirjutatud: "Sinu pärast meid tapetakse kogu päeva; meid peetakse nagu lambaid tapmiseks. Jah, me oleme kõigis neis asjades rohkem kui võitjad tema läbi, kes meid armastas. Sest ma olen veendunud, et ei surm ega elu, ei inglid, ei vürstiriigid ega võimud, ei praegused ega tulevased, ei kõrgus ega sügavus ega ükski muu olend ei suuda meid lahutada Jumala armastusest, mis on Kristuses Jeesuses, meie Issandas.". (Rooma 8:35-39)

24. peatükk

Uuring, mis uurib

Mitmel korral oli mul võimalus anda piiblitunde ka teistes keeltes kui inglise keeles. Jumala Sõna õpetamisel ei suutnud nad leida õiget pühakirja. Kasutasin alati King Jamesi versiooni. Kuid mõnel neist olid erinevad Piibli versioonid ja keeled.

Ühel õhtul õpetasin ma ühe Jumala, monoteismi (mono tuleb kreeka sõnast monos ja theos tähendab Jumalat) kohta ja ma lugesin 1. Johannese 5:7. Kui nad otsisid seda kirjakohta oma Piiblist, ei leidnud nad seda. Nüüd oli pärast südaööd, nii et ma arvasin, et nad ei saanud aru, mida nad lugesid, ja kui me inglise keelest nende keelde tõlkisime, ütlesid nad, et seda ei ole meie Piiblis.

*Sest kolm on need, kes taevas kirjutavad, Isa, Sõna ja Püha Vaim, ja need **kolm on üks**. (1. Johannese 5:7)*

*Ma olin šokeeritud. Nii et me otsisime teise pühakirja. (1. Timoteuse 3:16, "**Jumal** ilmutas end lihas".*

Nende piiblis oli kirjas: *"Ta ilmus kehas"* (kõigis Aleksandria rikutud käsikirjast tõlgitud piiblites on see vale. Roomakatoliku Vulgata, Guajarati Piibel, NIV Piibel, hispaania ja teised kaasaegsed Piibli versioonid).

{ΘC=Jumal} kreeka keeles, kuid kui ΘC-st eemaldada väike joon, muutub "Jumal" {OC = "kes" või "ta"} kelleks, millel on kreeka keeles teine tähendus. Tegemist on kahe erineva sõnaga, sest "ta" võib tähendada ükskõik keda, kuid Jumal räägib Jeesusest Kristusest lihaks saanud inimesest.

Kui lihtne on võtta ära Jeesuse Kristuse jumalus!?!?!

Ilmutusraamat 1:8

KJV: Mina olen alfa ja oomega, algus ja lõpp, ütleb Issand, kes on ja kes oli ja kes tuleb, Kõigeväeline.

NIV tõlge: "Mina olen alfa ja oomega, ütleb Issand Jumal ,kes on ja kes oli ja kes tuleb, kõikvõimas".

(Gujarati Piibel, NIV ja teised tõlked on eemaldanud "algus ja lõpp")

Ilmutusraamat 1:11

KJV: Ja mida sa näed, kirjuta raamatusse ja saada see seitsmele kogudusele, mis on Aasias, Efesosele, Smürnale, Pergamusele, Tiatirale, Sardiasse, Filadelfiasse ja Laodikeale (Ilmutus 1:11).

NIV: 1:11 "Kirjuta rullile, mida sa näed, ja saada see seitsmele kogudusele: Efesosele, Smyrnale, Pergamole, Tiatrale, Sardesele, Filadelfiasse ja Laodikeale."

(Kaasaegsed Piibli versioonid, Guajarati ja NIV Piibel on kõik eemaldanud Mina olen Alpha ja Omega, esimene ja viimane.)

Ma ei suutnud tõestada, et nende Piibli järgi on "üks Jumal".

Minu õpetus võttis kaua aega ja nende üllatuseks ei suutnud ma neile Piiblist pühakirjalisi tõendeid tuua, et on olemas üks Jumal. See käivitas mind põhjalikult uurima.

Ma mäletan, et Paulus ütles: *Sest ma tean seda, et pärast minu lahkumist tulevad teie keskele kurjad hundid, kes ei säästa karja. (Apostlite teod 20:29)*

Apostel Johannes, kes oli Kristuse viimane säilinud jünger, andis meile ühes oma kirjas hoiatuse:

Armsad, ärge uskuge igat vaimu, vaid katsuge vaime, kas need on Jumalast, sest palju valeprohvetid on läinud maailma. Sellest tunnete te Jumala Vaimu: Iga vaim, kes tunnistab, et Jeesus Kristus on tulnud lihaks, on Jumalast: Ja iga vaim, kes ei tunnista, et Jeesus Kristus on tulnud lihaks, ei ole Jumalast; ja see on see antikristuse vaim, millest te olete kuulnud, et see peab tulema, ja juba praegu on see maailmas. (1. Johannese 4:1-3)

Ma tahaksin jagada seda fakti, mille ma leidsin, otsides tõde "Jumala Sõna" rikutamisest.

Aleksandria käsikiri oli võltsitud versioon algsest tõelisest Piibli käsikirjast. Nad eemaldasid algsest käsikirjast palju sõnu, nagu Soodomit, põrgu, veri, Jeesuse Kristuse loodud, Issand Jeesus, Kristus, Alleluuia ja Jehoova, koos paljude teiste sõnade ja salmidega.

Aleksandria Egiptuses ei olnud kirjatundjatel, kes olid antikristused, ilmutust ühest tõelisest Jumalast, sest Piiblit muudeti algsest käsikirjast. See rikkumine algas esimesel sajandil.

Alguses kirjutati kreeka ja heebrea piiblid papüürusekäärudele, mis olid kergesti riknevad. Seega kirjutasid nad iga 200 aasta tagant 50 eksemplari erinevates riikides käsitsi, et säilitada neid veel 200 aastat.

Seda praktiseerisid meie esiisad, kellel oli originaalkäsikirja tõeline koopia. Sama süsteemi võtsid kasutusele ka Aleksandrlased, et säilitada ka rikutud käsikirja.

AD alguses võtsid piiskopid positsiooni ja tõid korruptsiooni järk-järgult aastatel 130-444 AD. Nad lisasid ja lahutasid kreeka ja heebrea keele käsikirja originaaleksemplarist. Kõik järgmised piiskopid kinnitasid, et nad said sõnumeid otse Jeesuselt ja ei peaks pöörama tähelepanu apostlitele, jüngritele, prohvetitele ja õpetajatele. Ja kõik piiskopid väitsid ka, et nad on ainsad valgustunud.

Aleksandria piiskop Origenes (185-254 pKr): Tertullianus oli korrumpeerunud piiskop, kes lisas rohkem pimedust. Ta suri umbes 216 pKr. Klemens võttis üle ja oli Aleksandria piiskop. Kirillos, Jeruusalemma piiskop, sündis aastal 315 ja suri aastal 386 pKr. Augustinus, Hippo piiskop, katoliikluse rajaja, sündis 347. aastal ja suri 430. aastal pKr. Ta kõrvaldas inimesed, kes uskusid tõeliselt Jumala Sõnasse. Krüsostomos oli teine Konstantinoopoli piiskop, kust sai alguse moonutatud versioon. Ta sündis 354. aastal ja suri 417. aastal pKr. Aleksandria püha Kirill sai piiskopiks 412. aastal ja suri 444. aastal pKr.

Need piiskopid rikkusid tõelist käsikirja ja meie esiisad, kes teadsid, kus ja kuidas algne käsikiri oli rikutud, lükkasid selle tagasi.

See korruptsioon algas siis, kui Paulus ja Johannes olid veel elus. Aleksandrlased ignoreerisid Jumala sõna ja kehtestasid Nikaia aastal 325 pKr. õpetuse Kolmainsusest. Nikaia on tänapäeva Türgi ja Piiblis on see tuntud kui Pergamum.

Ja ***Pergamumi*** *koguduse inglile kirjuta: Seda ütleb see, kellel on terav kahe teraga mõõk: Ma tean sinu tegusid ja seda, kus sa elad, isegi* ***seal, kus on saatana asukoht****, ja sa hoiad kinni minu nimest ega eita minu usku, isegi neil päevil, mil Antipas oli minu ustav märtri, kes tapeti teie seas, kus elab saatan. (Ilmutus 2:12-13.)*

Nicaea

Aastal 325 pKr. kõrvaldas Saatan Jumala ühtsuse ja lisandus Kolmainsus ning Jumal jagunes. Nad võtsid ristimisvormelist välja nime "Jeesus", lisades Isa, Poja ja Püha Vaimu.

Varas ei tule, vaid varastama, tapma ja hävitama; mina olen tulnud, et neil oleks elu ja et neil oleks seda rohkem. rohkesti (Jh 10:10.)

Pergamum (hiljem Nikaia ja nüüd Türgi) on linn, mis on ehitatud 1000 jalga üle merepinna. Selle paiga ümber kummardatakse nelja erinevat jumalat. Peajumal oli Asklepios, kelle sümboliks on madu.

Ilmutus ütleb:

Ja suur ***lohe*** *heideti välja, see vana* ***madu****, keda kutsutakse kuradiks ja saatanaks, kes petab kogu maailma; ta heideti välja maa peale ja tema inglid heideti välja koos temaga (Ilmutus 12:9).*

Ja ta haaras kinni lohe, selle vana ***madu****, mis on kurat ja saatan, ja sidus teda tuhandeks aastaks (Ilmutus 20:2).*

Selles templis oli palju suuri madusid; ka selle piirkonna ümber oli tuhandeid madusid. Inimesed tulid Pergamumi templisse tervenemist otsima. Asklepioseks kutsuti tervendamise jumalat ja ta oli nelja jumala seas peajumal. Kuna teda nimetati tervendamisjumalaks, võeti selles kohas kasutusele ravimtaimed ja ravimid tervendamiseks. Et ta saaks eemaldada triibud ja Jeesuse nime tervendamiseks. Tema plaan on asuda Jeesuse asemele ja kõrvaldada Kristus kui Päästja, sest ka tema väitis end olevat päästja. Tänapäeva meditsiiniteadus võttis madu sümboli Asklepioselt (madu).

Piibel ütleb:

*Teie olete minu tunnistajad, ütleb Issand, ja minu sulane, kelle ma olen valinud, et te tunneksite ja usuksite mind ja mõistaksite, **et mina olen see**: enne mind ei ole olnud ühtki Jumalat, ega ole ka pärast mind. Mina, mina olen Issand, ja minu kõrval ei ole ühtegi **päästjat**. (Jesaja 43:10-11)*

See on koht, kus Saatan rajas kolmainsuse.

Täna on nad leidnud Aleksandria käsikirja originaaleksemplari, rõhutades sõna ja pühakirja, et eemaldada originaalist tõelist heebrea ja kreeka käsikirja. See tõestab, et nemad olid need, kes rikkusid Jumala tõelist sõna.

Pime ajastu tuli lihtsalt tõe eemaldamisega ja Piibli tõelise dokumendi muutmisega.

Jumala sõna on mõõk, valgus ja tõde. Jumala sõna püsib igavesti ja igavesti.

NIV Piibel, kaasaegne Piibel ja paljud teised piiblikeeled on tõlgitud vana Aleksandria vigastatud koopiast. Nüüd on enamik teisi Piibli koopiaid pärit NIV versioonist ja tõlgitud teistesse keeltesse. Saatana Piibli ja NIV Piibli kopeerimisõigus kuulub mehele nimega Rupert Murdoch.

Kui kuningas James võttis 1603. aastal neitsi kuninganna Elizabethi järel võimu üle, võttis ta ette projekti tõlkida Piibel algupärasest heebrea ja kreeka käsikirjast. Selle projektiga tegelesid paljud heebrea, kreeka ja ladina teoloogid, õpetlased ja inimesed, kes olid teiste silmis väga lugupeetud. Arheoloogid on leidnud vanu tõelisi originaalseid heebrea ja kreeka käsikirju, mis on 99% ulatuses kooskõlas KJV Piibliga. Üks protsent on väiksemad vead, nagu näiteks kirjavahemärgid.

Kiitus Jumalale! KJV on üldkasutatav ja igaüks võib kasutada KJV Piiblit, et seda oma emakeelde tõlkida. Minu ettepanek on, et me peame tõlkima KJV Piiblist, kuna see on üldkasutatav ja kõige täpsem Piibel.

Eemaldades tõe algupärasest Piiblist, kadus nimi "Jeesus Kristus", mis on vägi, mis vabastab inimesed.

See põhjustas paljude konfessioonide tekkimise. Nüüd mõistate, miks Piibel ütleb, et ärge lisage ega lahutage.

Rünnak on suunatud kehastunud Ühele Jumalale.

Piibel ütleb.

Ja Issand on kuningas kogu maa peal; sel päeval on üks Issand ja tema nimi üks. (Sakarja 14:9)

Tema nimi on JEESUS!!!

25. peatükk

Elu muutvad isiklikud iseloomustused

Tervitused Jeesuse nimel:

Need isiklikud "elu muutvad" tunnistused on lisatud julgustuseks Kõigeväelise Jumala väe kohta. Ma loodan siiralt, et teie usk suureneb neid inspireerivaid tunnistusi lugedes, mis pärinevad alandlikelt usklikelt ja vaimulikelt, kellel on kutsumus ja kirg Jumala vastu. "Tunne Teda Tema armastuse läheduses, usu, palve ja Jumala Sõna kaudu." Teadus ja meditsiin ei suuda neid imesid seletada ega need, kes väidavad end olevat targad, mõista Jumala asju.

Ja ma annan sulle pimeduse ***aarded*** *ja salajaste paikade varjatud rikkused, et sa teaksid, et mina, Issand, kes sind nimepidi kutsub, olen Iisraeli Jumal. (Jesaja 45:3)*

"See on usu käik, mida ei saa lahterdada ja mida ei kujutata ette."

"Targad on häbenenud, nad on ehmunud ja võetud; vaata, nad on Issanda sõna tagasi lükanud ja mis tarkus on neis?" (Jeremija 8:9)

"Häda neile, kes on targad oma silmis ja arukad oma silmis!"
(Jesaja 5:21)

"Sest teie, vennad, näete oma kutsumust, kuidas ei ole palju tarku mehi liha järgi, ei palju vägevaid, ei palju õilsaid, kes on kutsutud: Aga Jumal on valinud maailma rumalad asjad, et segi ajada targad; ja Jumal on valinud maailma nõrgad asjad, et segi ajada vägevad asjad." (1Korintlastele 1:26-27)

Kutsu mind, ja ma vastan sulle ja näitan sulle suuri ja vägevaid asju, mida sa ei tea. (Jeremija 33:3)

Minu siiras tänu kuulub neile, kes on panustanud oma isiklikke tunnistusi ja aega sellesse raamatusse Jumala auks.

Jumal õnnistagu teid
Elizabeth Das, Texas

Inimeste tunnistused

Kõik tunnistused antakse vabatahtlikult, et anda Jumalale au, au kuulub ainult Jumalale.

Terry Baughman, pastor
Gilbert, Arizona, U.S.A.

Elizabeth Das on mõjukas naine. Apostel Paulus ja tema misjonikaaslane Silas sattusid jõe äärес Thyatira lähedal asuvasse naiste palvegruppi. Just sellel palvekogunemisel kuulis Lydia Pauluse ja Silase õpetust ning nõudis seejärel, et nad oma teenistuse ajal selles piirkonnas tema majja elama jääksid. (Vt Apostlite teod 16:13-15.) Selle naise külalislahkus ja... teenistus on kirja pandud pühakirjas, et seda mäletatakse igaveseks ajaks.

Elizabeth Das on selline Jumala naine, nagu mõjukas naine Lydia Apostlite tegude raamatus. Oma töökuse ja kirega on ta viinud teisi tõe tundmaõppimisele, koordineerinud palverühmi ja olnud vahendiks evangeeliumi teenijate saatmisel oma kodumaale Gujaratisse, Indiasse... Kui ma esimest korda Elizabeth Dasist kuulsin, olin ma õpetaja ja akadeemiline dekaan Christian Life College'is Stocktonis, Californias. Daryl Rash, meie misjonidirektor, rääkis mulle tema heast tööst, kui ta palus vaimulikke minna Ahmadabadisse, Indiasse, õpetama ja jutlustama konverentsidel, mida sponsoreerib pastor Jaiprakash Christian and Faith Church, üle 60 koguduse grupp Gujarati osariigis, Indias. Ta helistas Christian Life College'ile, paludes kõnelejaid eelseisval konverentsil India kogudustele. Me saatsime kaks oma juhendajat, et nad õpetaksid ja jutlustaksid konverentsil. Järgmisel korral helistas Elizabeth Das; Daryl Rash küsis minult, kas ma tahaksin minna õpetama ühele konverentsile. Ma läksin hea meelega ja hakkasin kohe ettevalmistusi reisiks tegema. Teine juhendaja, Brian Henry, saatis mind ja jutlustas konverentsil öiseid jumalateenistusi. Sel ajal olin ma Christian Life College'i tegevdirektor ja täiskohaga õppejõud, nii et me korraldasime asendajaid oma tundide ja muude kohustuste jaoks ning lendasime poole maailma taha, et jagada oma teenistust Lääne-Indias asuva Gujarati imelise rahvaga. Minu teisel reisil Gujarati 2008. aastal oli minuga kaasas mu poeg, kes koges Anandis toimunud Vaimu ja Tõe konverentsil elu muutvat sündmust. Ümber maailma lendamine ja nendel konverentsidel ja teenistusreisidel osalemine on kulukas ettevõtmine, kuid tasu ei saa mõõta rahalises väärtuses. Minu poeg tegi sellel India reisil uue pühendumuse Issandale, mis on muutnud tema elu suunda. Nüüd juhib ta jumalateenistusi ja on muusikajuht koguduses, kus ma nüüd teenin pastorina Gilbertis, Arizonas. Indias toimuv teenistus ei õnnista mitte ainult inimesi, vaid ka neid, kes sinna lähevad, õnnistatakse samuti, mõnikord üllataval viisil.

Elizabeth Dasi mõju on sõna otseses mõttes tunda kogu maailmas. Ta ei ole mitte ainult abiks Ameerika Ühendriikide ministrite saatmisel Indiasse, vaid tal on ka kirglik soov tõlkida materjale oma kodukeelde, gujarati keelde. Kui ma olen temaga telefonitsi rääkinud, otsib ta pidevalt uusi viise, kuidas evangeeliumi tõde jagada. Ta on aktiivne palvetöötaja ja otsib aktiivselt viise, kuidas teenida piiblitundide kaudu nii trükis kui ka internetis oma YouTube'i salvestuste kaudu. Elizabeth Das on elav näide sellest, mida üks inimene võib teha, et muuta maailma läbi kirglikkuse, visaduse ja palve.

Veneda Ing
Milan, Tennesee, Ameerika Ühendriigid.

Ma elan väikelinnas Lääne-Tennessees ja kuulun kohalikku nelipühi kirikusse. Mõned aastad tagasi osalesin St. Louis'is, MO-s toimunud palvekonverentsil ja kohtasin seal naist nimega Tammy ning me saime kohe sõpradeks. Kui me üksteist tundma õppisime, rääkis ta mulle palverühmast, kuhu ta kuulus ja mida juhtis õde Elizabeth Das oma kodust Texasest. Selles väikeses rühmas olid inimesed erinevatest Ameerika Ühendriikide osadest, kes osalesid telefonikonverentsi teel.

Kui ma koju tagasi tulin, hakkasin palverühma helistama ja Jumal õnnistas mind kohe. Olin kirikus olnud umbes 13 aastat, kui ma selle grupiga liitusin, nii et palve ei olnud midagi uut; aga "Kokkulepitud palve" jõud oli hämmastav! Hakkasin kohe saama tulemusi oma palveavaldustele ja kuulasin iga päev ülistusraporteid. Mitte ainult minu palveelu ei kasvanud, vaid ka minu Jaili teenistus kasvas koos teiste Vaimu andidega, millega Jumal mind õnnistas. Ma ei olnud sel hetkel veel kunagi kohtunud õde Dasiga. Tema suur soov palvetada ja aidata teistel kasutada endas peituvaid andeid, hoidis mind alati tagasi tulemas. Ta on väga julgustav ja väga julge, ta ei karda asju kahtluse alla seada ja kindlasti ei karda öelda, kui ta tunneb Jumalalt, et midagi on valesti. Jeesus on alati tema vastus. Kui mul avanes võimalus tulla Texasesse, et osaleda õde Das'i kodus toimuval erilisel palvekohtumisel, olin ma väga innukas minema.

Istusin lennukisse ja olin paari tunni pärast Dallas-Ft. Worthi lennujaamas, kus me kohtusime esimest korda üle aasta kestnud ühise palve ajal.

Tuttav hääl, kuid tundus, nagu oleksime teineteist juba aastaid tundnud. Teised tulid ka teistest osariikidest, et sellele kohtumisele ühineda.

Kodune palvekoosolek oli midagi, mida ma polnud kunagi varem kogenud. Ma olin nii elevil, et Jumal lubas mind kasutada teiste heaks. Selle koosoleku ajal nägime paljusid selja- ja kaelaprobleemidest paranenud. Me nägime ja kogesime, kuidas jalad ja käed kasvasid ja nägime, kuidas keegi paranes diabeedist koos paljude teiste imede ja elu muutvate sündmustega, nagu näiteks deemonite väljaajamine. See jättis mind veelgi enam soovida Jumala asju ja Teda kõrgemalt tundma õppida. Lubage mul siinkohal hetkeks peatuda ja lisada, et Jumal tegi need imed Jeesuse ja ainult Tema nimel. Jumal kasutab õde Das'i, sest ta on valmis aitama ja õpetama teisi, et nad õpiksid, kuidas lasta Jumalal ka neid kasutada. Ta on kallis sõber ja mentor, kes on õpetanud mind olema rohkem vastutav Jumala ees. Ma tänan Jumalat, et meie eluteed on ristunud ja meist on saanud palvepartnerid. Ma ei teadnud kunagi, milline on palve tõeline jõud 13 aasta jooksul, mil ma elasin Jumala heaks. Ma julgustan teid moodustama ühtset palverühma ja lihtsalt vaatama, mida Jumal teeb. Ta on hämmastav Jumal.

Diana Guevara
California El Monte

Kui ma sündisin, kasvatati mind oma pere katoliku usku. Vanemaks saades ma oma usku ei praktiseerinud. Minu nimi on Diana Guevara ja väikese tüdrukuna teadsin alati, et peaksin midagi tundma, kui käin kirikus, aga ma ei teinud seda kunagi. Minu rutiiniks oli palvetada "Meie Isa" ja "Ave Maria", nagu mulle väiksena õpetati. Tõde on see, et ma tegelikult ei tundnud Jumalat. 2007. aasta veebruaris sain teada, et mu 15 aastat kestnud poiss on vahekorras ja et ta on erinevatel internetipõhistel tutvumissaitidel. Olin nii haavatud ja laastatud, et sattusin depressiivsesse seisundisse, kus ma lamasin diivanil ja nutsin kogu aeg. Olin nii südamevalu, et kaotasin 21 päevaga 25 kilo, sest tundsin, et mu maailm on lõppenud. Ühel päeval helistas mulle õde Elizabeth Das, naine, keda ma ei olnud kunagi kohanud. Ta julgustas mind ja palvetas minu üle ning tsiteeris mulle pühakirju Piiblist. Kaks kuud rääkisime ja ta jätkas minu üle palvetamist ning iga kord tundsin Jumala rahu ja armastust. 2007. aasta aprillis ütles mulle miski, et ma pean minema Texasesse, õde Elizabethi koju. Ma tegin broneeringu ja olin teel Texase poole viieks päevaks. Selle aja jooksul oli Sis. Elizabeth ja mina palvetasime ja pidasime Piibliõpetust. Ta näitas mulle pühakirjakohti Jeesuse nimes ristimise kohta. Esitasin palju küsimusi Jumala kohta ja teadsin, et pean end võimalikult kiiresti Jeesuse Nimeseks ristima. Pärast ristimist teadsin siis, et see oli põhjus, miks ma tundsin tungivat vajadust minna Texasesse. Olin lõpuks leidnud selle, millest mul lapsena puudus, nimelt Kõigeväelise Jumala kohalolu! Kui ma Californiasse tagasi tulin, hakkasin käima Life Churchis.

See on koht, kus ma sain Püha Vaimu ande koos keelekümblustega kõnelemise tunnistusega. Võin tõesti öelda, et tõe ja religiooni vahel on vahe. Jumala armastuse kaudu kasutas ta õde Elizabethi, et õpetada mulle Piibliõpetust ja näidata mulle Jumala Sõna kohast päästeplaani. Ma olin sündinud religiooni ja see oli kõik, mida ma teadsin, ilma et oleksin ise Piiblit uurinud. Kuna mulle on õpetatud palveid kordama, ei ole minu palved nüüd kunagi rutiinsed ega igav. Ma armastan rääkida Issandaga. Ma teadsin alati, et Jumal on olemas, kuid ei teadnud siis, et ma võin ka Tema kohalolekut ja armastust tunda, nagu ma seda praegu teen. Ta mitte ainult ei ole minu elus kohal, vaid Ta on andnud mulle rahu ja parandanud mu südant, kui ma arvasin, et mu maailm on lõppenud. Issand Jeesus on andnud mulle Armastuse, millest mul oli alati puudus minu elus. Ma ei suuda kunagi ette kujutada oma elu ilma Jeesuseta, sest ilma Temata ei ole ma midagi. Kuna Ta on täitnud tühjad kohad minu südames oma armastusega, elan ma Temale ja ainult Temale. Jeesus on kõik ja Ta võib tervendada ka sinu südant. Ma annan kogu au ja au ainult meie Issandale Jeesusele Kristusele.

Jairo Pina Minu tunnistus

Minu nimi on Jairo Pina ja ma olen praegu 24-aastane ja elan Dallasis, TX. Kasvades üles, minu pere ja mina käime kirikus ainult umbes kord aastas, uskudes katoliku usku. Ma teadsin Jumalast, kuid ei tundnud Jumalat. Kui olin 16-aastane, diagnoositi mul paremas säärekaelas pahaloomuline kasvaja, mida nimetatakse osteosarkoomiks (luuvähk). Ma läbisin aasta aega keemiaravi ja operatsioone, et selle vastu võidelda. Selle aja jooksul on mul varaseim mälestus sellest, kuidas Jumal mulle ennast ilmutas. Ta vedas mind koos ühe sõbra ja tema emaga sellesse väikesesse hoonesse Garlandis, TXis. Minu sõbra ema oli sõbranna ühe kristliku paariga, kes viis meid ühe pastori juurde, kes oli Aafrika päritolu. Hiljem avastasin, et sellel pastoril oli prohveti and.

Pastor kuulutas inimestele, kes meiega koos sellesse väikesesse hoonesse läksid, kuid see, mida ta kuulutas mulle, jäi mulle igaveseks meelde. Ta ütles: "Vau! Sul saab olema suur tunnistus ja tuua sellega palju inimesi Jumala juurde!". Ma olin skeptiline ja lihtsalt kehitasin õlgu, teadmata tõeliselt, mis mu elus hiljem juhtub. Fast forward umbes 2 aastat pärast seda, kui ma lõpetasin oma esimese võitluse vähiga, ma retsidiivi umbes samas kohas, nagu eelnevalt mainitud. See äärmiselt laastas mind sellest, sest mul oli rohkem plaanitud keemiaravi ja mul oli vaja amputeerida oma parem jalg. Ma võtaksin palju aega, kui ma oleksin selle aja ümber omaette, lootuses, et valmistan ennast vaimselt ette. Ühel päeval parkisin järve äärde ja hakkasin südamest Jumala poole palvetama. Ma ei teadnud, mida see palvetamine tegelikult tähendab, nii et ma lihtsalt hakkasin temaga rääkima sellest, mis oli mu mõtetes ja südames. Ma ütlesin: "Jumal, kui sa oled tõeliselt ehtne, siis näita mulle & kui sa minust hoolid, siis näita mulle".

Umbes 15 minutit hiljem läksin LA Fitnessi jõusaali liikmemaksu tühistama, kus ma nägin üht oma sõpra tööl käimas. Selgitasin talle, miks ma oma liikmesuse tühistan, ja ta küsis, miks ma tahan tühistada. Siis ütles ta: "Mees, sa peaksid minema minu kirikusse. Ma olen seal näinud palju imesid ja inimesi terveks saada". Mul polnud midagi kaotada, nii et ma hakkasin minema. Ta hakkas mulle näitama Apostlite tegude raamatu salme ristimise ja Püha Vaimuga täitumise kohta. Ta rääkis mulle kogu keelekümbluses rääkimisest, mida ma pidasin imelikuks, kuid ta suunas mind piiblitõendite juurde. Järgmine asi, mida ma teadsin, oli see, et ma olin tema koguduses, kui nad küsisid, kes tahaksid oma elu Kristusele üle anda ja end ristida. Lähenesin kantslile, kui pastor pani oma käe mu pea kohale. Ta hakkas minu eest palvetama ja ma hakkasin samal päeval, kui nad mind ristisid, keeltes rääkima. See maandus minu uuestisündimise kogemuse märgiks, teadmata, et ma olin nüüd vaimulikus sõjas.

Isegi pärast seda kogemust hakkasid mind ründama ja Jumalast eemale tõmbama. Tahaksin ka mainida, et juba enne minu ristimist ründasid mind vaimulikult deemonid ja kuulsin isegi kuuldavasti mõnda neist. Ma kuulsin, kuidas üks naeris lapse häälega mu akna taga kell 3 öösel, üks naeris, kui ta mind seksuaalselt puudutas, ja üks ütles mulle, et ta viib mind põrgusse. On veel mõned rünnakud, mida ma olen kogenud, kuid need on need, mis kõige rohkem välja paistavad. Nüüd tagasi sinna, kus ma lõpetasin Jumalast eemale tõmbamise kohta. Mul oli suhe tüdrukuga, kes mind lõpuks pettis ja murdis mu südame tükkideks. Olime koos umbes aasta ja see lõppes traagiliselt. Kuna ma püüdsin tühjusega toime tulla, hakkasin jooma ja suitsetama. Siis hakkasin pisarates Jumalat paluma, et ta aitaks mind ja tooks mind uuesti tema lähedale. Ma tõesti mõtlesin seda ja hakkasin kogema Jumala halastust, teadmata, mis see tegelikult on.

Hakkasin jälle koos oma sõbra ja tema emaga kirikusse minema, kus mind ristiti nelipühi kirikus. Siis hakkasid minu teadmised Piiblist tohutult kasvama. Ma käisin läbi põhikursused ja õppisin nii palju Jumala Sõna lugedes. Minu sõbra ema andis mulle lõpuks Elizabeth Dasi raamatu "Ma tegin seda Tema viisil", öeldes mulle, et see on mõjukas raamat tema käimisest Jumalaga. Kui ma raamatu valmis lugesin, märkasin, et tema e-posti aadress oli seal kirjas. Võtsin ühendust Elizabethiga ja mu sõbra ema rääkis talle ka minust. Hakkasin temaga telefoni teel rääkima ja lõpuks kohtusin temaga isiklikult. Pärast seda, kui ma temaga kohtusin, märkasin, et ta tõesti armastab ja rakendab Jumala Sõna oma elus. Ta on pannud käed haigetele ja palvetab paljude inimeste eest omal ajal. Pean teda oma vaimulikuks mentoriks, sest ta on õpetanud mulle nii palju Jumalast ja Tema sõnast, mille eest ma olen väga tänulik. Ma ütleksin, et meist on isegi saanud sõbrad ja me jätkame üksteise kontrollimist tänaseni.

2017. aasta jaanuaris oli mul korteri üürileping, mis kuulus ülikoolile, kus ma käisin. Tegelikult püüdsin finantsprobleemide tõttu saada kedagi, kes võtaks mu üürilepingu üle. Ma ei töötanud ja mul ei olnud raha, et jätkata korteri üüri maksmist. Kahjuks ei suutnud ma leida kedagi, kes mu üürilepingu üle võtaks, mis oleks jätnud mulle vastutuse üüri jätkuvaks maksmiseks. Ma helistasin Elizabeth Dasile, nagu ma sageli teen, et palvetada selle lepingu puhtaks murdmise küsimuse üle. Sama aasta jaanuaris tehti mulle rindkere kompuutertomograafia, mis näitas, et mul on kopsu paremas alumises kopsuklobusesse tekkinud plekk. Ma pidin läbima operatsiooni, et eemaldada skaneerimisel näidatud laik, mis osutus pahaloomuliseks. Kuigi see oli jube, sain selle tõttu samal kuul korteri üürilepingust lahti. Öeldakse, et Jumal tegutseb salapäraseid teid, nii et ma usaldasin teda selles, mis juhtus. Selle aja jooksul tegin ma oma eeltingimusi, lootes lõpetada ja saada vastu võetud meditsiiniõppekooli. Elizabeth palvetas minu eest, et ma saaksin hea töö ja pääseksin õenduskooli vastavalt Jumala tahtele minu elu jaoks.

Umbes kolm kuud hiljem oli mul kavas teha veel üks rindkere kompuutertomograafia, et näha, kas minuga on kõik korras. Kuid skaneerimine näitas minu kopsus veel ühte kohta, mis oli sama lähedal, mis oli seal 2017. aasta jaanuaris. Onkoloog ütles, et tema arvates on see vähk taas tagasi tulemas ja me peame selle operatsiooni teel eemaldama. Ma ei suutnud uskuda, et see toimub. Ma arvasin, et see oli minu jaoks kõik. Ma rääkisin sellest Elizabethile ja nii paljud teised inimesed hakkasid sel ajal minu eest palvetama. Kuigi see toimus, oli mul ikkagi pisut usku, et kõik saab korda ja et Jumal hoolitseb minu eest. Mäletan, kuidas ma ühel päeval öösel sõitsin ja palusin Jumalat : "Kui sa mind sellest segadusest välja saad, siis luban ma jagada seda, mida sa minu heaks oled teinud, ka teistega".

Mõni nädal hiljem läksin operatsioonile ja nad eemaldasid suurema läbimõõduga kopsu parema alumise lüli. Elizabeth ja tema sõber tulid isegi haiglasse, et panna mulle käed külge ja palvetada, et Jumal tooks mulle tervenemise. Umbes kaks nädalat hiljem pärast operatsiooni läksin tagasi haiglasse, et saada oma tulemusi. Rääkimata sellest, et ma otsisin ikka veel tööd haiglas, et parandada oma võimalusi saada selle aja jooksul meditsiiniõppesse. Kui ma samal päeval pöördusin registreerimislaua poole, et saada oma operatsiooni tulemusi, küsisin, kas nad võtavad tööle. Üks juht oli seal ees, kui ma registreerisin, ja andis mulle oma andmed, et ma annaksin talle teada, kui ma oma avalduse internetis esitan. Järgmine asi, mida te teate; ma ootasin toas, et onkoloog ilmuks minu tulemustega kohale. Olin äärmiselt närviline ja kartsin, mida ta mulle ütleb.

Onkoloog tuli tuppa ja esimene asi, mida ta ütles, oli: "Kas keegi on teile juba oma tulemusi öelnud?". Ütlesin talle, et ei, ja tahtsin, et ta lihtsalt paneks minu võimalused lauale, mida ma pean edasi tegema. Seejärel ütles ta mulle: "Nii et teie tulemused näitasid, et see oli lihtsalt kaltsiumikogunemine, see ei ole vähk." Olin täiesti šokis, teades, et see oli Jumal, kes tegi seda minu jaoks. Läksin oma auto juurde ja hakkasin rõõmust nutma! Helistasin Elizabethile ja ütlesin talle head uudised. Me mõlemad tähistasime koos. Mõni päev hiljem toimus minuga intervjuu haiglas ja vaid nädal hiljem pakuti mulle tööd. Mõni nädal pärast seda, kui sain töökoha, võeti mind vastu õenduskooli. Au

Jumalale, et ta selle kõik kokku pani, sest sellest rääkimine teeb mulle ikka veel rõõmu.

Hetkel olen õenduskooli viimasel semestril ja lõpetan kooli 2019. aasta mais. Olen nii palju kogenud ja olen tänulik kõigi uste eest, mida Jumal on mulle avanud ja sulgenud. Ma olen isegi leidnud end suhtest teise ja ta on olnud mulle hämmastav, olles seal alates vähi metastaasi tekkimisest minu kopsus 2017. aasta jaanuaris kuni tänase hetkeni. Elizabeth on mulle nii palju õpetanud ja palvetanud minu eest palju kordi, mis näitab mulle palve ja käte panemise jõudu haigete peale. Lugeja, ma ei ole kuidagi erilisem kui sina. Jumal armastab teid võrdselt ja Jeesus Kristus on surnud teie ja minu pattude eest. Kui te otsite teda kogu südamest, siis leiate teda.

"Sest ma tean mõtteid, mida ma teie suhtes mõtlen, ütleb Issand, mõtteid rahu ja mitte kurja, et anda teile oodatud lõpp." "Sest ma tean, mida ma mõtlen teie suhtes, ütleb Issand, mõtteid rahu ja mitte kurja, et anda teile oodatud lõpp. Siis te hüüate mind ja lähete ja palvetate mind, ja ma kuulan teid. Ja te otsite mind ja leiate mind, kui te otsite mind kogu oma südamest." Jeremija 29:11-13 KJV.

Madalyn Ascencio
El Monte, California, Ameerika Ühendriigid.

Varem uskusin, et mees lõpetab mind. Kui ma armusin Jeesusesse, leidsin, et ainult Tema ja ainult Tema on see, kes mind täiendab. Ma olen loodud Teda kummardama ja jumaldama! Minu nimi on Madalyn Ascencio ja see on minu tunnistus.

2005. aasta märtsis hakkasin 3 aastat kannatama ärevuse ja paanikahoogude all. Käisin mitu korda haiglas ja kõik, mida nad pakkusid, olid antidepressandid ja Valium, kuid ma keeldusin sõltumast ravimitest, et end normaalselt tunda. Ma palvetasin, et Jumal aitaks mind. Ühel laupäeva hommikul 2008. aasta oktoobri keskel oli mul väga raske paanikahood, nii et ma helistasin õele Elizabethile. Ta küsis minult, mis toimub, ja palvetas minu eest. Kui ma tundsin end paremini, andis ta mulle mõned pühakirjad lugeda. Ma palvetasin ja palusin, et Jumal annaks mulle tarkust ja mõistmist. Kui ma pühakirju lugesin,

*Johannese 3:5-7: Jeesus vastas: "Tõesti, tõesti, tõesti, ma ütlen sulle: **kui keegi ei sünni veest ja Vaimust, ei saa ta Jumala riiki minna.** See, mis on sündinud lihast, on liha, ja see, mis on sündinud Vaimust, on vaim. Ärge imestage, et ma ütlesin teile: "Te peate uuesti sündima".*

Johannese 8:32: Ja te saate teada tõde, ja tõde teeb teid vabaks.

Johannese 10:10: Varas ei tule, vaid varastama, tapma ja hävitama; mina olen tulnud, et neil oleks elu ja et nad saaksid seda rikkalikumalt.

Ma teadsin, et Jumal räägib minuga. Mida rohkem ma palvetasin ja rääkisin õde Elizabethiga, seda enam teadsin, et pean end uuesti ristima. Ma olin nii palju palvetanud, et Jumal tõmbaks mind lähemale. Ma käisin aastatel 2001-2008 kristlikus mittekonfessionaalses koguduses ja 2007. aasta aprillis ristiti mind. Õde Elizabeth küsis minult, mida ma tundsin, kui mind ristiti, ja ma ütlesin talle" :Ma tundsin end hästi". Tema vastus oli "see ongi kõik"? Ta küsis, kas mind ristiti Jeesuse nimele ja ma ütlesin talle, et mind ristiti Isa, Poja ja Püha Vaimu nimele. Ta käskis mul lugeda ja õppida.

*Apostlite teod 2:38: Siis ütles Peetrus neile: "Tehke meeleparandus ja laske endid igaüks teist ristida **Jeesuse Kristuse nimesse pattude andeksandmiseks**, ja te saate Püha Vaimu andi.*

Apostlite teod 8:12-17: Aga kui nad uskusid Filippust, kes jutlustas Jumala kuningriigist ja Jeesuse Kristuse nimest, siis lasid nad end ristida, nii mehed kui naised. Siis uskus ka Siimon ise; ja kui ta oli ristitud, jäi ta Filippuse juurde ja imestas, nähes imetegusid ja tunnustähti, mis toimusid. Kui aga apostlid, kes olid Jeruusalemmas, kuulsid, et Samaaria oli Jumala sõna vastu võtnud, saatsid nad nende juurde Peetruse ja Johannese, kes, kui nad olid alla tulnud, palvetasid nende eest, et nad saaksid Püha Vaimu; (sest veel ei olnud ta langenud ühegi peale neist; ainult nad olid ***ristitud Issanda Jeesuse nimesse****.) Siis nad panid oma käed nende peale ja nad võtsid vastu Püha Vaimu.*

Apostlite teod 10:43-48: Tema kohta annavad kõik prohvetid tunnistust, et igaüks, kes temasse usub, saab tema nime kaudu pattude andeksandmise. Kui Peetrus veel neid sõnu rääkis, langes Püha Vaim kõigi peale, kes seda sõna kuulsid. Ja need, kes uskusid ümberlõikamisest, hämmastusid, nii paljud, kes tulid koos Peetrusega, sest ka paganate peale valati välja Püha Vaimu and. Sest nad kuulsid, kuidas nad kõnelesid keeltega ja ülistasid Jumalat. Siis vastas Peetrus: "Kas keegi võib keelata vett, et neid ei ristitaks, kes on saanud Püha Vaimu nii nagu meiegi?". Ja ta ***käskis neid ristida Issanda nimel.***

*Apostlite teod 19:1-6: Ja sündis, et kui Apollos oli Korintoses, tuli Paulus, kes oli läbinud ülemised alad, Efesosse; ja kui ta leidis mõned jüngrid, küsis ta neilt: "Kas te olete saanud Püha Vaimu, kuna te uskusite?". Ja nad ütlesid talle: "Me ei ole kuulnud, kas Püha Vaim on olemas. Ja ta ütles neile: "Milleks te siis olete ristitud? Ja nad ütlesid: "*Johannese *ristimisele". Siis ütles Paulus: "Johannes ristis tõesti meeleparanduse ristimisega, öeldes rahvale, et nad usuksid sellesse, kes tuleb pärast teda, see tähendab, Kristuse Jeesusesse. Kui nad seda kuulsid,* ***ristiti nad Issanda Jeesuse nimesse****. Ja kui Paulus oli pannud oma käed nende peale, tuli Püha Vaim nende peale; ja nad rääkisid keeltega ja prohvetlikult.*

Apostlite teod 22:16 Ja miks sa nüüd viivitad? tõuse ja lase end ***ristida ning pese ära oma patud, kutsudes Issanda nime.***

Issand näitas mulle, et Püha Vaim on ka minu jaoks kättesaadav ja kui ma lasen **end ristida Jeesuse nimes**, siis saan ma terveks ja vabanen sellest kohutavast kannatusest. Neil päevadel, kui asi oli väga halb, helistasin õde Elizabethile ja ta palvetas minu eest. Ma mõistsin, et mind ründab vaenlane, sest tema ülesanne on ju varastada, tappa ja hävitada, nagu on kirjas Johannese 10:10. Palju aastaid tagasi lugesin Efeslastele 6:10-18 ja mõistsin, et pean iga päev kandma kogu Jumala Relvastust. Iga kord, kui ma hakkasin tundma, kuidas ärevus mind vallutab, hakkasin ma võitlema, mitte kartma. 2. novembril 2008 ristiti mind Jeesuse nimesse Life Churchis, Pasadena, CA. Ma tundsin kõige hämmastavamat Rahu, mida ma pole kunagi varem tundnud, ja see oli enne, kui ma isegi vette läksin, et mind ristida. Kui ma veest välja tulin, tundsin end kergelt nagu sulg, nagu kõnniksin pilvedel, ja ma ei suutnud lõpetada naeratamist. Ma tundsin Jumala kohalolekut, rahu ja armastust nagu kunagi varem. 16. novembril 2008 sain ma Püha Vaimu andi, mis ilmnes teistes keeltes rääkimise kaudu. Tühjus, mida ma lapsest saadik alati tundsin, oli nüüd täidetud. Ma teadsin, et Jumal armastab mind ja et tal on minu elu jaoks suur eesmärk ning mida rohkem ma teda otsin ja palvetan, seda rohkem ilmutab ta ennast mulle. Jumal on näidanud mulle, et ma pean jagama oma usku, andma lootust ja armastust. Alates minu uuest apostlikust sünnist ja ärevusest vabanemisest on Jeesus toonud minu ellu palju inimesi, kes samuti kannatavad ärevuse all. Nüüd on mul oma tunnistuses teenistus, mida nendega jagada.

Ma olen Jeesusele väga tänulik õde Elizabeth Das'i eest. Tänu tema palvetele ja õpetusele töötan nüüd ka mina Jeesuse heaks. Samuti viis ta oma palvete ja teenistuse kaudu minu ema, tütre, tädi ja mõned sõbrad Issanda juurde. Mind loodi selleks, et anda Jeesusele kogu au! Õnnistatud olgu Tema Püha Nimi.

Martin Razo
Santa Ana, California, USA.

Lapsena elasin ma kurbuses. Kuigi mind ümbritsesid inimesed, tundsin end sügavalt üksildasena. Minu nimi on Martin Razo ja see oli minu lapsepõlv, kui ma üles kasvasin. Keskkoolis teadsid kõik, kes ma olen, isegi kui nad ei kuulunud minu arvates "lahedate inimeste" ringi. Mul oli paar sõbrannat, ma tarvitasin narkootikume ja elasin elu nii, nagu oleks see midagi normaalset, sest peaaegu kõik teised tegid seda.

Reede- ja laupäevaõhtuti tõmbasin sõpradega pilve ja käisin klubides tüdrukuid üles korjamas. Mu isa oli alati mu selja taga ja jälgis, mida ja kus ma tegin.

Peresõber Elizabeth jagas minuga oma tunnistust. See ei olnud igav, tegelikult oli see väga huvitav, mida ta rääkis. Ma arvasin, et ta tegelikult usub seda, mida ta räägib. Siis läks äkki kodus kõik viltu. Tundus, et Issand hoiatab mind ja kutsub mind läbi hirmu. Mul oli kolm väga hirmutavat kogemust, mis panid mind seda uskuma. Esiteks tabati mind narkootikumidega ja ma jooksin kodust ära, kuid mitte kauaks. Minu tädi sundis mind helistama emale ja pärast seda, kui kuulsin, et mu emal on diabeet, pöördusin koju tagasi. Teiseks tulin ööklubist kell 2:00 öösel ja sattusin autoõnnetusse, kus auto plahvatas ja lendas õhku. Olin sel ajal koos õde Dasiga piiblitunnis. Kolmandaks, ma palusin ühe sõbra, et ta mind sõidutaks ja kui me hakkasime rääkima, rääkis ta mulle, et ta on oma hinge kuradile müünud ja kuidas tal on võim, et lülitada tuled sisse ja välja. Ta demonstreeris seda mulle tänavavalguste abil, vilgutades silmi, et neid sisse ja välja lülitada. Ma nägin tema nägu justkui deemoniks muutumas. Hüppasin autost välja ja jooksin koju nii kiiresti kui võimalik. Tunde hiljem hakkasin mõtlema sellele, mida õde Elizabeth ütles, ja mõtlesin, et see peab olema ka reaalne. Õde Das andis mulle telefoni teel Piibliõpetuse Jeesuse nimesse ristimise kohta, nagu on räägitud Apostlite tegude raamatus ja varajases koguduses. Ta ei teadnud sel ajal minu enesetapukalduvusest, kuid miski ütles talle, et ma pean seda kohe kuulama, sest ta ei pruugi mind enam kunagi näha. Mind ristiti, kui ma käisin kirikus, mis uskus, et Jumal on kolmest isikust koosnev püha kolmainsus. Olin tegemas üleminekut sellest kirikust apostlite õpetusele. Jumal on üks! Jumal on Vaim, Jeesus oli Jumal, kes tuli lihaks, et elada inimeste seas, ja Püha Vaim on Jumal meis. See oli ja on apostlite õpetus. Ma olin nõustunud ainult sellega, mida mulle õpetati kui tõde. Ma ei teadnud, millal ja kust see uskumus pärineb.

Nädal hiljem palus õde Elizabeth mul minna oma onu juurde piiblitundidesse. Vend James Min, kellel on tervendamise ja vabastuse ande, tuli koos temaga. Sel õhtul toimusid imed ja pärast piiblitundi küsiti meilt, kas me tahame Püha Vaimu vastu võtta. Enamik meist ütlesid jah. Mina mõtlesin ikka veel, et see on hullumeelne ja võimatu, kuid astusin siiski edasi.

Kui vend James ja õde Elizabeth minu eest palvetasid, tuli minusse vägi. Ma ei teadnud, kuidas sellele võimsale rõõmutundele vastata. Kõigepealt surusin selle jõu tunnet maha. Siis tuli see teist korda võimsamalt kui esimesel korral, see muutus tugevamaks, kui ma püüdsin seda uuesti alla suruda.

Kolmandat korda ei suutnud ma Vaimu alla suruda ja hakkasin rääkima mõnes teises keeles, mida ma ei osanud. Ma arvasin, et keeltes rääkimine on valetamine, nii et kui Püha Vaimu rõõm esimest korda üle mind tuli; ma püüdsin rääkida, kuid püüdsin seda peatada, sest ma olin hirmul. Jeesus tervendas mind sel päeval kõigist depressioonist ja enesetapumõtetest.

Ma olen nüüd 28-aastane ja Issand on tõesti muutnud mu elu paremaks. Olen lõpetanud Piiblikooli ja Issand on mind õnnistanud kauni naisega. Meil on meie koguduses noorsootöö ja ma tegelen ka Jumala teenimisega. Õde Das ei ole kunagi loobunud Razo perekonnast ega minust. Tänu tema paljudele palvetele ja oma tunnistuste jagamisele Jumala väe kohta on kogu Razo perekonnale tulnud head. Paljud meie sugulased ja naabrid on samuti pöördunud Issanda Jeesuse Kristuse poole. Nüüd on mul tunnistus. Lubage mul öelda, et te ei tohi kunagi loobuda palvetamast lähedaste ja üldse inimeste eest. Te ei pruugi kunagi teada, mida Jumal teeb ja kuidas ta strateegiat, et saavutada see Tema viis!!!

Tammy Alford
Mägi. Herman, Louisiana, USA.

Ma olen põhimõtteliselt kogu oma elu olnud kirikus. Minu koormus on inimeste jaoks, kes on haiget saanud, ja ma tahan jõuda nende juurde tõe sõnaga, et nad teaksid, et Jeesus on nende lootus. Kui Issand andis mulle selle koormuse, kirjutasin "Inimesed" palverätikule ja jagasin seda oma kogudusega. Hakkasime palvetama ja eestpalvetama, mille tulemusena sai igaüks palveräti koju kaasa, et selle üle palvetada.

Meie endise pastori ja tema perekonna kaudu (kes on nüüdseks kutsutud Indiasse misjonäriks) kohtusin ma esimest korda Sis. Elizabeth Dasiga. Meie maakirik Franklintonis, Louisianas, võttis teda vastu, kui ta jagas oma võimsat tunnistust. Kõik olid õnnistatud. Mõni kuu hiljem sai minust ja Sis Elizabethist palvepartnerid. Särav naine, kes mitte ainult ei armasta palvetada, vaid elab seda ka! Hämmastavalt tõetruult elab ta "Aastaajal ja väljaspool hooaega". Meie palveaeg oli varahommikul telefoni teel, Texas ühendas Louisianaga. Meil oli Issanda õnnistus. Ta andis juurdekasvu ja peagi oli meil palverühm erinevatest osariikidest.

Konverentsi jagatud liini kaudu hakkasime palvetama ja paastuma, siis hakkasid laekuma kiidusõnumid. Meie Jumal on nii hämmastav! Õde Elizabeth on see Särava Naine, kellel on nii palav soov näha hingede päästmist. Tema põlev Leek on süüdanud ja süüdanud paljusid teisi palvetama ja tal on nägemus. Ükski haigus, valu või kurat põrgus ei suuda teda peatada. Juba mitu aastat on ta jõudnud kadunud ja surevate eest palvetada ja palvetada; ainult igavik näitab seda. Ma tänan Jumalat tema buldogi otsusekindluse ja tema armastuse eest "Inimeste" vastu. Ma olen näinud, kuidas Jumal teeb tema kaudu imelisi tegusid, imesid ja vastab palvetele. Minu sõbrad siin ja inimesed, keda ma tunnen, võivad kõik tunnistada, et kui me kutsume Sis. Elizabethi, palvetatakse usupalve. Asjad juhtuvad! Näiteks üks daam, kes aeg-ajalt meie koguduses käib, pidi saama suure operatsiooni. Kuigi ta elas väljaspool linna, ütlesin talle, et ma helistan õde Elizabethile ja me palvetame tema haiguse eest telefoni teel. Me palvetasime ja tema valu oli kadunud. Õde Elizabeth ütles talle: "Operatsiooni ei ole vaja teha, sa oled terveks saanud." Ta jäi operatsiooniplaanile, kuni haiglast helistati, et operatsioon tühistada, ja ta läks edasi ja määras selle ümber. Haigla ei teinud enam operatsioonieelseid teste ja viis operatsiooni läbi. Pärast operatsiooni teatati talle, et tal ei leitud midagi, isegi mitte jälgi tõsisest haigusest.

Teine ime puudutab minu sõpra, kellel on väike poiss. Ta oli palavikus haige ja oli magama jäänud. Me helistasime Sis. Elizabethi ja palvetasime kõlariga. Väike poiss ärkas äkki üles, tõusis üles, jooksis normaalselt ringi ja sai terveks. Palju kordi oleme palvetanud kodude üle, kus olid deemonlikud vaimud, ja me võisime tegelikult tunda, et midagi oli juhtunud. Me rõõmustasime, kui nad teatasid meile, et nad tundsid äkki rahu või et nad said hea une ilma piinamiseta.

Ma tean, et minu usk on kasvanud, sest ma olen selle palverühma liige. Õde Elizabeth on olnud mulle õpetajaks nii mitmel moel. Ta on andnud mulle vaimulikku juhatust Jumala Sõna kaudu. Tema elu on see ilus näide, mis näitab piibli metafoore, kus räägitakse "valgusest mäe peal, mida ei saa varjata" ja ka "puust, mis on istutatud vee jõgede äärde". Tema juured on sügavalt juurdunud Jeesuses ja ta on võimeline andma teistele vajalikku jõudu ja tarkust. Läbi pimedate katsumuste, mida ma olen käinud, tean, et Sis. Elizabeth on mind läbi palvetanud ja ma olen tänulik tema teenistuse eest. Ta on tõesti see Kristuses väljavalitud särav juveel, mida kasutatakse võimsalt Tema Kuningriigi heaks. Igal hommikul varakult toob ta need tühjad anumad Jeesuse ette ja Ta täidab need uuesti täis. Minu tänu õde Elizabethile selle eest, et ta tõeliselt, kuid puhtalt annab end Jeesusele ja Tema Kuningriigile. Jumalale olgu au!

Rhonda Callahan
Fort Worth, Texas

20. mai 2011

Millalgi 2007. aastal sõitsin läbi Dallase linna mööda ülekäigurada ja märkasin paari kodutut meest, kes magasid silla all. Mind liigutas kaastunne ja ma ütlesin Issandale" :Issand, kui Sa oleksid täna siin maa peal, siis puudutaksid Sa neid mehi ja tervendaksid nende meeled ning teeksid nad terveks! Neist saaksid kogukonna produktiivsed mehed, kes elavad normaalset elu." .... Kohe kõneles Jeesus mu südamesse ja ütles :"Teie olete minu käed ja te olete minu jalad". Ma teadsin sel hetkel, mida Jumal mulle räägib. Hakkasin nutma ja Teda ülistama. Mul oli vägi neid mehi puudutada ja terveks teha. Mitte minu enda väega, vaid Tema väega.

Vastavalt Apostlite teod 1:8 "Aga te saate väe, kui Püha Vaim on tulnud teie peale, ja te olete minu tunnistajad nii Jeruusalemmas kui ka kogu Juudamaal ja Samaarias ja kuni maa lõpuni.

Lisaks sellele ütleb meile Efeslastele 1:13-14;

"Kellesse te ka usaldasite, pärast seda, kui te kuulsite tõe sõna, teie päästmise evangeeliumi; kellesse te ka pärast seda, kui te uskusite, pitseeriti teid tõotuse püha Vaimuga, mis on meie pärandi pant, kuni ostetud vara lunastamiseni, tema kirkuse kiituseks."

Ma olin saanud väe ja saanud pitseri 1986. aastal, kui Jumal mind hiilgavalt Püha Vaimuga ristis. Nii tihti on meil mõtteviis, et kui Jumal oleks täna siin, siis toimuksid meie seas imed. Me peame mõistma, et kui Ta täidab teid oma Püha Vaimuga. Ta on andnud teile väe imetegude tegemiseks. Meist saavad Tema käed ja jalad, me oleme kutsutud kuulutama seda imelist sõnumit kõigile, kes seda vajavad.

Luuka 4:18

"Issanda Vaim on minu peal, sest ta on mind salvinud kuulutama evangeeliumi vaestele; ta on saatnud mind tervendama murtud südamega inimesi, kuulutama vangidele päästmist ja pimedatele nägemise taastamist, vabastama neid, kes on purustatud, kuulutama Issanda meelepärast aastat.".

Kuigi ma olin Püha Vaimuga täidetud alates 1986. aastast, oli mulle viimaste aastate jooksul osaks saanud mõned rasked löögid. Ma käisin usinalt koguduses, olin pühapäevakooli õpetaja ja lõpetasin just 4 aastat Piiblikolledžit. Tegin vabatahtlikult kõike, mida minult koguduses paluti.

Ometi olin ma muutunud äärmiselt ahistatuks. Ma ikka veel uskusin, et Jumal on võimeline tegema kõike, mida Ta oli lubanud, kuid ma olin purunenud anum. Oli aeg, mil ma vaevlesin Issanda ees palves ja eestpalves, lugesin iga päev oma Piiblit, olin tunnistajaks igal võimalusel, kuid nüüd leidsin, et ma ei palveta enam eriti palju. Ma olin masendunud ja masendunud, mind vaevas pidev vaimne piinamine. Minu tütar oli hiljuti oma mehe maha jätnud ja taotlenud abielulahutust. Minu lapselaps oli sel ajal 4-aastane ja ma nägin, millist valu ta kannatas purunenud kodu tõttu. Mind piinasid üha enam mõtted sellest, millist elu ta peaks elama, kui ta kasvab katkises kodus. Ma muretsesin võimaluse pärast, et teda kuritarvitab kasuvanem, kes teda ei armasta, või et ta võib selle lahutuse tõttu kasvada üles nii, et ta ei tunne end ei isa ega ema poolt armastatud olevat. Mu mõtetes keerlesid kohutavad mõtted ja ma nutsin iga päev. Ma väljendasin neid mõtteid mõnele lähedasele sõbrale. Nad vastasid alati samamoodi... Usalda Jumalat! Ma teadsin, et Jumal on võimeline, kuid ma olin kaotanud usu iseendasse. Kui ma siiski palvetasin, leidsin end palvetamas, nutmas ja soovimas, et Jumal hoiaks teda turvaliselt. Ma teadsin, et Ta suudab, aga kas Ta suudab seda ka minu jaoks?

Ma võitlesin söömise üle ja pidin end pidevalt täis toppima. Minu lihast oli saanud mu elu valitseja. Ma ei kõndinud enam vaimus, vaid kõndisin rohkem lihas ja täitsin pidevalt liha himu või vähemalt nii ma tundsin.

27. märtsil 2011 oli meil pärast kirikut naistekoguduse lõunasöök. Mind paluti rääkida. Ärge unustage, et ma töötasin ikka veel kirikus nagu tavaliselt, kuid ma olin katki ja vähesed, kui üldse, mõistsid minu purustatuse sügavust. Pärast lõunasööki astus õde Elizabeth Das armas naeratusega minu juurde ja andis mulle oma telefoninumbri. Ta ütles : "Helistage mulle, kui vajate kunagi pärast kirikut kohta, kuhu minna, võite minu juures ööbida." Põhjus, miks ta ütles mulle, et võin tema juures ööbida, on see, et minu jaoks on kirikusse 65 miili pikkune sõit ühes suunas ja väga raske on koju minna ja õhtuseks jumalateenistuseks uuesti tagasi tulla, nii et ma püüdsin lihtsalt õhtuse jumalateenistuseni jääda, selle asemel et jumalateenistuste vahel koju tagasi sõita.

Umbes kaks nädalat oli möödas ja ma tundsin, et olen veel rohkem masenduses. Ühel hommikul tööle minnes kaevasin oma käekotti ja leidsin õde Elizabethi numbri. Helistasin talle ja palusin, et ta palvetaks minu eest.

Eeldades, et ta ütleb ok ja lõpetab telefonikõne. Kuid minu üllatuseks ütles ta, et ma hakkan nüüd teie eest palvetama. Tõmbasin oma auto tee äärde ja ta palvetas minu eest.

Järgmisel nädalal pärast kirikut läksin temaga koju. Pärast mõnda aega kestnud vestlust palus ta minu eest palvetada. Ta pani oma käed mu pea peale ja hakkas palvetama. Ta palvetas jõudu ja autoriteeti oma häälega, et Jumal mind vabastaks. Ta nuhtles pimedust, mis mind ümbritses; liigset söömist, vaimset piina, depressiooni ja rõhumist.

Ma tean, et tol päeval kasutas Jumal neid käsi, et vabastada mind kohutavast rõhumisest, mille all ma kannatasin. Sel hetkel, kui õde Elizabeth andis end Jumalale, vabastas Ta mind!

Markus 16:17-18 ütleb meile" :Ja need tunnustähed järgnevad neile, kes usuvad: Minu nimel ajavad nad kuradid välja, räägivad uute keeltega, võtavad üles madu, ja kui nad joovad midagi surmavat, ei tee see neile haiget, panevad käed haigetele, ja nad tervenevad.".

Jesaja 61:1 "Issanda Jumala Vaim on minu peal, sest Issand on mind salvinud kuulutama head sõnumit minule, ta on saatnud mind siduma murtud südamega inimesi, kuulutama vangidele vabadust ja vangide avamist neile, kes on seotud.".

Jeesus vajab meid oma käteks ja jalgadeks. Sis. Elizabeth on tõeline Jumala teenija. Olles täis Tema väge ja kuuletudes Tema häälele. Ma olen nii tänulik, et on olemas sellised naised nagu Sis. Elizabeth meie seas, kes ikka veel usuvad Jeesuse kalli vere vabastavasse jõusse, kes on Tema Vaimuga võidetud ja täidavad seda imelist kutsumust, milleks Ta on teda kutsunud. Sel päeval muutis Jumal mu valu iluks ja eemaldas raskuse vaimu, asendades selle rõõmu õliga.

Jesaja 61:3 "Et määrata neile, kes Siionis leinavad, anda neile ilu tuha asemele, rõõmuõli leinale, kiituse rõiva raskuse vaimule, et neid nimetataks õigluse puudeks, Issanda istutuseks, et ta saaks ülistatud".

Ma kutsun teid täna üles: otsige Jumalat kogu südamest, et te võiksite käia Tema väe täielikkuses. Ta vajab teid, et jagada Jeesust teistega ja olla Tema käed ja jalad. Aamen!

Vicky Franzen Josephine
Texas

Minu nimi on Vicki Franzen, ma käisin suurema osa oma täiskasvanud elust katoliku kirikus, kuid ma tundsin alati, et midagi on puudu. Mõned aastad tagasi hakkasin kuulama raadioprogrammi, mis õpetas lõpuaegadest. Paljud küsimused, mis mul kogu elu olid, said vastuse. See viis mind apostelliku kiriku juurde, et jätkata tõe otsimist. Seal ristiti mind Jeesuse nimele ja ma sain Püha Vaimu ristimise, mille käigus sain tunnistust keelte keeles rääkimisest, nagu on kirjeldatud Apostlite tegude raamatus.

Järgmised neli aastat tundus, et keelekümblusvõime ei olnud enam minu jaoks kättesaadav, kuigi ma käisin regulaarselt koguduses, palvetasin, õppisin ja osalesin erinevates teenistustes. Ma tundsin end väga "kuivana" ja Püha Vaimust tühjana. Üks teine minu koguduse liige ütles mulle, et kui õde Liz oli talle käed külge pannud ja palvetanud, tuli temast "midagi" välja; ta tundis end täiesti vabana rõhumisest, depressioonist jne.

Mitmed meie koguduse daamid kohtusid lõunasöögi ajal, mis andis mulle võimaluse kohtuda õde Elizabethiga. Algas vestlus deemonitest ja vaimsest maailmast. Ma olin alati olnud selle teema suhtes väga uudishimulik, kuid polnud kunagi kuulnud selle kohta õpetust. Me vahetasime telefoninumbreid ja alustasime piibliõpetust tema kodus. Küsisin, kuidas saab inimesel, kes on ristitud Jeesuse nimele ja ristitud Püha Vaimuga, olla deemon. Ta ütles mulle, et sa pead elama õiget püha elu, palvetades, paastudes, lugedes Jumala Sõna ja jäädes täis Püha Vaimu, rääkides iga päev keeltes. Sel ajal jagasin oma kogemust, et tunnen end kuivana ja ei suuda keeltes rääkida. Ta pani mulle käed külge ja palvetas. Ma tundsin end hästi, kuid olin väga väsinud. Liz seletas, et kui kuri vaim tuleb kehast välja, jätab see sulle väsimuse ja kurnatuse tunde. Ta jätkas minu üle palvetamist ja ma hakkasin keeltes rääkima. Olin nii elevil ja täis rõõmu. See, et ma võisin keeltes rääkida, andis mulle teada, et mul on ikka veel Püha Vaim.

Lizist ja minust said head sõbrad, kes palvetasid koos. Õde Elizabethil on nii armas ja õrn vaim, kuid kui ta palvetab, siis Jumal võidab teda jumaliku julgusega, et tervendada haigeid ja ajada välja deemoneid. Ta palvetab autoriteediga ja näeb peaaegu alati kohe vastust. Jumal on andnud talle ande õpetada pühakirju, mis teeb nende tähenduse mulle väga selgeks.

Ma rääkisin Lizile oma sõbra Valerie tütrest Maryst. Tal diagnoositi ADD ja KOK. Tal oli ka kõõluste rebenemine, mida üritati ravida ilma operatsioonita. Ta oli pidevalt haiglas erinevate füüsiliste probleemidega. Ta võttis palju erinevaid ravimeid, kuid ei saanud mingeid häid tulemusi. Mary oli nii invaliidistunud, et ei saanud töötada, ja tal oli neli last, kelle eest ta pidi hoolitsema, ilma et tema endine abikaasa oleks teda toetanud.

Õde Liz hakkas mulle rääkima, et mõned neist asjadest on deemonid ja neid saab Jeesuse nimel välja ajada. Mul oli selles suhtes mõningaid kahtlusi, lihtsalt sellepärast, et ma ei ole kunagi kuulnud, et teatud haigusi nimetatakse deemonite põhjustatud haigusteks. Kui mu sõber, tema ämm ja mina istusime hiljuti kohvile, hakkasid nad mulle rääkima, kui visalt Maarja nendega rääkis. Ta karjus, karjus ja kirus neid. Nad teadsid, et ta oli kogenud palju valu oma seljaprobleemide ja tugevate peavaludega, mida ravimid ei tundunud leevendavat; see oli aga midagi muud. Nad rääkisid, kui vihkavad olid tema silmad kohati ja kui väga see neid hirmutas.

Paar päeva hiljem helistas mu sõber, et ta ei suuda seda enam taluda! Kirjeldused selle kohta, kuidas tema tütar käitus, hakkasid kinnitama asju, mida Sis. Liz rääkis mulle deemonite kohta. Kõike, mida ta mulle rääkis, kinnitas Jumal teiste kaudu. Mary seisund halvenes ja ta hakkas rääkima oma elu lõpetamisest. Me hakkasime üksmeelselt palvetama deemonite väljaajamise eest Maarjale ja tema kodule. Jumal äratas õde Lizi kaks ööd järjest üles, et palvetada Maarja eest. Liz palus konkreetselt Jumalat, et ta näitaks Maariale, mis seal toimub.

Kui Maarja öösel palvetas, nägi ta nägemust, et tema abikaasa (kes jättis ta maha ja elas koos teise naisega) on tema majas. Ta arvas, et see nägemus oli Jumala vastus tema palvele, et mees tuleb jõuludeks nende juurde koju tagasi. Õde Liz ütles mulle, et ta kahtlustas, et Maarja vastu kasutati nõiakunsti. Tõenäoliselt tema endise abikaasa või naise poolt, kellega ta koos elas. Ma tõesti ei mõistnud, kuidas ta seda teadis. Ma ei rääkinud kellelegi sellest, mida Liz mulle rääkis. Paari päeva jooksul ütles Valerie mulle, et tema tütar Mary saab kummalisi koledaid tekstisõnumeid naiselt, kes elab koos tema endise abikaasaga. Mary teadis, et seda keelt kasutati kindlasti nõiakunstiks. See oli kinnitus sellele, mida õde Liz oli mulle rääkinud.

Viimase paari kuu jooksul, mil me teadsime Maarja seisundist, olime püüdnud minna ja tema eest palvetada. See lihtsalt ei õnnestunud kunagi. Õde Liz ütles, et "isegi kui me ei saa tema koju minna, läheb Jumal ja hoolitseb olukorra eest".

Ja kui Jeesus oli sisenenud Kapernauma, tuli tema juurde üks sajaprotsendiline, kes palus teda ja ütles: "Issand, mu sulane lamab kodus, kes on halvatud ja raskelt piinatud. Ja Jeesus ütles talle: "Ma tulen ja tervendan teda. Ja sajandär vastas ja ütles: "Issand, ma ei ole väärt, et sa mu katuse alla tuled; aga räägi ainult sõna, ja mu sulane saab terveks." Ta ütles: "Issand, ma ei ole väärt, et sa mu katuse alla tuled, vaid räägi ainult sõna, ja mu sulane saab terveks. Sest mina olen võimul, mul on sõdurid alluvuses; ja ma ütlen sellele mehele: Mine, ja ta läheb; ja teisele: Tule, ja ta tuleb; ja minu sulasele: Tee seda, ja ta teeb seda. Kui Jeesus seda kuulis, imestas ta ja ütles neile, kes talle järgnesid: "Tõesti, ma ütlen teile, ma ei ole leidnud nii suurt usku, mitte Iisraelis. (Matteuse 8: 5-10)

Kahe päeva jooksul pärast seda, kui me palvetasime, et ajada deemonid Maarjast ja tema kodust välja, teatas ta oma emale, et ta magab paremini ja tal ei ole enam unenägusid. See on üks paljudest asjadest, mida Sis. Liz ütles mulle, et kui teil on palju unenägusid ja öiseid marisid, võib see olla märk kurjade vaimude olemasolust teie majas. Järgmisel päeval rääkis üks Valerie töökaaslane talle unenäost, mis tal eelmisel ööl oli. Lame must madu roomas Mary maja eest ära. Sel päeval helistas Mary oma emale ja ütles, et tunneb end nii õnnelikuna ja rõõmsana. Ta oli koos oma 15 kuu vanuste kaksikutega ostlemas; mida ta polnud juba mõnda aega teinud. See oli järjekordne kinnitus, et ADS, ADHD, bipolaarne ja skisofreenia on vaenlase rünnakud. Meil on võim üle skorpionide ja madu (Need on kõik piiblis mainitud kurjad vaimud.), mida me saame välja ajada ainult Jeesuse nimel.

Vaata, ma annan teile väe tallata madu ja skorpione ja kogu vaenlase väge, ja mitte miski ei saa teile midagi halba. Luuka 10:19

Õde Liz ütles mulle ka, et me peame oma perekonda, kodusid ja endid igapäevaselt õnnistatud oliiviõliga määrima vaenlase rünnakute eest. Samuti peaksime laskma Jumala sõnal läbida oma kodu.

See kogemus on aidanud mul näha mõningaid olukordi, mida kindlasti kontrollivad deemonid, nagu Piiblis räägitakse.

Sest me ei võitle mitte liha ja vere vastu, vaid vürstkondade vastu, võimude vastu, selle maailma pimeduse valitsejate vastu, vaimse kurjuse vastu kõrgel kohal. (Efeslastele 6:12)

Ma võin rääkida ainult enda eest. Ma kasvasin üles uskudes, et imed, keeltes rääkimine, haigete tervendamine ja deemonite väljaajamine olid ainult Piibli ajal, kui Jeesus ja tema apostlid olid maa peal. Ma ei mõelnud kunagi palju meie tänapäeval toimuvast deemonite valdamisest. Nüüd ma tean ja mõistan: me oleme ikka veel Piibli ajal! Tema Sõna on alati olnud tänapäevaks. "Praegu" oli eile, "praegu" on nüüd ja "praegu" on homseks!

Jeesus Kristus on seesama eile ja täna ja igavesti. (Heebrea 13:8)

Saatan on suutnud meid eksitada ja juhtida meid eemale sellest jõust, mille Jumal andis oma kirikule. Jumala kogudus on need, kes teevad meeleparandust, lasevad end ristida Jeesuse nimele ja saavad Püha Vaimu andi, mille tunnistuseks on keelte keeles rääkimine. Nad saavad siis väge ülaltpoolt.

Aga te saate väe, kui Püha Vaim on tulnud teie peale, ja te olete minu tunnistajad nii Jeruusalemmas kui ka kogu Juudamaal ja Samaarias ja kuni maa lõpuni. (Apostlite teod 1:8)

Ja minu kõne ja jutlus ei olnud mitte inimviisakuse ahvatlevate sõnadega, vaid Vaimu ja väe ilmutusega. (1. Korintlastele 2:4)

Sest meie evangeelium ei tulnud teie juurde ainult sõnas, vaid ka väes ja Püha Vaimus ja suures kindluses, sest te teate, missugused inimesed me teie pärast teie seas olime. (1. Tessalooniklastele 1:5)

Jumala Sõna on meile praegu!

II jagu

Ma ei ole kunagi mõelnud selle teise osa lisamisele oma raamatusse. Siiski võtsin aega ja lisasin selle osa, sest nii paljud inimesed soovisid seda teavet. Sellest ajast peale, kui ma hakkasin erinevatele rahvustele Piibliõpetust andma, puutusime kokku muudatustega kaasaegsetes Piiblites. Hakkasin süvenema ajalukku ja leidsin väga šokeerivat teavet. Seda teavet omades usun, et minu kohustus on anda oma kaasvendadele ja -õdedele teada seda tõde ja peatada vaenlase tegevus, et ta ei eksitaks enam inimesi.

A.

Keeled, mida Jumal kasutas

Sajandite jooksul on Piibel võtnud mitmeid erinevaid viise ja, mis veelgi märkimisväärsem, erinevaid keeli. Läbi ajaloo näeme nelja peamist keelt, kuhu Piiblit on tõlgitud: kõigepealt heebrea keel, seejärel kreeka keel, seejärel ladina keel ja lõpuks inglise keel. Järgnevad lõigud näitavad lühidalt neid erinevaid etappe.

Umbes 2000 eKr, Aabrahami ajast kuni umbes 70. aastani pKr, teise templi hävitamiseni Jeruusalemmas, otsustas Jumal rääkida oma rahvaga semiidi keelte, peamiselt heebrea keele kaudu. Just selle keele kaudu näidati tema valitud rahvale teed ja ka seda, et nad vajavad tõepoolest Päästjat, kes neid parandaks, kui nad pattu teevad.

Maailma arenedes tekkis suurriik, mille peamine suhtluskeel oli kreeka keel. Kreeka keel oli kolm sajandit silmapaistev keel, mis oli Jumala loogiline valik. Just kreeka keele kaudu valis Jumal Uue Testamendi edastamiseks; ja nagu ajalugu tõestab, levis see nagu kulupõleng. Mõistes, milline ähvardav oht oleks massikeeles kirjutatud tekst, asus Saatan hävitama Piibli usaldusväärsust. See "võlts" Piibel oli kirjutatud kreeka keeles, kuid pärines Aleksandria Egiptusest; Vana Testamenti nimetati "Septuagintaks" ja Uut Testamenti "Aleksandria tekstiks". Seda teavet moonutati inimeste ideede järgi ja kustutati paljud Jumala sõnad. On ka ilmne, et tänapäeval on need apokrüüfid (kreeka keeles tähendab "varjatud", ei peetud kunagi Jumala sõnaks) imbunud meie tänapäevasesse Piiblisse.

Aastaks 120 pKr oli ladina keel muutunud üldlevinud keeleks ja 1500. aastatel tõlgiti Piibel uuesti. Kuna ladina keel oli sel ajal nii laialt levinud keel, oli Piiblit lihtne lugeda kogu Euroopas. Ladina keelt peeti sel ajal "rahvusvaheliseks" keeleks. See võimaldas Piiblit läbi riikide reisida ja edasi tõlkida piirkondlikesse murretesse. Seda varajast versiooni nimetati Vulgataks, mis tähendab "tavalist Piiblit". Kurat reageeris sellele ohule, luues Roomas sõsaraamatu. Roomlased väitsid, et nende Piibel, mis oli täis apokrüüfide "välja visatud raamatuid" ja tekste, mis pidid meenutama tõelist Piiblit, oli tegelikult tõeline Piibel. Sel hetkel on meil kaks Piiblit, mis erinesid üksteisest dramaatiliselt; selleks, et kaitsta oma võltsitud Piiblit, pidi kurat välja käima ja hävitama tõelised tekstid. Rooma-katoliiklased saatsid palgasõdureid, et hävitada ja märtrisurma neid, kellel oli tõeline ladina Vulgata. Palgasõdurid olid enamasti edukad, kuid lõpuks ei suutnud seda täielikult välja juurida ja Jumala sõna jäi alles.

Aastatel 600-700 pKr arenes välja uus maailma keel, inglise keel. Jumal hakkas panema alusetööd, mis seejärel käivitas ulatusliku misjoniliikumise. Kõigepealt hakkas William Tyndale 1500. aastatel tõlkima heebrea ja kreeka originaaltekste uude keelde. Paljud pärast teda püüdsid teha sama, püüdes anda endast parima, et vastata varasematele heebrea ja kreeka tekstidele. Nende inimeste seas oli ka kuningas James VI, kes 1604. aastal tellis nõukogu, et koostada tekstide võimalikult täpne ingliskeelne versioon. Aastaks 1611 oli ringluses autoriseeritud versioon, mida üldiselt tuntakse King Jamesi Piibli nime all. Misjonärid hakkasid sellest Piiblist tõlkima üle kogu maailma.

Saatana **pidev rünnak Jumala Sõna vastu:**

Nüüd seisame silmitsi teise kuradi rünnakuga. 2011. aastal avaldatud Piiblisse, mis väidab, et see on 1611. aasta KJV, lisati apokrüüfid, mida ei peetud kunagi Jumala Sõnaks. Apokrüüfid eemaldati KJV-st autoriseeritud õpetlaste poolt, kes teadsid, et need ei ole Jumala sõna.

Saatan ei anna kunagi alla!

B.

Kuidas Jumal säilitas oma Sõna?

Jumal omistab oma kirjutatud sõnale kõige suuremat tähtsust, mis on täiesti selge.

Issanda sõnad on puhtad sõnad, nagu seitsmekordselt puhastatud hõbe, mida on proovitud maaahjus. Sa hoiad neid, Issand, sa hoiad neid sellest põlvkonnast igavesti (Ps 12:6-7).

Jumala Sõna on kõrgemal kõigist nimedest:

*"Ma kummardan su püha templi poole ja kiidan su nime su helduse ja tõe pärast, **sest sa oled oma sõna ülendanud üle kõigi oma nimede**." (Psalmid 138:2)*

Issand hoiatas meid ka oma seisukoha eest oma sõna suhtes. Ta andis tõsiseid hoiatusi neile, kes tahaksid Pühakirja ära rikkuda. Jumal hoiatas oma sõnale lisamise eest:

***Iga Jumala sõna on puhas**, ta on kilp neile, kes temale usaldavad. Ära lisa tema sõnadele, et ta sind ei nuhtleks ja sind ei leiaks valetajaks. (Õpetussõnad 30:5-6)*

Jumal on säilitanud oma sõnad kõigile põlvkondadele, ilma et see oleks ebaõnnestunud!

Paljud pühendunud mehed püüdsid kangelaslikult tagasi hoida usust taganemise ja uskmatuse tõusvat tõusu, mis oli osaliselt tingitud Jumala Sõna autoriteedi nõrgenemisest. Pimedal keskajal kontrollis katoliku kirik inimesi sellega, et Piiblit kirjutati ainult ladina keeles. Tavakodanikud ei osanud lugeda ega rääkida ladina keelt.

Aastaks 400 pKr. oli Piibel tõlgitud 500 keelde originaalkäsikirjadest, mis olid tõesed. Et inimesi kontrollida, tegi katoliku kirik karmi seaduse, et Piiblit tohib kirjutada ja lugeda ainult ladina keeles. Seda ladinakeelset versiooni ei tõlgitud algsetest käsikirjadest.

John Wycliffe:

John Wycliffe oli tuntud kui pastor, õpetlane, Oxfordi professor ja teoloog. 1371. aastal hakkas J. W. paljude ustavate kirjatundjate ja järgijate abiga käsikirju inglise keelde kirjutama. Wycliffe'i esimene käsitsi kirjutatud ingliskeelne piibli käsikiri oli tõlgitud ladina Vulgatast. See aitaks teha lõpu roomakatoliku kiriku valeõpetustele. Piibli ühe eksemplari kirjutamine ja levitamine võttis aega 10 kuud ja maksis nelikümmend naela. Jumala käsi oli Wycliffe'i peal. Roomakatoliku kirik raevus Wycliffe'i vastu. Tema paljud olulised sõbrad aitasid teda kahjustada. Kuigi katoliku kirik tegi kõik endast oleneva, et koguda ja põletada kõik eksemplarid, ei peatanud see Wycliffe'i. Ta ei andnud kunagi alla, sest ta teadis, et tema töö ei olnud asjata. Katoliku kirikul ei õnnestunud kõiki koopiaid kätte saada. Alles jäi sada seitsekümmend eksemplari. Jumalale olgu au!

Roomakatoliku kirik jätkas oma viha. Nelikümmend neli aastat pärast John Wycliffe'i surma käskis paavst tema luud välja kaevata, purustada ja jõkke visata. Umbes sada aastat pärast J. Wycliffe'i surma hakkas Euroopa õppima kreeka keelt.

John Hus:

Üks John Wycliffe'i järgijatest, John Hus, jätkas Wycliffe'i alustatud tööd; ka tema astus vastu valeõpetustele. Katoliku kirik oli otsustanud peatada kõik muud muudatused kui nende enda omad, ähvardades hukkamisega igaüht, kes loeb muud kui ladina keeles kirjutatud Piiblit. Wycliffe'i idee, et Piibel tuleks tõlkida oma keelde, oleks kasulik. John Hus põletati 1415. aastal koos Wycliffe'i käsikirjaga, mida kasutati tule süütamiseks. Tema viimased sõnad olid: "100 aasta pärast tõstab Jumal üles mehe, kelle üleskutset reformi ei saa maha suruda!". 1517. aastal läks tema ennustus täide, kui Martin Luther pani Wittenbergis üles oma kuulsa teesi "Vaidlustus" katoliku kiriku kohta. Samal aastal on Foxi raamatus "Märtrid" kirjas, et roomakatoliku kirik põletas 7 inimest tuleriidal selle eest, et nad "õpetasid oma lapsi palvetama, The Lords prayer ingliskeelset palvet ladina keele asemel".

Johannes Guttenberg:

Esimene trükipressiga trükitud raamat oli ladinakeelne piibel, mille leiutas Johannes Guttenberg 1440. aastal.

See leiutis võimaldas väga lühikese aja jooksul trükkida suurel hulgal raamatuid. See osutus oluliseks vahendiks protestantliku reformatsiooni edendamisel.

Dr. Thomas Linacre:

Dr. Thomas Linacre, Oxfordi professor, otsustas 1490. aastatel õppida kreeka keelt. Ta luges ja lõpetas Piibli kreeka originaalkeeles. Pärast õpingute lõpetamist märkis ta" :Kas see ei ole evangeelium või me ei ole kristlased".

Rooma-katoliku ladina Vulgata versioonid olid niivõrd rikutud, et tõde oli varjatud. Katoliku kirik püüdis jätkuvalt jõustada oma ranget karmi seadust, mis nõudis, et inimesed loeksid Piiblit ainult ladina keeles.

John Colet:

1496. aastal hakkas John Colet, teine Oxfordi professor, tõlkima Piiblit kreeka keelest inglise keelde oma üliõpilastele ja hiljem avalikkusele Londoni Püha Pauluse katedraalis. Kuue kuu jooksul puhkes elavnemine ja tema jumalateenistusel osales üle 40 000 inimese. Ta julgustas inimesi võitlema Kristuse eest ja mitte osalema ususõdades. Kuna tal oli palju sõpru kõrgetel kohtadel, pääses ta hukkamisest.

Desiderius Erasmus, 1466-1536:

Härra Desiderius Erasmus, suur teadlane, jälgis härra Coleti ja härra Linacre'i sündmusi. Talle avaldati muljet, et muuta ladinakeelne Vulgata tagasi tõele vastavaks. See õnnestus hr J. Frobeni abiga, kes trükis ja avaldas käsikirja 1516. aastal.

Härra Erasmus tahtis, et kõik teaksid, kui rikutud oli ladina Vulgata. Ta julgustas neid pöörama oma tähelepanu tõele. Ta rõhutas, et kasutades originaalkäsikirju, mis olid kreeka ja heebrea keeles, hoiab see inimese õigel teel, et jätkata ustavuses ja vabaduses.

Üks kuulsamaid ja lõbusaimaid tsitaate tuntud õpetlaselt ja tõlkijalt Erasmuselt oli,

"Kui ma saan natuke raha, siis ostan raamatuid, ja kui raha jääb, siis ostan toitu ja riideid."

Katoliku kirik jätkas rünnakut igaühe vastu, kes osales mõnes muus piiblitõlkes kui ladina keeles.

William Tyndale (1494-1536):

William Tyndale sündis 1494. aastal ja suri 42-aastaselt. Härra Tyndale ei olnud mitte ainult reformaatorite armee kapten, vaid teda tunti ka kui nende vaimset juhti. Ta oli suur ausamees ja lugupeetud mees. Hr Tyndale käis Oxfordi ülikoolis, kus ta õppis ja kasvas üles.

Pärast magistrikraadi saamist kahekümne ühe aasta vanusena lahkus ta Londonisse.

Ta oli andekas rääkima paljudes keeltes: Ta oskas heebrea, kreeka, hispaania, saksa, ladina, prantsuse, itaalia ja inglise keelt. Üks härra Tyndale'i kaastöötajatest ütles, et kui keegi kuulis teda mõnes neist keeltest rääkimas, arvas ta, et ta räägib oma emakeeles. Ta kasutas neid keeli teiste õnnistamiseks. Ta tõlkis Kreeka Uue Testamendi inglise keelde. Hämmastav on see, et ta oli esimene mees, kes trükkis Piibli inglise keeles. Kahtlemata võimaldas see anne tema põgenemist võimude eest, kui ta oli Inglismaalt pagenduses, edukalt põgeneda. Lõpuks püüti härra Tyndale kinni ja arreteeriti ketserluse ja riigireetmise eest. Oktoobris 1536, pärast ebaõiglast kohtuprotsessi ja viissada päeva viletsate tingimustega vanglas, põletati härra Tyndale tuleriidal. On teada, et Tyndale House Publishers on tänapäevane ettevõte, mis on saanud nime selle hämmastava kangelase järgi.

Martin Luther:

Rooma-Katoliku kirik oli liiga kaua valitsenud ja Martin Luther ei sallinud kirikus valitsevat korruptsiooni. Ta oli tüdinenud valeõpetustest, mida inimestele peale suruti. 1517. aasta halloweenil ei olnud tal mingeid kahtlusi, kui ta pani Wittenbergi kirikusse üles oma 95 väitekirja. Kiriku poolt moodustatud Wormsi kirikukogu plaanis Martin Lutheri märtrisurma. Katoliku kirik kartis võimalikku võimu ja sissetulekute kaotust. Enam ei saaks nad müüa patukahetsusi pattude eest või lähedaste vabastamist "puhastustulest", mis on katoliku kiriku poolt välja mõeldud doktriin.

Martin Luther oli Tyndale'i ees ja 1522. aasta septembris avaldas ta Erasmuse kreeka-ladina Uue Testamendi esimese tõlke saksa keelde. Tyndale tahtis kasutada sama originaalteksti. Ta alustas seda protsessi ja sai ametivõimude poolt terroriseeritud. Ta lahkus Inglismaalt 1525. aastal Saksamaale, kus ta töötas Martin Lutheri kõrval. Aasta lõpuks oli Uus Testament inglise keelde tõlgitud. 1526. aastal sai Tyndale'i Uuest Testamendist esimene ingliskeelne pühakirja väljaanne. See oli hea! Kui inimestel oleks võimalik lugeda Piiblit oma emakeeles, ei oleks katoliku kirikul enam nende üle võimu ega ülemvõimu. Hirmu pimedus, mis inimesi kontrollis, ei olnud enam ohtlik. Rahvas saaks vaidlustada kiriku autoriteedi mis tahes ilmutatud valede eest.

Vabadus oli lõpuks saabunud; päästmine oli kõigile vaba usu, mitte tegude kaudu. Alati on Jumala Sõna tõene, mitte inimese oma. Jumala Sõna on tõene ja tõde teeb teid vabaks.

Kuningas Jaakob VI:

1603. aastal, kui Jaakobus VI sai kuningaks, oli käsil uue piiblitõlke eelnõu. Uue tõlke tegemise põhjuseks oli see, et kasutusel olevad Suur Piibel, Matteuse Piibel, Piiskopi Piibel, Genfi Piibel ja Coverdale'i Piibel olid rikutud. Hampton Courti konverentsil kiitis King James heaks Piibli tõlkimise. Selle suure tõlketöö jaoks valiti hoolikalt välja nelikümmend seitse piibliteadlast, teoloogi ja keeleteadlast. Tõlkijad jagati kuude rühma ja töötasid Westminsteri, Cambridge'i ja Oxfordi ülikoolides. Nende heebrea, kreeka, ladina ja inglise keele õpetlaste kätte määrati erinevad Piibli raamatud. Selleks, et see tõlge saaks toimuda, tuli järgida teatavaid suuniseid. Püha Piibli tõlge algkeeltest valmis 1611. aastal ja levis üle kogu maailma.

PLAAN 1: Saatan ründab Jumala Söna Aleksandrias, Egiptuses

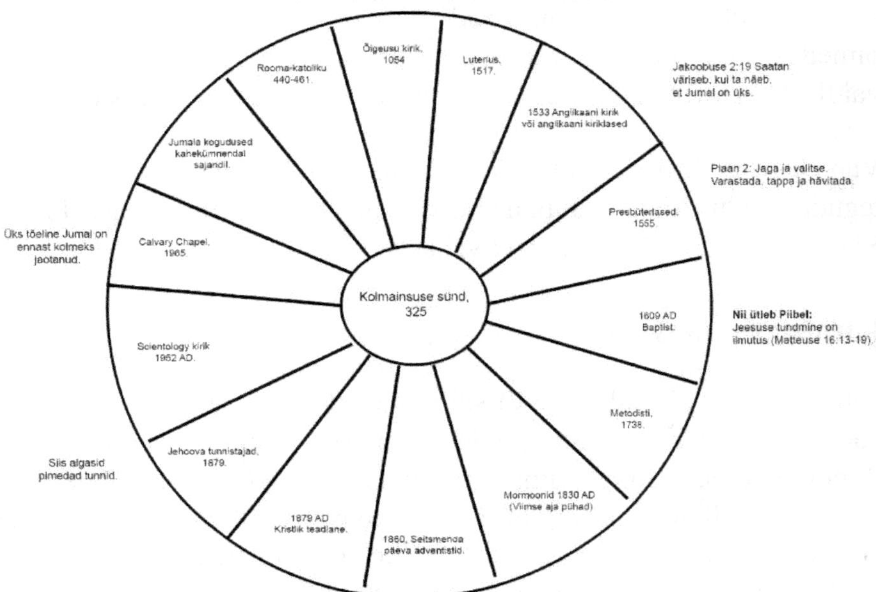

Sellepärast ongi palju sekti.

C.

Meie aja piiblitõlked:

Tõde Piibli erinevate versioonide kohta: Jumala Sõna on meie elu lõplik autoriteet.

Praegu on lisaks King Jamesi versioonile (KJV) olemas palju erinevaid piiblitõlkeid. Tõelised Kristuse järgijad tahaksid teada, kas kõik piibliversioonid on õiged või mitte. Otsime tõde kõigist neist erinevatest piibliversioonidest. Meil on NIV, NKJV, katoliku piibel, ladina piibel, Ameerika standardversioon, revideeritud standardversioon, inglise standardversioon, uus Ameerika standardversioon, rahvusvaheline standardversioon, kreeka ja heebrea piibel ning Uue Maailma tõlke (Jehoova tunnistajate) piibel jne. Samuti on palju teisi Piiblisid, mis on tõlgitud erinevatel aegadel ja ajastutel paljude erinevate õpetlaste poolt. Kuidas me teame, et kõik need erinevad versioonid on õiged või on neid rikutud? Kui on rikutud, siis kuidas ja millal see juhtus?

Alustame oma teekonda läbi nende paljude variatsioonide, et leida tõde:

Mida me peame teadma, on see, et saaksime kindlaks teha, milline neist on tõeline versioon:

Hiljuti avastatud Aleksandria originaalkirjas on sõnade ja kirjakohtade kohal joon, jooned või kriipsud. See tähendas, et need konkreetsed sõnad ja salmid jäeti nende tõlkest välja. Nad leidsid need jooned selliste sõnade kohal nagu: Püha, Kristus ja Vaim, koos paljude teiste sõnade ja salmidega. Kirjatundjad, kelle ülesanne oli neid käsikirju toimetada, ei uskunud Issandasse Jeesusesse Kristusesse kui Messiasse (Päästjasse). Need, kes toimetasid, eemaldasid ja muutsid paljusid sõnu ja kirjakohti. See käsikiri avastati hiljuti Egiptuses Aleksandrias.

See on suurepärane tõend selle kohta, et Aleksandrias muutsid ja rikkusid Piiblit nende korrumpeerunud usulised ja poliitilised juhid.

King Jamesi Piibli versioon ütleb:

Kogu kirjandus on antud Jumala inspiratsiooniga ja on kasulik õpetuseks, noomimiseks, parandamiseks ja õpetuseks õigluseks: (2Tim 3:16 KJV)

Teades kõigepealt seda, et ükski pühakirja ettekuulutus ei ole eraviisiline. Sest ennustus ei tulnud vanasti inimeste tahte järgi, vaid Jumala pühad mehed rääkisid, nagu neid liigutas Püha Vaim. (2. Peetruse 1: 20-21)

See tõeline Jumala sõna, mille on kirjutanud ainus ja ainus Jumal.

Jumala Sõna on igavene:

Sest tõesti, ma ütlen teile, kuni taevas ja maa mööduvad, ei kao seadusest ükski jott ega ükski pisik, kuni kõik on täidetud. (Matteuse 5:18)

Ja kergem on, et taevas ja maa lähevad läbi, kui et üks seaduses olev pisik ebaõnnestub. (Luuka 16:17)

Ärge lisage ega lahutage Jumala Sõna:

Jumala Sõ naei saa lahutada, lisada ega vääriti tõlgendada:

Sest ma tunnistan igale inimesele, kes kuuleb selle raamatu ettekuulutuse sõnu: Kui keegi lisab sellele veel midagi, siis Jumal lisab talle need nuhtlused, mis on kirjutatud selles raamatus: Ja kui keegi võtab ära selle ettekuulutuse raamatu sõnadest, siis Jumal võtab ära tema osa eluraamatust ja pühast linnast ja sellest, mis on kirjutatud selles raamatus. (Ilmutus 22:18-19)

Ärge lisage sõna, mida ma teile käsin, ega vähendage sellest midagi, et te hoiaksite Issanda, oma Jumala käske, mida ma teile käsin. (5. Moosese 4:2)

Jumala Sõna on elav ja teravam kui kahe teraga mõõk:

Iga Jumala sõna on puhas: ta on kilp neile, kes temale usaldavad. (Vanasõna 30:5)

Psalm 119 ütleb meile, et Jumala Sõna aitab meil jääda puhtaks ja kasvada usus. Jumala Sõna on ainus teejuht puhta elu elamiseks.

*Sinu sõna on **lamp** mu jalgadele ja **valgus** mu teele. (Psalmid 119:105)*

*Olles uuesti sündinud, mitte riknevast seemnest, vaid riknematusest, **Jumala sõna** läbi, mis on elav ja jääb igavesti. (1Peetruse 1:23)*

Paljude tänapäeval kättesaadavate ingliskeelsete versioonide hulgas järgib ainult King Jamesi versioon (1611) tingimata paremat traditsioonilist masoreetilist heebrea teksti. Seda hoolikat meetodit kasutasid Masoriidid Vana Testamendi koopiate tegemisel.

Usaldusväärne tõestus Jumala lubadusest säilitada oma Sõna, ei ole kunagi ebaõnnestunud.

Jumal säilitab oma Sõna:

*Issanda sõnad on **puhtad sõnad**, nagu seitsmekordselt puhastatud ja maaahjus proovitud hõbe. Sa hoiad neid, Issand, **sa hoiad neid igaveseks sellest põlvkonnast**. (Psalmid 12:6, 7)*

Tänapäeva tehnoloogia on tõestanud, kui täpne ja tõene on King Jamesi Piibli versioon.

The Journal of Royal Statistical Society and Statistical Science on uus teadusagentuur:

Heebrea teadlased, kaks Harvardi ja kaks Yale'i matemaatikut, võtsid need kaks statistilist teaduslikku meetodit ja olid üllatunud KJV Piibli täpsusest. Nad tegid arvutipõhise informatiivse uuringu, kasutades võrdset tähejärjestust. Nad sisestasid nime KJV Piibli viiest esimesest raamatust (Toora) ja selle nime sisestamisel suutis võrdse kaugusega tähtede järjestamise test automaatselt sisestada selle isiku sünni- ja surmakuupäeva ning linna, kus ta sündis ja suri. Nad leidsid, et see on kõige täpsem aruanne. See märkis sajandivahetuse alguses elanud inimesi hõlpsasti ja täpsete tulemustega. Need olid lihtsad testid, kuid tulemused voolasid suure täpsusega.

Sama tehnika ebaõnnestus, kui nad panid NIV, New American Standard Version, The Living Bible ja muudes keeltes ja tõlgetes kasutatud nimed nendest versioonidest. See meetod tõestab piibli rikutud koopiate ebatäpsust.

Nad proovisid sama matemaatilist analüüsi ka Samaaria viiekümne Moosese ja Aleksandria versiooni puhul ja ka see ei toiminud.

Ilmutusraamat ütleb meile, et:

Ja kui keegi võtab ära selle ettekuulutuse raamatu sõnadest, siis Jumal võtab ära tema osa eluraamatust ja pühast linnast ja sellest, mis on kirjutatud selles raamatus. (Ilmutus 22:19)

Selle uuringu tulemusena jõudsid nad järeldusele, et KJV Piibel on kõige tõepärasem Piibel, mis meil tänapäeval on.

Masoreetilisel tekstil ja Textus Receptusel põhinev kreeka tekst: (tähendab lihtsalt kõigi poolt vastu võetud teksti), mis oli algselt kirjutatud KJV Piibli aluseks. Üle viie tuhande käsikirja nõustub 99% ulatuses KJV Piibliga.

KJV Piibel on üldkasutatav ja selle tõlkimiseks ei ole vaja luba.

Kaasaegsed piibliversioonid ei kasuta heebrea masoreetilist teksti. Nad on kasutanud Leningradi käsikirja, mis on redigeeritud Septuaginta, Vana Testamendi vigastatud kreeka versiooni. Mõlemad valed Biblia Hebraica heebrea tekstid pakuvad oma joonealustes märkustes soovitatud muudatusi. Vale heebrea tekstid, BHK või BHS, on kasutatud Vana Testamendi tõlkimiseks kõikides kaasaegsetes versioonides.

Traditsiooniline masoreetiline heebrea tekst, mis on KJV aluseks, on täpselt sama, mis originaalkäsikirjas. Tänapäeval on arheoloogid leidnud kõik Piibli raamatud, mis tõestab, et KJV Piibel on algse raamatu täpne tõlge.

Jumala Sõna on muutunud:

Piibel ütleb, et Jumala sõna on meie mõõk ja seda kasutatakse ainsana rünnaku relvana vaenlase vastu, kuid tänapäeva tõlgetes ei saa Jumala Sõna kasutada rünnaku või mõõgana vaenlase vastu. Jumala Sõnas on tehtud nii palju muudatusi, et kui me näeme inimest, kes kasutab kaasaegseid tõlkeid, siis on ta ebastabiilne, masendunud, ärevuses ja tal on emotsionaalseid probleeme.

Seetõttu on psühholoogia ja meditsiin sisenenud kirikusse; selle eest vastutavad uued tõlked.

Vaatame mõningaid muudatusi ja nende peent põhjust:

Me näeme muudatusi järgmistes Piibli versioonides. Ma mainin mõned versioonid, kuid sellest Piiblist on tehtud ka palju teisi versioone ja tõlkeid, mille kohta võite ka ise uurimistööd teha. New Living Translation, English Standard Version, New American Standard Bible, International Standard Version, American Standard Version, Jehoova tunnistajate Piibel ja NIV Piibel ning teised tõlked.

KJV: Ta on saatnud mind ***tervendama murtud südamega inimesi****, kuulutama vangidele vabanemist ja pimedatele nägemise taastamist, vabastama neid, kes on murtud, vabaks laskma neid, kes on purustatud,*

See kirjakoht ütleb, et Ta ravib murtud südamega inimesi.

NIV loeb Luuka 4:18 "Issanda Vaim on minu peal, sest ta on mind salvinud kuulutama häid sõnumeid vaestele. Ta on saatnud mind kuulutama vangidele vabadust ja pimedatele nägemise taastamist, vabastama rõhutud;

(NIV ja ka teised versioonid jätavad välja "Heal the broken hearted" (Paranda murtud südamega inimesi). Kaasaegsed tõlked ei saa tervendada murtud südant).

KJV: 3:15: Ja et tal oleks ***vägi ravida haigusi*** *ja ajada välja kurje:*

NIV: 3:15: Ja et tal oleks volitus ajada välja deemoneid.

")**Ja et tal on võim, et ravida haigusi**" on NIV ja teistes tõlgetes välja jäetud. Teil ei ole võimu ravida haigeid).

KJV: Ja kui ***lame mees, kes oli terveks saanud,*** *hoidis Peetrust ja Johannest, siis jooksis kogu rahvas nende juurde verandale, mida kutsutakse* Saalomoni *verandaks, ja imestas väga: Apostlite teod 3:11.*

NIV: Ja kui kerjus hoidis kinni Peetrusest ja Johannesest, siis kogu rahvas oli hämmastunud ja jooksis nende juurde kohale, mida nimetatakse Saalomoni *kolonnaadiks.*

NIV Piibel on eemaldatud: "**Lame man which was healed**", mis on võtmevers.

Lisaks sellele on NIV eemaldanud "Mercy Seat" viiskümmend kolm korda. Jumala halastus on välja jäetud. Sõna Veri on välja jäetud nelikümmend üks kord.

Efeslastele 6:4 räägib koguduse kasvatamisest... Sõna "kasvatamine" tuleneb sõnast "õde". Nagu lapsest hoidmine ja hoolitsemine, toidab Jumal meid ja alandab meid, kuid mõned kaasaegsed versioonid ütlevad "distsiplineerimine" ja "nuhtlus".

Taanieli 3:25b ütleb: ja neljanda kuju on nagu ***Jumala Poeg****.*

NIV Taaniel 3:25b: on muutnud sõnu; ja neljas näeb välja nagu ***jumala poeg****."*

Jumala poeg ei ole jumalate poeg... see toetab polüteismi.

Muutes "The", et "A" toetab teisi religioone. Näide: Päästja....JESUS EI OLE AINULT PÄEVAJA?!?!??

Piibel ütleb:

Jeesus ütles talle: "Mina olen tee, tõde ja elu; ükski inimene ei tule Isa juurde, kui mitte minu kaudu". (Johannese 14:6)

KJV: Matteuse 25:31: Kui Inimese Poeg tuleb oma kirkuses ja kõik ***pühad inglid*** *koos temaga, siis ta istub oma au troonile.*

NIV: Matteuse 25:31: Kui Inimese Poeg tuleb oma hiilguses ja kõik ***inglid*** *koos temaga, siis ta istub oma troonil taevases hiilguses.*

(NIV on eemaldanud sõna "Püha". Me teame, et Piibel räägib ka kurjadest ja ebapühadest Inglitest).

Jumal on püha:

NIV on ka Püha Vaim või Püha Vaim mõnest kohast eemaldanud. Need on vaid mõned näited paljudest muudatustest NIV, NKJV, katoliku piibli, ladina piibli, Ameerika standardversiooni, revideeritud standardversiooni, kreeka ja heebrea piibli ja ka teiste piibliversioonide puhul, mis on tõlgitud vanast, rikutud Aleksandria kirjast ja NIV-st.

Järgnev tõestab, et NIV Piibel on antikristus:

Paljud sõnad nagu Jeesus Kristus või Kristus, Messias, Issand jne. on eemaldatud NIV ja teistest piiblitõlgetest. Piibel ütleb, kes on Antikristus.

Antikristus:

Kes on valetaja, kui mitte see, kes eitab, et Jeesus on Kristus? See on antikristus, kes eitab Isa ja Poega. (1Jh 2:22)

*Meie Issanda **Jeesuse Kristuse** arm olgu teiega. Aamen. (KJV: Ilmutus 22:21)*

Issanda Jeesuse arm olgu Jumala *rahvaga. Aamen. (NIV: Ilmutus 22:21 on **Kristuse** eemaldanud.)*

KJV Johannese 4:29: Tulge, vaadake inimest, kes on mulle rääkinud kõik, mida ma kunagi olen teinud; kas see ei ole mitte Kristus?

NIV ütleb Johannese 4:29 "Tulge, vaadake meest, kes rääkis mulle kõik, mida ma kunagi tegin. Kas see võib olla Kristus?"

(Kristuse jumalikkus on kahtluse alla seatud) Sõnade eemaldamisega muudetakse tähendust.

Antikristus eitab Isa ja Poja...

*KJV: Johannese 9:35 "sa usud **Jumala Poega**".*

*NIV: Kas sa usud **Inimese Pojasse**".*

KJV Apostlite teod 8:37 "Ja Filippus ütles: "Kui sa usud kogu oma südamest, siis võid sa. Ja ta vastas ja ütles: Ma usun, et Jeesus Kristus on Jumala Poeg."

Apostlite teod 8:37; kogu salm on eemaldatud NIV-st.

*KJV: 4:7 Sellepärast ei ole sa enam sulane, vaid poeg, ja kui poeg, siis **Jumala** pärija **Kristuse kaudu.***

NIV: Ja kuna sa oled poeg, siis on Jumal sind teinud sind ka pärijaks.

NIV välja jäetud Jumala pärija Kristuse kaudu.

*KJV: Ja et kõik [inimesed] näeksid, milline on selle saladuse osadus, mis maailma algusest peale on olnud varjatud Jumalas, kes on loonud kõik asjad **Jeesuse Kristuse kaudu**:*

NIV: 3:9 ja teha kõigile selgeks selle saladuse haldamine, mis on aegade jooksul olnud varjatud Jumalas, kes on loonud kõik asjad.

NIV on eemaldanud "**Jeesuse Kristuse poolt**"**.** Jeesus on kõigi asjade looja.

Jeesus Kristus tuleb lihaks:

*1 Johannese 4:3 KJV...Ja iga vaim, kes ei tunnista, et **Jeesus Kristus on tulnud lihaks**, ei ole Jumalast.*

NIV ütleb: Aga iga vaim, mis ei tunnista Jeesust, ei ole Jumalast.

")Jeesus Kristus on tulnud lihaks" on eemaldatud)

Apostlite teod 3:13, 26 ütleb, et ta on Jumala Poeg. NKJV eemaldas Jumala Poeg ja ütles Jumala sulane.

Uued piibliversioonid ei taha, et Jeesus oleks "Jumala Poeg". Jumala poeg tähendab lihaks saanud Jumalat.

*Johannese 5:17-18 KJV Aga Jeesus vastas neile: "**Minu Isa** teeb siiani tööd, ja mina teen tööd". Seepärast püüdsid juudid teda veelgi enam tappa, sest ta mitte ainult ei olnud rikkunud hingamispäeva, vaid ütles ka, et **Jumal on tema Isa**, tehes end **Jumalaga võrdseks**.*

KJV Piibel defineerib Jeesus või Jeesus Kristus või Issand Jeesus. Kuid uued kaasaegsed tõlked ütlevad selle asemel "ta või tema".

*KJV: Ja nad laulavad Jumala sulase Moosese laulu ja Talle laulu, öeldes: "Su suured ja imelised on su teod, Issand Jumal, kõikvõimas; õiged ja tõesed on su teed, **sa pühade kuningas**!".*
(Ilmutus 15:3)

*NIV: ja laulsid Jumala sulase Moosese laulu ja Talle laulu: "Su suured ja imelised on sinu teod, Issand Jumal, Kõigevägevam. Õiglased ja tõesed on sinu teed, **aegade kuningas**. (Ilmutus 15:3)*

(Ta on pühade kuningas, kes on uuesti sündinud. Kes on ristitud Jeesuse nimesse ja saanud Tema Vaimu).

*KJV: Ja **Jumal** pühib ära kõik pisarad nende silmist;*
(Ilmutus 21:4)

*NIV: **Ta** pühib kõik pisarad nende silmist. (Ilmutuse 21:4)*

"**Jumal**" on muudetud "Ta". Kes on "Ta"? (See toetab teisi religioone.)

*KJV: Ja ma vaatasin, ja vaata, Talle seisis Siioni mäel ja koos temaga sada nelikümmend [ja] neli tuhat, kelle otsaesistesse oli kirjutatud tema **Isa nimi**. (Ilmutus 14:1)*

NIV: Ja ma vaatasin, ja seal oli minu ees Talle, kes seisis Siioni mäel, ja koos temaga 144 000 inimest, kelle otsaesistesse oli kirjutatud ***tema ja tema*** Isa ***nimi****. (Ilmutus14: 1)*
NIV on lisanud "Tema nimi" koos "Tema Isa nimi" nüüd kaks nime.

Johannese 5:43b: Ma olen tulnud oma Isa *nimel.*

Nii et Isa nimi on Jeesus. Jeesus tähendab heebrea keeles
Jehoova Päästja

*Sakarja 14:9 Ja Issand saab kuningaks kogu maa peal; sel päeval on üks Issand ja tema **nimi üks.***

*KJV Jesaja 44:5 Üks ütleb: Mina olen Issanda oma, ja teine nimetab end Jaakobi nimega, ja teine kirjutab oma käega Issandale ja **nimetab** end Iisraeli nimega.*

NIV: Üks ütleb: "*Ma kuulun Issandale*"*, teine nimetab end Jaakobi nimega, kolmas kirjutab oma käele:* "Issanda"*, ja võtab endale nime Iisrael.*

(NIV Eemaldatud sõna **Surname**)

Nüüd kuuleme, et "Hermase karjase" raamat lisatakse Piibli kaasaegsesse versiooni. Hermase raamatus öeldakse :"Võtke nimi, andke end metsalise kätte, moodustage üks maailmavalitsus ja tapke need, kes ei võta nime vastu. (Jeesus ei ole see nimi, millele nad siin viitavad)

Ilm 13:17: Ja et keegi ei saaks osta ega müüa, kui ainult see, kellel on märk või metsalise nimi või tema nime number.

Ja ärge imestage, kui Ilmutusraamat Piiblist kaob. Ilmutusraamatus on kirjas minevik, olevik ja tulevik. Hermase karjane on Sinaiticus'e käsikirjas, mis on NIV Piibli aluseks.

Sümbolid:

Mis on sümboli tähendus ja kes seda sümbolit kasutab:
Sümbol on midagi, näiteks konkreetne märk, mis tähistab mingit teavet; näiteks punane kaheksanurk võib olla sümbol "STOP". Kaardil võib telgi kujutis tähistada telkimisplatsi.

Prohvetite raamat ütleb:

Siin on tarkus. Kes mõistust omab, see lugegu metsalise arvu, sest see on inimese arv, ja tema arv on kuussada kuuskümmend kuus. (Ilm 13:18)

Seda sümbolit või 666 (iidne kolmainsuse sümbol) kasutavad inimesed, kes usuvad kolmainsuse õpetusse.

Jumal ei ole kolmainsus ega kolm erinevat isikut. Üks Jumal Jehoova tuli lihaks ja nüüd tegutseb Tema Vaim kirikus. Jumal on üks, ta jääb alati üheks.

Aga Apostlite teod 17:29 ütleb: Me ei peaks arvama, et Jumal on nagu kuld või hõbe või kivi, mis on kunstiga ja inimeste poolt *valmistatud." (Apostlite Apostlite teosed: Kuna me oleme Jumala järeltulijad, siis ei tohiks me arvata, et Jumal on nagu kuld või hõbe või kivi, mis on kunstiga ja inimeste poolt valmistatud.*

(Jumala Sõna vastu on teha sümbol, mis kujutab Jumalat) New Agers tunnistavad, et kolm omavahel põimitud kuutist ehk "666" on metsalise märk.

Piibel hoiatab meid, et Saatan on võltsing:

"Ja pole ime, sest saatan ise on muutunud valguse ingliks. Seepärast ei ole suur asi, kui ka tema ministrid muutuvad õigluse teenijateks." (2. Korintlastele 11:14-15)

Saatan on lõppkokkuvõttes võltsing:

Ma tõusen üle pilvede kõrguse, ma olen nagu Kõigekõrgem. (Jesaja 14:14)

Ma olen nagu kõige kõrgem Jumal. On ilmselge, et Saatan on püüdnud Jeesuse Kristuse identiteedi ära võtta, muutes Jumala Sõna. Pidage meeles, et Saatan on peen ja tema rünnak on suunatud "Jumala Sõnale".

Uus King Jamesi versioon:

Vaatame seda Piibli versiooni nimega NKJV. New King James Version **ei ole** King Jamesi versioon. King James Version Piibli tõlkisid 54 heebrea-kreeka ja ladina teoloogiakoolitajat 1611. aastal.

Uus King Jamesi versioon ilmus esmakordselt 1979. aastal. Uurides uut KJV-d, saame teada, et see versioon ei ole mitte ainult kõige surmavam, vaid ka väga petlik Kristuse ihule.

Miks??????

NKJV kirjastaja ütleb:

.... Et see on King Jamesi Piibel, mis ei vasta tõele. KJV-l ei ole kopeerimisõigust, seda võib tõlkida ükskõik millisesse keelde ilma luba saamata. NKJV-l on koopiaõigus, mis kuulub kirjastusele Thomas Nelson.

.... Et see põhineb Textus Receptusel, mis on ainult osaline tõde. See on järjekordne peen rünnak. Olge ettevaatlik selle Uue KJV suhtes. Saate kohe teada, miks.

Uus King Jamesi Piibel väidab, et see on King Jamesi Piibel, ainult parem. "NKJV" on jätnud välja ja muutnud paljusid salme.

Kakskümmend kaks korda on " sõnapõrgu" muudetud sõnadega "Hades" ja "Sheol". New age'i saatanlik liikumine ütleb, " etHades" on puhastumise vahepealne seisund!

Kreeklased usuvad, et "Hades" ja "Sheol" on surnute maa-alune elupaik.

On palju kustutatud järgmisi sõnu: meeleparandus, Jumal, Issand, taevas ja veri. NKJV-st on eemaldatud sõnad Jehoova, kuradid ja neetud ning Uus Testament.

Arusaamatused päästmise kohta:

KJV	NKJV
1. Korintlastele 1:18	
"On päästetud"	Päästetud.
Heebrea 10:14	
"on pühitsetud"	Pühitsetakse.
II Korintlastele 10:5	
"Kujutluste mahaviskamine"	Argumendi maha heitmine.
Matteuse 7:14	
"Kitsas tee" II Korintlastele 2:15	Raske viis
"On päästetud"	Päästetud olemine

"Sodomiidid" on muudetud "perversseteks isikuteks". NKJV on antikristlik moonutatud versioon.

Saatana **suurim rünnak on Jeesuse kui Jumala vastu.**

NIV: Jesaja 14:12 on peen rünnak Issanda Jeesuse vastu, kes on tuntud kui **Hommikutäht.**

Kuidas sa oled taevast langenud, oo hommikutäht, koidupoeg! Sa oled langenud maa peale, sina, kes sa kunagi rahvaste ülestõusnud oled!

(NIV on selle kirjakoha kohta Foot Notes *2. Peetruse 1:19 "Ja meil on prohvetite sõna veel kindlamaks tehtud, ja te teete hästi, kui pöörate sellele tähelepanu, nagu valgusele, mis paistab pimedas, kuni päev koitab ja hommikutäht tõuseb teie südames."*

Lisades ***Hommikutähe*** ja andes teise viite Ilmutus 2:28 eksitab lugejat, et Jeesus on Hommikutäht, kes on langenud).

Aga KJV Jesaja 14 :12 ütleb: "Kuidas sa oled taevast langenud, Lucifer, hommiku poeg! [kuidas] oled sa maha raiutud maa peale, kes sa nõrgestasid rahvaid!"

(NIV piibel on eemaldanud Lutsiferi nime ja asendanud "hommiku poeg" " sõnaga**hommikutäht**". Ilmutusraamatus nimetatakse Jeesust "hommikutäheks".

Mina, Jeesus, olen saatnud oma ingli, et see teile kogudustes tunnistada. Mina olen Taaveti juur ja järeltulija ning helge ja hommikutäht (KJV 22:16).

Seega tõlgendab Jesaja 14:12 uusversioon Piibli tähendust valesti, väites, et Jeesus on langenud taevast ja alandanud rahvaid). KJV Piibel ütleb, et Jeesus on helge ja hommikutäht.

*"Mina, Jeesus, olen saatnud oma ingli, et ta teile neid asju kirikutes tunnistaks. Mina olen Taaveti juur ja järeltulija **ning helge ja hommikutäht**." (Ilm 22:16 KJV)*

KJV:

Meil on ka kindlam prohveti sõna, mille suhtes te teete hästi, et te hoiate nagu valgust, mis paistab pimedas, kuni päev koidab ja päevatäht tõuseb teie südames." (2Pt 1:19).

*Ja ta valitseb neid rauast vardaga; nad purustatakse nagu pottseppade anumad, nii nagu ma olen saanud oma Isalt. Ja ma annan talle **hommikutähe**. (KJV Ilm 2:27-28)*

Tänapäeva tõlked kohandavad kõiki religioone, kasutades Jeesuse, Kristuse või Messia asemel "ta" või "teda" ning jättes välja paljud Jeesust puudutavad sõnad ja salmid. Need tõlked tõestavad, et Issand Jeesus ei ole Looja, Päästja ega Jumal lihaks saanud; nad teevad Temast lihtsalt ühe müüdi.

Need usust taganenud mehed koostasid piibli käsikirja, mis oli rohkem nende enda maitse. Nad ründasid Jeesuse Kristuse jumalikkust ja teisi Piibli õpetusi. Sellega sillutati teed New Age'i Piiblile, mis sünnitas ühe maailma religiooni. Kõigi kirikute ja religioonide ühendamine toob kaasa "ühe maailma religiooni".

Nüüd mõistate, millise kavala ja peene plaani on Saatan välja töötanud. Ta julges isegi Jumala Sõna muuta. Saatan töötas välja petliku plaani, et inimesi segadusse ajada!

Pidage meeles, mida Saatan ütles:

Ma tõusen üle pilvede kõrguse, ma olen nagu Kõigekõrgem.
(Jesaja 14:14)

D.

KJV vs. kaasaegne Piibel: Muutused, mis on lisatud või ära võetud.

NIV TÕLGE:

Westcott & Hort'i kreekakeelne tekst pärineb Sinaiticuse ja Vaticanuse käsikirjadest. Varakirik leidis, et see on peen rünnak Jumala Sõna vastu, jättes välja ja muutes Piibli tõde. Sinaiticus(Aleph) ja Vaticanus(Codex-B) on mõlemad varakiriku poolt tagasi lükatud ja valeõpetajate poolt imetletud. NIV Piibli allikas põhineb Westcott & Horti rikutud versioonidel, mille leiad NIVi joonealustes märkustes. Meil ei ole ilma ulatusliku uurimiseta võimalik teada saada, kuidas ja kust see Westcott & Horti kreeka tekst pärineb. Kui me näeme Westcottist ja Hortist antud viiteid, siis me tavaliselt usume neid kahtlemata, lihtsalt sellepärast, et need on trükitud piiblisse.

NIV Piiblit imetletakse, sest inimesed usuvad, et sellest on lihtsam aru saada, kuna vana inglise keel on muudetud tänapäeva sõnadega. Tegelikult on KJV Piibel kõige lihtsama keelega, mis on arusaadav igas vanuses. KJV sõnavara on lihtsam kui NIV sõnavara. Lihtsalt muutes sõnu nagu thee, thy, thou ja thine, arvavad inimesed, et seda on lihtsam lugeda. Nagu te teate, seletab Jumala Sõna ainult Püha Vaim, mis on kirjutatud Jumala poolt. Jumala Vaim on KJV-s, mis aitab meil mõista Tema mõistmist. Jumala Sõna ei ole vaja muuta, kuid tõeline Sõna peab muutma meie mõtlemist.

Nii paljud kirikud võtavad nüüd KJV asemel vastu NIV versiooni. Väikeste muudatuste tegemine aja jooksul tingib meie mõtlemist ja see muutub peeneks ajupesuks. Muudatused, mida NIV Piibli versioonis on teinud, lahjendavad evangeeliumi vaikselt. Need muudatused on enamasti Issanda Jeesuse Kristuse Issanda vastu. Kui see on saavutatud, on paljudel religioonidel lihtsam aktsepteerida NIV Piiblit, sest siis toetab see nende doktriine. Sellest omakorda saab "religioonidevaheline religioon", mille eesmärk on üks maailmareligioon, millest räägitakse Ilmutusraamatus.

KJV põhines Bütsantsi käsikirjade perekonnal, mida tavaliselt nimetatakse Textus Receptus käsikirjadeks. NKJV (New King James Version) on kõige halvem tõlge. See erineb KJV-st 1200 korda. Uus King Jamesi versioon ei ole kindlasti sama, mis King Jamesi versioon. Ka MKJV ei ole KJV. Enamik piiblitõlkeid ei ole mitte teine versioon, vaid perversioon, mis on tõest kõrvale kaldunud.

Järgmisi salme ei ole **NIV-is** ega **teistes kaasaegsetes tõlgetes**. Järgnevalt on toodud loetelu "väljajäetud" värssidest NIVis.

Jesaja 14:12

KJV: 14:12: Kuidas sa oled taevast langenud, ***Lucifer, hommiku poeg****! Kuidas oled sa maha langenud maa peale, kes sa nõrgestasid rahvast!*

NIV Jes.14:12 kuidas sa oled taevast langenud, o ***hommikutäht****, koidupoeg! Sa oled langenud maa peale, sina, kes sa kunagi rahvaste seas alandasid!*

(NIV Piiblis on Lucifer välja jäetud ja "hommikutähe poeg" asendatud "hommikutähega". See eksitab teid uskuma, et "JEESUS", kes on "Hommikutäht", on langenud taevast.

*Mina, Jeesus, olen saatnud oma ingli, et see teile kogudustes tunnistada. Ma olen Taaveti juur ja järeltulija ning särav ja **hommikutäht**. (KJV Ilmutus 22: 16)*

(Jeesus on hommikutäht)

Jesaja 14:12 on väga segane kirjakoht. Inimesed arvavad, et Jeesus on taevast alla kukkunud ja maha raiutud.

NIV teeb Lutsiferi (Saatana) võrdseks Jeesusega Kristusega; see on ülimalt rüvetav. See on põhjus, miks mõned inimesed ei usu Jeesusesse Kristusesse, kuna nad näevad teda võrdsena Saatanaga.

Taaniel 3:25

*KJV: 3:25 Ja ta vastas ja ütles: "Vaata, ma näen nelja meest, kes käivad lahtiselt tule keskel, ja neil ei ole midagi halba; ja neljanda kuju on nagu **Jumala Poeg**.*

*NIV: Dan. 3:25 Ta ütles: "Vaata, ma näen nelja meest, kes kõnnivad tules ringi, sidumata ja vigastamata, ja neljas näeb välja nagu **jumala poeg**."*

(Jumala poja muutmine **jumalate pojaks** vastab polüteismi uskumusele ja see toetab teisi religioone.)

Matteuse 5:22

*KJV Mt.5:22 Aga ma ütlen teile, et kes iganes **vihastab oma venna peale ilma põhjuseta**, seda ähvardab kohus; ja kes iganes ütleb oma vennale: "Raka", seda ähvardab nõukogu; aga kes iganes ütleb: "Sina, loll, seda ähvardab põrgutuli".*

*Mt.5:22 Aga ma ütlen teile, et igaüks, kes **vihastab** oma venna peale, saab kohtu alla. Jällegi, igaüks, kes ütleb oma vennale: "Raka!", on **vastutav Sanhedriini ees**. Kes aga ütleb: "Sina loll!", seda ähvardab põrgutuli.*

(KJV Piibel ütleb, **vihane ilma põhjuseta** NIV ütleb lihtsalt vihane. Sõna tõde on, et me võime **vihastuda**, kui selleks on põhjus, aga ei lase päikest loojuda).

Matteuse 5:44

*KJV Mt.5:44 Aga mina ütlen teile: armastage oma vaenlasi, **õnnistage neid, kes teid neavad**, tehke head neile, kes teid vihkavad, ja palvetage **nende eest, kes teid alandlikult kasutavad** ja taga kiusavad;*

Mt.5:44 Aga mina ütlen teile: armastage oma vaenlasi ja palvetage nende eest, kes teid taga kiusavad,

(KJV-s esile tõstetud on eemaldatud NIV Piiblist)

Matteuse 6:13

*Mt 6:13 Ja ära vii meid kiusatusse, vaid päästa meid kurjast: **Sest sinu on kuningriik ja vägi ja au igavesti. Aamen**.*

*Mt 6:13 Ja ära vii meid kiusatusse, vaid päästa meid kiusatusest. **kurja**.*

(**Kurja** mitte kurja. ***Sest sinu on kuningriik ja vägi ja au igavesti. Aamen***: eemaldatud NIV-st)

Matteuse 6:33

*KJV Mt 6:33 Aga otsige esmalt **Jumala riiki** ja tema õigust, siis kõik see teile antakse.*

Mt 6:33 Aga otsige esmalt tema kuningriiki ja ***tema*** *õigust, siis antakse teile ka kõik see.*

(**Jumala kuningriik** on asendatud "tema" kuningriigiga... NIV asendas Jumala oma kuningriigiga. Kes on "tema"?)

Matteuse 8:29

KJV Mt.8:29 Ja vaata, nad hüüdsid, öeldes: 'Mis meil on sinuga tegemist, ***Jeesus****, sa Jumala Poeg, kas sa oled tulnud siia, et meid enne* aega *piinata?' (KJV). (Konkreetselt)*

Mt.8:29 "Mida sa tahad meist, ***Jumala Poeg****?", hüüdsid nad. "Kas te tulite siia, et meid enne määratud aega piinata?"*

(**Jeesus** on NIV Piiblist väljas ja nad säilitasid ainult Jumala Poega... *Jeesus* on Jumala Poeg. Jumala Poeg tähendab, et Kõigevägevam Jumal kõnnib lihaks).

Matteuse 9:13b

KJV Mt.9:13b Sest ma ei ole tulnud kutsuma õiglasi, vaid patuseid ***meeleparandusele****.*

Mt.9:13b, sest ma ei ole tulnud kutsuma õiglasi, vaid patuseid.

(**Et meeleparandus** on välja. Kahetsus on esimene samm; te pöördute ära patust ja patust eluviisist, mõistes ja tunnistades, et te eksisite).

Matteuse 9:18

KJV: Aga tule ja pane oma käsi tema peale, siis ta jääb ellu." Mt 9:18 Samal ajal, kui ta seda neile rääkis, vaata, tuli üks valitseja ja ***kummardas teda****, öeldes: "Mu tütar on juba praegu surnud; aga tule ja pane oma käsi tema peale, siis ta jääb ellu.* (kummardas Jeesust)

*NIV Mt 9:18 Samal ajal, kui ta seda ütles, tuli üks valitseja, **põlvitas tema ette** ja ütles :"Mu tütar on just surnud. Aga tule ja pane oma käsi tema peale, siis ta jääb ellu."*

(Palve **muudetakse põlvili**. Palve teeb Jeesust Jumalaks.)

Matteuse 13:51

*KJV Mt 13:51 Jeesus ütles neile: "Kas te olete seda kõike mõistnud? Nad ütlevad talle: **Jah, Issand**.*

NIV Mt 13:51 "Kas te olete seda kõike mõistnud?" Jeesus küsis.

(JEESUS ON ISSAND. NIV võttis välja **Yea Lord**; jättes välja Jeesuse Kristuse Issanduse)

Matteuse 16:20

*KJV Mt 16:20 Siis käskis ta oma jüngritel mitte kellelegi öelda, et ta on **Jeesus** Kristus.*

(Nimi "JEESUS" on eemaldatud mitmest värsist NIV Piiblis.)

Mt 16:20 Siis hoiatas ta oma jüngrid, et nad ei ütleks kellelegi, et ta on Kristus.

(Kes on "ta"? Miks mitte Jeesus, Kristus? "Kristus" tähendab Messiat, selle maailma päästjat: Johannese 4:42.)

Matteuse 17:21

KJV: 17:21: Aga selline ei lähe välja muidu kui palve ja paastu kaudu.

(Palve ja paastumine lammutavad kuradi tugeva haarde. Paastumine tapab meie liha).

NIV võttis pühakirja täielikult välja. Samuti on see välja jäetud Jehoova tunnistajate "Piiblist". Praegune paastumine on muudetud Danielsi dieediks. See on järjekordne vale. (Paastumine on ilma toidu ja veeta. Söömine ei ole paastumine ja paastumine ei ole söömine ega joomine)

Mõned näited Piibli paastu kohta KJV Piiblis

Ester 4:16 KJV:

Minge, koguge kokku kõik juudid, kes on Suusanis, ja ***paastuge*** *minu pärast ning* ***ärge sööge ega jooge kolm*** *päeva, ei öösel ega päeval. Ka mina ja mu neiud* ***paastume*** *samuti; ja nii ma lähen kuninga juurde, mis ei ole seaduse järgi; ja kui ma hukkun, siis hukkun ma.*

Joona 3:5, 7 KJV Ja Ninive rahvas uskus Jumalat ning ***kuulutas paastu*** *ja pani kotiriideid selga, suurimast kuni väikseimani. Ja ta laskis seda kuulutada ja avaldada kogu Ninive'is kuninga ja tema aadlike käsuga, öeldes ‚Ärgu inimene ega loom, karja ega kari* ***midagi maitsegu, ärgu nad söögu ega joogu vett****:*

Matteuse 18:11

Mt 18:11: ***Sest Inimese Poeg on tulnud päästma seda, mis on kadunud****.*

(See salm on välja jäetud NIV-st ja paljudest teistest Piibli versioonidest. Jeesus ei ole ainus Päästja. Mason õpetab, et me võime end ise päästa ja te ei vaja Jeesust).

Matteuse 19:9

*KJV: 19:9: Ja ma ütlen teile: Kes oma naise ära paneb, välja arvatud hooruse pärast, ja abiellub teise naisega, see teeb abielurikkumise****; ja kes niimoodi abiellub äraantud naisega, see teeb abielurikkumise.***

NIV: Ma ütlen teile, et igaüks, kes lahutab oma naise, välja arvatud abielurikkumise tõttu, ja abiellub teise naisega, teeb abielurikkumist." (Mt 19:9).

")kes niimoodi abiellub temaga, kes on välja heidetud, teeb abielurikkumise" on välja jäetud).

Matteuse 19:16,17

*KJV Mt 19:16 Ja vaata, üks tuli ja ütles talle: **"Hea Meister**, mis head ma pean tegema, et ma saaksin igavese elu?".*

17 Ja ta ütles talle: 'Miks sa nimetad mind heaks?' Ei ole muud head kui üks, see on Jumal; aga kui sa tahad minna ellu, siis hoia käske.

Mt 19:16 Aga üks mees tuli Jeesuse juurde ja küsis" :Õpetaja, mis head ma pean tegema, et saada igavene elu?

17 "Miks sa küsid minult, mis on hea?" Jeesus vastas. "On ainult üks, kes on hea. Kui sa tahad pääseda ellu, siis hoia käske.

(Jeesus ütles: "Miks te nimetate mind heaks?" Ainult Jumal on hea ja kui Jeesus on hea, siis peab ta olema Jumal. Hea peremees on NIVis muudetud "õpetajaks" ja tähendus on kadunud. Ka mõni religioon toetab uskumust enesepäästmisest).

Matteuse 20:16

*Mt 20:16: Nii saavad viimased esimesteks ja esimesed viimasteks; **sest paljud on kutsutud, aga vähesed valitud**.*

(On oluline, mida me valime. Te võite eksida, kui te ei vali õigesti)

NIV JA RSV

Mt 20:16:" Nii et viimased saavad esimesteks ja esimesed jäävad viimasteks."

(ei soovi valida)

Matteuse 20:20

Mt 20:20: Siis tuli tema juurde Sebedeuse laste ema koos oma poegadega, ***kummardasid teda*** *ja soovisid temalt üht-teist.*

Mt 20:20: Siis tuli Sebedeuse poegade ema koos oma poegadega Jeesuse juurde ja palus temalt ***põlvili laskudes*** *palve.*

(**Palve või põlvili**...?: Juudid kummardavad ainult ühte Jumalat).

Matteuse 20:22, 23

Mt 20:22, 23: Aga Jeesus vastas ja ütles: "Te ei tea, mida te küsite. Kas te suudate juua sellest karikast, millest mina joon, ja lasta end ***ristida ristimisega, millega mind ristitakse****? Nad ütlevad talle, me oleme võimelised.*

Ja ta ütles neile: "Te joote küll minu karikast ja saate ***ristitud sellega, millega mina olen ristitud****; aga minu paremal ja vasakul käel istumine ei ole minu päralt, vaid see antakse neile, kellele minu Isa on seda valmistanud.*

(Kas sa võiksid läbida need kannatused, mida mina läbisin?)

Mt 20:22, 23: "Te ei tea, mida te palute," ütles Jeesus neile. "Kas te suudate juua seda karikat, mida mina kavatsen juua?" "Me võime," vastasid nad. Jeesus ütles neile: "Te küll joote minu karikast, aga minu paremale või vasakule istuda ei saa mina. Need kohad kuuluvad neile, kellele minu Isa on need ette valmistanud."

(Kõik esile tõstetud ja allajoonitud fraasid KJV-s on eemaldatud NIV-st)

Matteuse 21:44

*KJV Mt 21:44: Ja kes iganes langeb sellele kivile, see purustatakse; aga kelle peale see kivi langeb**, selle see purustab puruks**.*

*NIV Mt 21:44: "Kes sellele kivile langeb, see **purustatakse**, aga kelle peale see kivi langeb, see purustatakse."*

(Grind him to powder on eemaldatud)

Matteuse 23:10

*KJV Mt 23:10: Ärge nimetage endid ka **isandateks**, sest üks on teie **peremees, Kristus**.*

Mt 23:10: Ja teid ei tohi ka õpetajaks nimetada, sest teil on üks õpetaja, Kristus.

(Te peate laskma Jumala müstikute tasemele, et Jeesusest saaks veel üks müstik. Tõde on see, et Kristus rahuldab kõiki).

Matteuse 23:14

KJV: Matteuse 23:14: Häda teile, kirjatundjad ja variser, te silmakirjatsejad! Sest te ahmite leskede maju ja teeseldes palvetate pikalt; sellepärast saate te seda suurema hukkamõistu.

(NIV, New L T, English Standard Version New American Standard Bible ja New World tõlkides on see salm välja jäetud. Kontrollige seda ise oma Piiblist).

Matteuse 24:36

KJV: Aga sellest päevast ja tunnist ei tea keegi, ka mitte taeva inglid, vaid ainult minu Isa.

*NIV: 24:36: "Keegi ei tea seda päeva ega tundi, isegi mitte inglid taevas **ega Poeg**, vaid ainult Isa.*

")ega poeg" on lisatud NIV Piiblis. Johannese 10: 30 **Mina ja mu Isa oleme üks**. Nii et Jeesus teab oma tulevast aega. See viitab sellele, et Jeesus ei ole Jumalas. Aga neil päevil, pärast seda viletsust, pimeneb päike ja kuu ei anna oma valgust, Mk 13:24. Seda aega on raske öelda).

Matteuse 25:13

*KJV: Mt 25:13 Valvuge sellepärast, sest te ei tea päeva ega tundi**, mil Inimese Poeg tuleb**.*

NIV: Mt 25:13 "Seepärast valvake, sest te ei tea päeva ega tundi."

")**Kuhu Inimese Poeg tuleb**." Jättes välja, kes tuleb tagasi? Millise kella?)

Matteuse 25:31

*KJV: Kui Inimese Poeg tuleb oma kirkuses ja kõik **pühad inglid** koos temaga, siis ta istub oma au troonile.*

*NIV: Kui Inimese Poeg tuleb oma hiilguses ja kõik **inglid** koos temaga, siis ta istub oma troonil taevases hiilguses." Mt 25:31.*

(KJV ütleb, et kõik "pühad" inglid. NIV ütleb lihtsalt "inglid". See tähendab, et langenud või ebapühad inglid tulevad koos Jeesusega. Kas ei ole? Käib ringi ketserlus, et pole tähtis, mida sa teed head või halba, sa lähed ikkagi taevasse. Meie surnud lähedaste vaimud, kes ei uskunud kunagi Jeesusesse, peaksid tagasi tulema, et öelda oma lähedastele, et neil on taevas kõik korras ja et sa ei pea midagi tegema, et taevasse pääseda. See on kuradi õpetus).

Matteuse 27:35

*KJV MT 27:35: Ja nad lõid ta risti ja jagasid tema rõivad, heites loosi****, et läheks täide, mis prohveti poolt on öeldud: "Nad jagasid mu rõivad nende vahel ja heitsid mu rõivale loosi".***

MT 27:35: Kui nad olid ta risti löödud, jagasid nad tema riided loosi teel.

")et läheks täide, mida prohvet on rääkinud, siis nad jagasid mu riided nende vahel ära ja minu rõivastele heitsid loosi." Täielikult välja võetud NIV Piiblist)

Markuse 1:14

MÄRKUS 1:14: Aga pärast seda, kui Johannes oli vangi pandud, tuli Jeesus Galileasse, ***kuulutades evangeeliumi Jumala riigi kohta.***

*MÄRKUS 1:14: Pärast seda, kui Johannes oli vangi pandud, läks Jeesus Galileasse****, kuulutades head sõnumit Jumalast.***

(Jumala Kuningriigi evangeelium on välja jäetud NIV-st)

Markuse 2:17

Mk 2:17: Kui Jeesus seda kuulis, ütles ta neile: "Need, kes on terved, ei vaja arsti, vaid need, kes on haiged": Ma ei ole tulnud kutsuma õiglasi, vaid patuseid ***meeleparandusele****.*

Mk 2:17: Seda kuuldes ütles Jeesus neile :"Mitte terved ei vaja arsti, vaid haiged. Ma ei ole tulnud kutsuma õiglasi, vaid patuseid."

(Niikaua kui te usute, et see on okei, võite teha mida iganes ja see on okei. Muutes pisut pühakirja Patt on teretulnud).

Markuse 5:6

*Mk 5:6: Aga kui ta nägi Jeesust kaugelt, siis ta jooksis ja **kummardas teda**,*

(Ta tunnistab, et Jeesus on Issand Jumal.)

*Markuse 5:6: Jeesus: Kui ta nägi Jeesust eemalt, siis ta jooksis ja **langes tema ees põlvili.***

(Ta näitab austust kui inimene, kuid ei tunnista teda kui Issandat Jumalat.)

Markuse 6:11

*KJV: Ja kes teid ei võta vastu ega kuula, kui te sealt lahkute, siis raputage tolmu oma jalgade alt tunnistuseks nende vastu. **Tõesti, ma ütlen teile, Soodomale ja Gomorrale on see kohtu päeval talutavam kui sellele linnale**.*

NIV Markuse 6:11 "Ja kui mõni koht ei võta teid vastu ega kuula teid, siis raputage lahkudes tolmu oma jalgadelt, tunnistuseks nende vastu."

(NIV on eemaldatud: "Tõesti, ma ütlen teile, Soodomale ja Gomorrale on kohtupäeval talutavam kui sellele linnale." Kohtumõistmine on eemaldatud, kuna nad ei usu sellesse ja ei ole oluline, millise valiku teete. Kõik valed ütlused ja teod parandatakse puhastustules või reinkarnatsioonis).

Markuse 7:16

Mk 7:16: Kui kellelgi on kõrvad kuulda, see kuulgu.

(NIV, Jehoova tunnistajate Piibel ja kaasaegsed tõlked on selle kirjakoha eemaldanud. WOW!)

Markuse 9:24

*Mk 9:24: Ja kohe hüüdis lapse isa ja ütles pisaratega: "**Issand**, ma usun, aita sina minu uskmatust.*

Mk 9:24: Kohe hüüdis poisi *isa" :Ma usun, aita mind võita mu uskmatus!".*

(Issand puudub NIV-st. Jeesuse Kristuse Issandus on välja jäetud)

Markuse 9:29

*Mk 9:29: Ja ta ütles neile: "Selline ei saa välja tulla mitte millegi muu kui palve ja **paastu** abil.*

NIV Markuse 9: 29: Ta vastas :"Selline saab välja tulla ainult palvega."

(**Paastumine** on eemaldatud. Paastuga tõmbame maha saatana tugevad haarded. Jumala palge otsimine piibelliku paastu ja palve abil toob erilise võidmise ja väe).

Mk 9:44

Mk 9:44: Kus nende uss ei sure ja kus tuli ei kustu.

(Pühakiri on eemaldatud NIV-st, kaasaegsest üleminekust ja Jehoova tunnistajate Piiblist. Nad ei usu põrgukaristusesse).

Markuse 9:46

KJV: Mk 9:46: Kus nende uss ei sure ja kus tuli ei kustu.

(Pühakiri on eemaldatud NIV-st, kaasaegsest tõlkest ja Jehoova tunnistajate Piiblist. Jällegi, nad ei usu kohtumõistmisse).

Markuse 10:21

*Mk 10:21: Aga Jeesus, nähes teda, armastas teda ja ütles talle: "Üks asi on sul puudu: mine oma teed, müü kõik, mis sul on, ja anna vaestele, ja sul on aare taevas; ja tule, **võta rist** ja tule minu järel.*

(Kristlane peab kandma risti. Teie elus on toimunud muutus.)

Mk 10:21: Jeesus vaatas teda ja armastas teda. "Üks asi on sul puudu," ütles ta. "Mine, müü kõik, mis sul on, ja anna vaestele, siis on sul aare taevas. Siis tule, järgne mulle."

(NIV on eemaldanud "võta rist" ei ole vaja kannatada tõe eest. Ela nii, nagu sa tahad elada. Rist on kristliku käekäigu jaoks väga oluline).

Mk 10:24

*Mk 10:24: Ja jüngrid imestasid tema sõnade üle. Aga Jeesus vastab jälle ja ütleb neile: "Lapsed, kui raske on neil**, kes loodavad rikkusele**, pääseda Jumala riiki!*

Mk 10:24: Jüngrid imestasid tema sõnade üle. Aga Jeesus ütles jälle: "Lapsed, kui raske on pääseda Jumala riiki!

")**kes loodavad rikkusele**" on eemaldatud; neid sõnu ei ole vaja NIV Piiblis, sest nad tahavad almust. See tekitab ka tunde, et Jumala kuningriiki on raske pääseda ja heidutab).

Markuse 11:10

*Mk 11:10: Õnnistatud olgu meie isa Taaveti kuningriik**, kes tuleb Issanda nimel**: Hosanna kõrguses!*

*Mk 11:10: "Õnnistatud on meie isa Taaveti **kuningriigi tulek**!" "Hosanna kõrguses!"*

(NIV: "mis tuleb Issanda nimel" on eemaldatud)

Markuse 11:26

KJV: Aga kui te ei anna andeks, siis ei anna ka teie Isa, kes on taevas, teile teie vigu andeks.

(See kirjakoht on täielikult välja jäetud NIV, Jehoova tunnistajate piiblist (nn Uus Maailma tõlge) ja paljudest teistest kaasaegsetest tõlgetest. Andestamine on väga oluline, kui soovite, et teile antaks andeks).

Markuse 13:14

Mk 13:14: Aga kui te näete, et pühaduse jäledus, ***millest prohvet Taanieli on rääkinud****, seisab seal, kus seda ei tohi olla (kes loeb, see mõistku), siis põgenegu need, kes on Juudamaal, mägedesse:*

NIV Markuse 13:14: "Kui te näete "seda jäledust, mis teeb hävitust" seista seal, kuhu see ei kuulu - olgu lugeja mõistnud -, siis põgenegu need, kes on Juudamaal, mägedesse.

(Andmed Taanieli raamatu kohta on eemaldatud NIV-st. Me uurime lõpuaega Taanieli raamatus ja Ilmutusraamatus. ÕNNISTATUD ON NEED, KES LOEVAD SELLE RAAMATU SÕNU. Õnnis on see, kes loeb, ja need, kes kuulavad selle **prohvetikuulutuse** sõnu ja hoiavad, mis selles kirjas on, sest aeg on käes. (Ilmutuse 1:3) Taanieli nime eemaldamisega jätab see teid segadusse)

Markuse 15:28

KJV: 15:28: Ja täitus pühakiri, mis ütleb: "Ja ta arvati üleastujate hulka".

(eemaldatud NIV, Jehoova tunnistajate piiblist ja kaasaegsetest tõlgetest)

Luuka 2:14

*KJV: Luuka 2:14: Au Jumalale kõrgel ja rahu maa peal, **head tahet inimeste vastu.***

Luuka 2:14: "Au Jumalale kõrgel ja rahu maa peal inimestele, kelle peal tema armastus on."

(Peenike muudatus. asemel "hea tahe inimeste suhtes"; NIV Piibel ütleb rahu ainult teatud inimestele, keda Jumal soosib. See on samuti vastuolus Jumala põhimõttega).

Luuka 2:33

*Luuka 2:33: Ja **Joosep** ja tema ema.*

Luuka 2:33: Lapse isa ja ema.

(**Joosep** eemaldatakse)

Luuka 4:4

*Luuka 4:4 Jeesus vastas talle: "On kirjutatud, et inimene ei ela ainult leivast**, vaid igast Jumala sõnast**.*

Luuka 4:4 Jeesus vastas :"Kirjutatud on: "Inimene ei ela ainult leivast.

Saatana ründab **JUMALA SÕNA** 1. Moosese 3: Saatan ründas JUMALA SÕNA. Ta on peene rünnakuga "**Aga iga Jumala sõna**" on eemaldatud NIV-ist

NIV ja kaasaegne piiblitõlge foramtor ei hooli Jumala Sõnast. Nad muudavad sõnastust nii, et see sobiks nende õpetusega, nende erapoolikusega, mida nad arvavad, et see peaks ütlema. Jumala Sõna on elav ja toob veendumust enesele. Kui Jumal teid pattude eest süüdi mõistab, toob see meeleparanduse. Kui Jumala sõna on muudetud, ei saa see tuua tõelist veendumust; seetõttu ei püüta ka meeleparandust. Sellega näitab NIV, et igasugune religioon on korras, mis, nagu me teame, ei ole tõsi.

Luuka 4:8

*KJV Luuka 4:8 Ja Jeesus vastas ja ütles talle: "**Mine minu taha, saatan**, sest kirjas on: "Sa pead kummardama Issandat, oma Jumalat, ja teda üksi pead sa teenima".*

(Jeesus nuhtles Saatanat. Teie ja mina võime Jeesuse nimel Saatanat nuhtleda.)

Luuka 4:8 Jeesus vastas: "Kirjutatud on: "Palvetage Issandat, oma Jumalat, ja teenige ainult teda.

")**Mine minu taha, saatan**" on välja võetud NIV-st.)

Luuka 4:18

*Luuka 4:18: Issanda Vaim on minu peal, sest ta on mind salvinud kuulutama evangeeliumi vaestele; ta on saatnud mind **tervendama murtud südamega inimesi**, kuulutama vangidele vabanemist ja pimedatele nägemise taastamist, vabastama neid, kes on murtud,*

Luuka 4:18 "Issanda Vaim on minu peal, sest ta on mind salvinud kuulutama häid sõnumeid vaestele. Ta on saatnud mind kuulutama vangidele vabadust ja pimedatele nägemise taastamist, vabastama rõhutud."

")**murtud südamega inimesi tervendada**" on eemaldatud NIV-st: Inimesed, kes kasutavad seda rikutud versiooni, on üldiselt ärevad, emotsionaalselt ebastabiilsed ja depressioonis. Jumala Sõna muutmine võtab ära selle sõna jõu. Tõde teeb teid vabaks, nii et nad eemaldasid tõe kaasaegsest Piiblist).

Luuka 4:41

*Luuka 4:41: Ja ka kuradid tulid paljudest välja, hüüdsid ja ütlesid: "**Sina oled Kristus, Jumala Poeg**!". Ja ta noomides neid ei lasknud neil rääkida, sest nad teadsid, et ta on Kristus.*

(Kas inimesed tunnistavad" :Sina oled Kristus, Jumala Poeg?" Ei, kui seda ei ilmuta Tema Vaim.)

*Luuka 4:41: Ja paljudest inimestest tulid välja deemonid, kes hüüdsid :**"Sina oled Jumala Poeg**!" Aga ta noomis neid ega lubanud neil rääkida, sest nad teadsid, et ta on Kristus.*

(Eemaldades " sõna**Kristus**", ei tunnistanud deemon Kristust Jumala Pojaks. Saatan ei taha, et inimesed aktsepteeriksid Jeesust kui Jehoova Päästjat, mistõttu nad muudavad Jumala Sõna sügavamalt. Deemon teadis, et Jeesus on Jumal lihaks saanud).

Luuka 8:48

*Luuka 8:48: Ja ta ütles temale: "Tütar, **ole hea meelega**; su usk on sind terveks teinud; mine rahuga.*

Luuka 8:48: Siis ta ütles talle :"Tütar, su usk on sind terveks teinud. Mine rahus."

")Olge hea lohutus" on NIV-st välja jäetud. Nii et lohutus on kadunud, sa ei saa NIV Piiblit lugedes lohutada)

Luuka 9:55

*Luuka 9:55: Aga ta pöördus ja noomis neid ja ütles: "**Te ei tea, mis vaimuga** te olete.*

Luuka 9:55: Aga Jeesus pöördus ja noomis neid.

(NIV on eemaldanud need sõnad: "**Te ei tea, millise vaimuga te olete**.")

Luuka 9:56

KJV: Sest ***Inimese Poeg ei ole tulnud*** inimeste ***elu hävitama, vaid neid päästma****. Ja nad läksid teise külla.*

NIV Luuka 9:56 ja nad läksid teise külla.

(NIV EEMALDATUD: **Inimese Poeg ei ole tulnud hävitama** inimeste **elu, vaid päästma neid**. Jeesuse tuleku põhjus on hävitatud, kui see osa pühakirjast eemaldatakse).

Luuka 11:2-4

Luuka 11:2-4: Ja ta ütles neile: ***Kui te palvetate, siis öelge: Meie Isa, kes sa oled taevas****, pühitsetud olgu su nimi. Sinu riik tulgu.* ***Sinu tahe sündigu, nagu taevas, nii ka maa peal****. Anna meile iga päev meie igapäevane leib. Ja anna meile andeks meie patud, sest ka meie anname andeks igaühele, kes on meile võlgu. Ja ära vii meid kiusatusse****, vaid päästa meid kurjast****.*

Luuka 11:2-4: Ta ütles neile :"Kui te palvetate, siis öelge: Isa, pühitsetud olgu sinu nimi, sinu riik tulgu!". Anna meile iga päev meie igapäevane leib. Anna meile andeks meie patud, sest ka meie anname andeks kõigile, kes meie vastu pattu teevad. Ja ära vii meid kiusatusse."

(NIV ei ole spetsiifiline.Kõik KJV-st esile tõstetud on jäetud välja NIV-st ja teistest kaasaegsetest Piibli versioonidest).

Luuka 17:36

KJV Luuka 17:36 Kaks meest on põllul, üks võetakse ja teine jäetakse.

(NIV, kaasaegne versioon ja Jehoova tunnistajate piibel on eemaldanud kogu pühakirja)

Luuka 23:17

Luuka 23:17: (Sest ta peab tingimata ühe neile pühal vabaks laskma.)

(NIV, Jehoova tunnistajate piibel ja paljud kaasaegsed piibliversioonid on selle kirjakoha täielikult eemaldanud.)

Luuka 23:38

*KJV Luuka 23:38: Ja tema kohale oli kirjutatud ka kiri **kreeka ja ladina ja heebrea tähtedega**: SELLINE ON JUUDA KUNINGAS.*

Luuka 23:38: Tema kohal oli kirjutatud teade, millel oli kirjas: SEE ON JUUTIDE KUNINGAS.

(NIV ja teised kaasaegsed tõlked on eemaldatud: "**kreeka ja ladina ja heebrea keeles**", eemaldatakse tõendid sel ajal räägitud keelte kohta).

Luuka 23:42

*Luuka 23:42: Ja ta ütles Jeesusele: '**Issand**, pea mind meeles, kui sa tuled oma kuningriiki.'*

(Varas mõistis, et Jeesus on Issand)

Luuka 23:42: Siis ta ütles" :Jeesus, pea mind meeles, kui sa tuled oma kuningriiki."

(Ei taha tunnistada Jeesuse ülemust)

Luuka 24:42

Luuka 24:42: Ja nad andsid talle tükikese küpsetatud kala ja ***meekarpi****.*

Luuka 24:42: Nad andsid talle tükikese praetud kala.

(Tänapäeva Piiblis on esitatud pool sellest teabest. "Mesikäpp" puudub NIV ja teistest Piibli versioonidest)

Johannese 5:3

KJV Johannese 5:3: Neis lebas suur hulk jõuetuid inimesi, pimedaid, peatunud, kuivanud, kes ***ootasid vee liikumist.***

Johannese 5:3: Siin oli suur hulk puuetega inimesi, kes lamasid: pimedad, lamedad, halvatud.

(Nad eemaldasid teabe, et selles kohas toimub ime, "oodates vee liikumist".)

Johannese 5:4

KJV: 5:4: Kes siis pärast vee segamist esimesena sisse astus, sai terveks kõigist haigustest, mis tal oli.

(NIV ja kaasaegsed tõlked koos Jehoova tunnistajate piibliga on selle kirjakoha täielikult eemaldanud.)

Johannese 6:47

KJV: Tõesti, tõesti, ma ütlen teile: Kes ***minusse usub****, sellel on igavene elu.*

NIV: Johannese 6:47: Ma ütlen teile tõtt, kes usub, sellel on igavene elu.

(**Believeth on** muudetud **Believes'iks**. Kellesse usub? Sõna Believeth lõpus on "eth", mis tähendab, et sõna on pidev. Iga sõna, mille lõpus on "eth", tähendab, et see on pidev, mitte ainult üks kord).

Johannese 8:9a

*KJV Johannese 8:9a: Ja need, kes seda kuulsid, **said oma südametunnistuse poolt süüdi** ja läksid välja.*

Johannese 8:9a: need, kes seda kuulsid, hakkasid minema.

(NIV on eemaldanud "**oma südametunnistuse poolt süüdi mõistetud**", nad ei usu, et neil on südametunnistus.)

Johannese 9:4a

*KJV Johannese 9:4a: **Mina** pean tegema tema tegusid, kes mind on saatnud.*

*Johannese 9:4a: **Me** peame tegema tema tööd, kes on mind saatnud.*

(Jeesus ütles "**Mina**", NIV ja mõned teised versioonid on muutnud "**Mina**" "**MEIEks**").

Johannese 10:30

*KJV: Johannese 10:30: Mina ja **minu** Isa oleme üks.*

NIV: Johannese 10:30: "Mina ja Isa oleme üks."

(Mina ja mu isa oleme **üks**, mitte kaks. "Minu isa" teeb Jeesusest Jumala poja. See tähendab, et Jumal on lihaks saanud. NIV on eemaldanud "minu" ja muutnud pühakirja täielikku tähendust).

Johannese 16:16

*KJV: 16:16: Vähe aega, ja te ei näe mind; ja jälle vähe aega, ja te näete mind, **sest ma lähen Isa juurde**.*

NIV: 16:16: "Mõne aja pärast te ei näe mind enam, ja mõne aja pärast te näete mind." (Johannese 16:16).

(NIV eemaldatud "sest ma lähen Isa juurde. Paljud usundid usuvad, et Jeesus läks Himaaliasse või mujale ja ei surnud).

Apostlite teod 2:30

*KJV: 2:30: Sellepärast, olles prohvet ja teades, et Jumal oli talle vandega tõotanud, et ta oma lülidest, liha järgi, **tõstab Kristuse, et ta istuks oma troonile.***

NIV: Aga ta oli prohvet ja teadis, et Jumal oli talle vandega tõotanud, et ta paneb ühe oma järeltulijatest oma troonile.

(NIV on eemaldanud "ta äratab Kristuse, et istuda oma troonile" - prohvetlus Jeesuse lihaks saamisest on kustutatud.)

Apostlite teod 3:11

*KJV: Ja kui **lame mees, kes oli terveks saanud,** hoidis Peetrust ja Johannest, siis jooksis kogu rahvas nende juurde* Saalomoni *veranda juurde, imestades väga.*

NIV: Ja kui kerjus hoidis kinni Peetrusest ja Johannesest, oli kogu rahvas hämmastunud ja jooksis nende juurde kohale, mida kutsuti Saalomoni *kolonnaadiks.*

")**lame mees, kes sai terveks**" on selle kirjakoha võtmeosa, NIV on selle eemaldanud)

Apostlite teod 4:24

*KJV: Ja kui nad seda kuulsid, tõstsid nad ühehäälselt oma hääle Jumala poole ja ütlesid: "Issand, **sina oled Jumal**, kes oled teinud taeva ja maa ja mere ja kõik, mis neis on":*

NIV: Kui nad seda kuulsid, tõstsid nad üheskoos oma häält ja palvetasid Jumala poole. "Issand, suveräänne Issand," ütlesid nad, "sina oled loonud taeva ja maa ja mere ja kõik, mis neis on.

(NIV ja kaasaegsed tõlked eemaldasid "sa oled Jumal". Ei tunnista ühte tõelist Jumalat, kes tegi imet).

Apostlite teod 8:37

KJV: Filippus ütles: "Kui sa usud kogu oma südamest, siis võid sa uskuda. Ja ta vastas ja ütles: "Ma usun, et Jeesus Kristus on Jumala Poeg".

(NIV ja kaasaegne versioon Piiblitest on välja võetud pühakirjast täielikult)

Sõna "Meister" on KJV-st eemaldatud kaasaegsetes piibliversioonides ja muudetud " sõnaksõpetaja", mis asetab Jeesuse samasse klassi kõigi teiste erinevate religioonide õpetajatega. Selle muudatuse põhjuseks on peamiselt oikumeeniline liikumine, mis väidab, et Jeesust ei saa panna ainsaks päästmise viisiks, sest see alandab kõiki teisi usundeid, kes ei usu, et Jeesus on meie ainus ja õige Päästja. Sellised on näiteks hindud ja enamik teisi idareligioone.

Apostlite teod 9:5

*Apostlite teod 9:5: Ja ta küsis: Kes sa oled, Issand? Ja Issand ütles: Mina olen Jeesus, keda sa taga kiusad; **sul on raske pista vastu piike**.*

NIV: 9:5: Kes sa oled, Issand?" Saul küsis. "Mina olen Jeesus, keda te taga kiusate," vastas ta.

(NIV ja kaasaegsed tõlked on eemaldanud "**on raske sulle vastu piike lüüa**". See tähendab, et eemaldades kogu selle kirjakoha, ei saa nad võitu).

Apostlite teod 15:34

KJV: 34: Kuid Silasele meeldis, et ta jäi sinna.

(NIV Piibel ja teised kaasaegsed piiblitõlked võtsid selle kirjakoha välja.)

Apostlite teod 18:7

Apostlite teod 18:7: Ja ta läks sealt ära ja läks ühe [mehe] majja, nimega Justus, kes kummardas Jumalat ***ja kelle maja oli tihedalt seotud sünagoogiga****.*

NIV: 18:7: Paulus lahkus sünagoogist ja läks Jumala kummardaja Titius Justuse majja.

")**kelle maja oli tugevalt seotud sünagoogiga**" on

eemaldatud)

Apostlite teod 23:9b

*KJV...****Ärme võitleme Jumala vastu.***

(NIV,kaasaegne Piibel ja Jehoova tunnistajate Piibel on eemaldanud "**Ärme võitle Jumala vastu**" Põhjus on ilmne, on inimesi, kes julgevad võidelda Jumala vastu).

Apostlite teod 24 :7

KJV: 24:7: Aga ülempealik Lysias tuli meie kallale ja võttis ta suure vägivallaga meie käest ära,

(NIV ja kaasaegne versioon Piiblitest on see kirjakoht täielikult eemaldatud.)

Apostlite teod 28:29

KJV: Ja kui ta oli need sõnad öelnud, läksid juudid ära ja arutasid omavahel palju.

(NIV ja teised piibliversioonid on selle kirjakoha täielikult eemaldanud. Vaata, seal oli konflikt. Põhjendus oli selles, kes Jeesus oli? Nii et see kirjakoht tuleb kindlasti eemaldada).

Roomlastele 1:16

KJV: Sest ma ei häbene ***Kristuse*** *evangeeliumi, sest see on Jumala vägi päästmiseks igaühele, kes usub, kõigepealt juutidele ja ka kreeklastele.*

NIV: 1:16: Ma ei häbene evangeeliumi, sest see on Jumala vägi igaühe päästmiseks, kes usub: kõigepealt juutidele, siis paganatele.

(NIV on eemaldanud "Kristuse" evangeeliumi ja säilitanud ainult "evangeeliumi". Enamik rünnakuid on suunatud Jeesusele kui Kristusele. Evangeelium on Jeesuse Kristuse surm, matmine ja ülestõusmine. Seda kirjakohta ei ole vaja).

Roomlastele 8:1

*KJV: Nüüd ei ole siis mingit hukkamõistu neil, kes on Kristuses Jeesuses****, kes ei käi liha järgi, vaid Vaimu järgi****.*

NIV: Seepärast ei ole nüüd enam mingit hukkamõistu neile, kes on Kristuses Jeesuses.

")**<u>kes ei käi mitte liha järgi, vaid Vaimu järgi</u>**." on eemaldatud NIV-st, nii et saate elada nii, nagu soovite.)

Roomlastele 11:6

KJV: Ja kui armust, siis ei ole see enam teod, muidu ei ole armu enam armu. ***<u>Aga kui see on tegudest, siis ei ole see enam armu, muidu ei ole töö enam töö</u>.***

NIV: Ja kui armust, siis ei ole see enam teod; kui see oleks, siis ei oleks armu enam armu.

("Aga kui see on tegudest, siis ei ole see enam arm; muidu ei ole töö enam töö." Osa kirjakohast on eemaldatud NIV-st ja teistest versioonidest).

Roomlastele13:9b

KJV: 9b: ***<u>Ära anna valetunnistust</u>***

(NIV on need sõnad pühakirjast eemaldanud. Piibel ütleb: "Ära lisa, ära võta").

Roomlastele 16:24

KJV: Meie Issanda Jeesuse Kristuse arm olgu teiega. Aamen.

NIV: (NIV ja teised kaasaegsed piiblid on selle kirjakoha täielikult eemaldanud.)

1 Korintlastele 6:20

1Korintlastele 6:20: Sest te olete kalli hinnaga ostetud; sellepärast ülistage Jumalat oma ihus ***ja vaimus, mis on*** Jumala ***oma***.

1Korintlastele 6:20: te olete ostetud kalli hinnaga. Seepärast austage Jumalat oma kehaga.

(Tänapäevane Piibel ja NIV on eemaldanud "ja teie vaimus, mis on Jumala oma." Meie keha ja vaim kuuluvad Issandale).

1 Korintlastele 7:5

1 Korintlastele 7:5: Ärge petke te üksteist, välja arvatud juhul, kui te olete mõneks ajaks nõus, et te annaksite end ***paastuda ja palvetada****; ja tulge jälle kokku, et saatan ei kiusaks teid teie kõlvatuse pärast.*

1. Korintlastele 7:5: Te ei võta üksteist ilma, välja arvatud vastastikusel kokkuleppel ja mõneks ajaks, et te saaksite pühenduda ***palvetamisele****. Siis tulge jälle kokku, et saatan ei kiusaks teid enesekontrolli puudumise tõttu.*

(NIV ja kaasaegsed piibliversioonid on eemaldanud "paastumise", kuna see on mõeldud Saatana tugevate haardevarude mahavõtmiseks. Paastumine tapab ka liha).

2 Korintlastele 6:5

2Korintlastele 6:5: Riietuses, vangistuses, rahutustes, vaevates, valvetes, ***paastudes****;*

2Korintlastele 6:5: peksmistes, vangistustes ja mässudes; raskes töös, unetutes öödes ja ***näljas****;*

(**Paastumine ei ole nälg**, tõe sõna muutmine. Kurat ei taha, et teil oleks tihedam, võimsam, sügavam suhe Jumalaga. Tuletage meelde, et kuninganna Ester ja juudid paastusid ja Jumal tagastas Saatana plaani vaenlasele)

2 Korintlastele 11:27

*KJV: 2Korintlastele 11:27: Väsimuses ja vaevas, tihti valvetes, näljas ja janus, **tihti paastudes**, külmas ja alasti.*

2Korintlastele 11:27: Ma olen vaeva näinud ja vaeva näinud ja sageli magamata jäänud; ma olen tundnud nälga ja janu ja sageli olnud ilma toiduta; ma olen külmetanud ja olnud alasti.

(Jällegi, paastumine on välja jäetud NIV ja kaasaegsetest Piibli versioonidest.)

Efeslastele 3:9

*KJV Efeslastele 3:9: Ja et kõik inimesed näeksid, milline on selle saladuse osadus, mis maailma algusest peale on olnud varjatud Jumalas, kes on **kõik** loodud **Jeesuse Kristuse läbi**:*

NIV Ef 3:9:ja et teha kõigile selgeks selle saladuse haldamine, mis on aegade jooksul olnud varjatud Jumalas, kes on loonud kõik asjad.

(NIV ja teised piibliversioonid on eemaldanud "**kõik asjad Jeesuse Kristuse poolt**". Jeesus on Jumal ja Ta on kõige looja)

Efeslastele 3:14

*KJV: Sellepärast ma langetan oma põlved **meie Issanda Jeesuse Kristuse** Isa ees,*

Efeslastele 3:14: Sellepärast ma põlvitan Isa ees,

")**meie Issanda Jeesuse Kristuse**" on eemaldatud NIV ja teistest versioonidest. See on tõend, et Jeesus on Jumala Poeg. "Jumala Poeg" on lihaks saanud vägev Jumal, kes tuli, et valada verd sinu ja minu eest. Pidage meeles, et Saatan usub, et on üks Jumal ja väriseb. Jakoobuse 2:19)

Efeslastele 5:30

KJV:Efeslastele 5:30:Sest me oleme tema ihu liikmed, tema lihast ja ***tema luudest****.*

NIV:Efeslastele 5:30:sest me oleme tema ihu liikmed.

")**Lihast ja tema luudest**." Osa sellest kirjakohast on eemaldatud NIV ja paljudest teistest Piibli versioonidest).

Koloslastele 1:14

KJV:Koloslastele 1:14: Kelles meil on lunastus ***tema vere läbi****, pattude andeksandmine:*

NIV:Koloslastele 1:14: milles meil on lunastus, pattude andeksandmine.

")**oma vere kaudu**", Jeesust nimetatakse Jumala Talleks, kes tuli ära võtma selle maailma patud. Lunastus on **ainult** vere kaudu. Ilma verevalamiseta ei ole pattude andeksandmist Hb 9:22. Sellepärast me ristime Jeesuse nimel, et kanda Tema verd meie pattude üle).

1. Timoteuse 3:16b

1Timoteuse 3:16b: ***Jumal*** *ilmus lihaks.*

1Timoteuse 3:16b: ***Ta*** *ilmus kehas.*

(Kas me kõik ei ilmu kehas? NIV ja enamik kaasaegseid versioone ütlevad kõik, " etta" ilmus kehas. Noh, ka mina ilmun kehas. "Ta" kes? Ülaltoodud värsis muudavad nad jälle sõnastust, et rohkesti "Ta" on teine jumal. Aga KJV-s näeme selgelt" :Ja vaieldamatult suur on jumalakartlikkuse saladus: "**Jumal** on ilmutatud lihas." On ainult üks Jumal. Seepärast ütles Jeesus, et kui te olete mind näinud, siis olete näinud Isa. Isa on vaim, te ei saa näha vaimu. Aga vaimu, kes on riietunud lihasse, võite näha).

*Apostlite teod 20:28b ütleb: **Jumala koguduse** toitmiseks, mille ta on ostnud **oma verega**.*

Jumal on vaim ja selleks, et verd valada, vajab ta lihast ja verest keha. **Üks Jumal**, kes on võtnud selga liha.

Lihtne näide: Jää, vesi ja aur, sama asi, kuid erinevad ilmingud.

*KJV 1. Johannese 5: 7: "Sest kolm on need, kes kirjutavad taevas, Isa, Sõna ja Püha Vaim, ja need **kolm on üks**."*

Jumal, Jeesus (lihaks saanud Sõna) ja Püha Vaim on üks, mitte kolm. (1. Johannese 5:7 on täielikult eemaldatud NIV-st ja teistest praegustest tõlgetest).

2 Timoteuse 3:16

*2. Timoteuse 3:16: **Kogu** kirjandus on antud Jumala inspiratsiooniga ja on kasulik õpetuseks, noomimiseks, parandamiseks, õpetuseks õigluseks:*

*2. Timoteuse 3:16: **Iga** Jumalast inspireeritud pühakiri on kasulik ka õpetamiseks.*

(Siin otsustavad nad, milline neist on ja milline mitte. Ketserluse eest karistatakse surmaga).

1 Tessalooniklastele 1:1

KJV: Tessalooniklastele 1:1: Paulus ja Silvanus ja Timoteus, Tessalooniklaste kogudusele, mis on Jumalas, Isas, ja Issandas Jeesuses Kristuses: ***Jumalalt, meie Isalt, ja Issandalt Jeesuselt Kristuselt****.*

1 Tessalooniklastele 1:1: Paulus, Siilas ja Timoteos, Tessalooniklaste kogudusele Jumalas, Isas, ja Issandas Jeesuses Kristuses: Armu ja rahu teile.

")Jumalalt, meie Isalt, ja Issandalt Jeesuselt Kristuselt." on eemaldatud kaasaegsetest tõlgetest ja NIV-st.)

Heebrealastele 7:21

KJV: ***Sest need preestrid olid tehtud ilma vandeta****, aga see on vandega selle poolt, kes ütles talle: "Issand on vandunud ja ei kahetse, et sa oled preester igaveseks* ***ajaks Melkisedeki korra järgi.****" (Hb 7:21):*

NIV: Aga ta sai ***vandega*** *preestriks, kui Jumal ütles talle: "Issand on vandunud ja ei muuda oma meelt": '*
Sa oled igavesti preester."

(NIV on eemaldanud " sõnadSest need preestrid olid tehtud ilma vandeta" ja "Melkisedeki korra järgi".)

Jakoobuse 5:16

KJV: Jakoobuse 5:16: Tunnistage üksteisele oma ***vigu*** *ja palvetage üksteise eest, et te saaksite terveks. Õige inimese tõhus palav palve toob palju kasu.*

*NIV: Jakoobuse 5:16: Seepärast tunnistage üksteisele oma **patud** ja palvetage üksteise eest, et te saaksite terveks. Õige inimese palve on võimas ja tõhus.*

(**Vead vs. patud**: Patud, mida te tunnistate Jumalale, sest ainult Tema saab andeks anda. Sõna "vead" muutmine "pattudeks" aitab toetada katoliiklikku seisukohta "pattude" tunnistamise kohta preestrile).

1Peetruse 1:22

*KJV: 1Peetruse 1:22: Kuna te olete puhastanud oma hinged tõele kuuletumises **Vaimu kaudu, et** armastaksite üksteist **puhtast südamest ja innukalt**, siis vaadake, et te üksteist armastate:*

NIV: 1Peetruse 1:22: Nüüd, kui te olete end puhastanud tõele kuuletumise kaudu, nii et teil on siiras armastus oma vendade vastu, armastage üksteist sügavalt, südamest.

")**Vaimu kaudu kuni**" ja "**puhta südamega innukalt**" on eemaldatud NIV-st ja teistest kaasaegsetest versioonidest).

1Peetruse 4:14

*1Pt 4:14: Kui teid häbistatakse Kristuse nime pärast, siis olete õnnelikud, sest au ja Jumala vaim on teie peal: **nende poolt räägitakse temast halvasti, aga teie poolt ülistatakse** teda.*

1Pt 4:14: Kui teid solvatakse Kristuse nime pärast, siis olete õnnistatud, sest au ja Jumala vaim on teie peal.

")**nende poolt räägitakse temast halvasti, aga teie poolt ülistatakse teda**." on eemaldatud NIV-st ja teistest kaasaegsetest versioonidest).

1 Johannese 4:3a

1Jh 4:3a: Ja iga vaim, kes ei tunnista, et Jeesus ***Kristus on tulnud lihaks****, ei ole Jumalast.*

1Jh 4:3a: Aga iga vaim, mis ei tunnista Jeesust, ei ole Jumalast.

")**Kristus on tulnud lihaks**" Nende sõnade eemaldamisega tõestavad NIV ja teised versioonid, et nad on antikristused.)

1 Johannese 5:7-8

KJV: 5:7: ***Isa, Sõna ja Püha Vaim, ja need kolm on üks.***

(Eemaldatud NIV-st)

KJV: 5:8: Ja kolm on need, kes tunnistavad maa peal, Vaim, vesi ja veri, ja need kolm on ühes.

NIV: 5:7, 8: ***Sest kolm on need, kes tunnistavad****: 8 Vaim, vesi ja veri; ja need kolm on ühel meelel.*

(See on üks SUURIMADEST salmidest, mis annab tunnistust Jumalusest. Üks Jumal, mitte kolm jumalat. **Kolmainsus** ei ole piibellik. Sõna **Kolmainsus** ei ole Piiblis. Sellepärast on NIV, kaasaegsed piibliversioonid ja Jehoova tunnistajad selle salmi välja jätnud. Nad ei usu jumalusesse ja nad ei usu, et Jeesuses elab kogu jumalikkuse täius kehaliselt. Piiblis ei ole mingit juurt ega tõendit **Kolmainsuse** aktsepteerimiseks. Miks jätab NIV selle välja...? Terveid raamatuid on kirjutatud käsikirjalistest tõenditest, mis toetavad selle salmi lisamist Piiblisse. Kas te usute jumalikkusse? Kui jah, siis peaks see väljajätmine teid solvama. Kolmainsust ei õpetanud Jeesus kunagi ja seda ei mainitud tema poolt. Saatan jagas ühe Jumala, et ta saaks inimesi jagada ja valitseda).

1 Johannese 5:13

1Jh 5:13: Seda olen ma kirjutanud teile, kes te usute Jumala Poja nimesse, et te teaksite, et teil on igavene elu ***ja et te usuksite Jumala Poja nimesse****.*

1Jh 5:13: Seda kirjutan ma teile, kes te usute Jumala Poja nimesse, et te teaksite, et teil on igavene elu.

")**ja et te usuksite Jumala Poja nimesse**." On eemaldatud NIV-st ja teistest kaasaegsetest tõlgetest)

Ilmutusraamat 1:8

KJV: 1:8: Mina olen alfa ja oomega, ***algus ja lõpp****, ütleb Issand, kes on ja kes oli ja kes tuleb, Kõigevägevam.*

NIV: 1:8: "Mina olen alfa ja oomega, ütleb Issand Jumal ,kes on ja kes oli ja kes tuleb, kõikvõimas."

(NIV eemaldas **alguse ja lõpu**)

Ilmutusraamat 1:11

*KJV:Ilmutus 1:11:****ja ütles: "Mina olen alfa ja oomega, esimene ja viimane; ja mida sa näed, kirjuta raamatusse ja saada see seitsmele kogudusele, mis on Aasias****, Efesosele ja Smürnale ja Smürna kogudusele.*
Pergamosele, Tiatrale, Sardesele, Filadelfiasse ja Laodikeale.

NIV: 1:11: mis ütles: "Kirjuta kirjarullile, mida sa näed, ja saada see seitsmele kogudusele: Efesosele, Smyrnale, Pergamole, Tiatrale, Sardesele, Filadelfiasse ja Laodikeale."

(Alfa ja oomega, algus ja lõpp ning esimene ja viimane; need tiitlid on antud Jehoovale Jumalale Vanas Testamendis ja Ilmutusraamatus ka

Jeesusele. Kuid NIV ja teised kaasaegsed versioonid, on selle Ilmutusest eemaldanud, et tõestada, et Jeesus ei ole Jehoova Jumal).

Ilmutusraamat 5:14

Ilm 5:14: Ja ***neli metsalist*** *ütlesid: "Aamen!". Ja* ***neli ja kakskümmend*** *vanemat langesid maha ja kummardasid teda****, kes elab igavesti ja igavesti****.*

NIV: Ja neli elusolendit ütlesid: "Aamen!" Ja vanemad langesid maha ja kummardasid.

(NIV ja teised versioonid annavad ainult pool sellest teabest. "**neli looma**", muudetud neljaks olendiks," **neli ja kakskümmend**", "**mis elab igavesti ja igavesti**" on eemaldatud).

Ilmutus 20:9b

KJV: 9b: Ilmutus 20:20: Tuli tuli ***Jumalalt*** *taevast alla.*

NIV: 9b: Tuli tuli taevast alla.

(NIV ja teised versioonid on eemaldanud "**Jumalalt**".)

Ilmutuse 21:24a

*KJV: 21:24a: Ja rahvad****, kes on päästetud****, kõnnivad selle valguses.*

NIV: 21:24a: Rahvad kõnnivad selle valguses.

")**neist, kes on päästetud**" on eemaldatud NIV ja kaasaegsetest piibliversioonidest. Kõik ei lähe taevasse, vaid need, kes on päästetud).

2 Saamueli 21:19

KJV: 2 Saamueli 21:19: Ja jälle oli lahing Gobis koos

vilistid, kus Elhanan, Jaareoregimi poeg, beetlehemlane, tappis gitiit ***Goliati venna****, kelle oda oli nagu kang.*

2. Saamueli 21:19: Ühes teises lahingus vilistidega Gobis ***tappis*** *Elhanan, Jaare-Oregimi poeg Petlemma mees,* ***Goliati****, gittalase, kellel oli oda, mille vars oli nagu kudumisvarras.*

(Siin tapeti Goliati vend, mitte Goliat. "Taavet tappis Goliati." NIV esitab informatsiooni valesti).

Hoosea 11:12

KJV: ***Aga Juuda valitseb veel koos Jumalaga ja on ustav koos pühadega.***

NIV: Efraim on ümbritsetud mind valedega, Iisraeli sugu on ümbritsetud pettusega. Ja Juuda on Jumala ***vastu ülekohtune****, isegi ustava Püha* ***vastu****.*

(NIV tõlgendab seda kirjakohta valesti, väänates selle sõna tähendust.) Sõna "Jehoova" mainitakse KJV Piiblis neli korda. NIV eemaldas need kõik. NIV Piiblis tehtud peente MUUTUSTE abil saab Saatana missioon selgeks. Ülaltoodud pühakirjakohtadest näete, et tegemist on rünnakuga Jeesuse vastu. Nimetused Jumal, Messias, Jumala Poeg ja Looja teevad Jeesusest, Jumala. Nende tiitlite eemaldamisega tekitab segadus huvi ja ei usalda Jumala Sõna. (I Korintlastele 14:33 Sest Jumal ei ole mitte segaduse, vaid rahu autor.)

Jehoova tunnistajate piiblis (Uus Maailma tõlge) on samad väljajätmised, mis on ka NIVis. Ainus erinevus NIV ja Uue Maailma Tõlke kustutuste vahel on see, et Jehoova tunnistajate Piibel ei sisalda ühtegi joonealust märkust! Need meetodid desensibiliseerivad teid peente muudatuste suhtes, mida Jumala Sõnas järk-järgult ja pidevalt tehakse.

Tänapäeva hõivatud ja laisk põlvkond on mõjutanud paljusid end kristlasteks tunnistavaid inimesi, kes on võtnud omaks laiskuse vaimu. See on raske töö, võtta aega, et uurida ja veenduda, et meile antud teave on tõene. Me oleme muutunud liiga hõivatud igapäevaeluga, mis on täis ebaolulisi sündmusi ja asju. Meie prioriteedid selle suhtes, mis on igavese elu jaoks tõesti oluline, on lahjendatud ja segadusse läinud. Me aktsepteerime enamiku meile antud teabest ilma küsimata; olgu see siis valitsuse, meditsiini, teaduse, meie toidu sisu ja nii edasi.

Paljud meie kaasaegsed piibliversioonid on kirjutatud meeste poolt, kes räägivad teile oma tõlgendust ja õpetust selle asemel, mida käsikirjad tegelikult ütlevad. Näiteks "soolist kaasamist" ei olnud algsetes käsikirjades. See on kaasaegne feministlik kontseptsioon, mis on sündinud REBELLIONist. Ma julgustan teid hankima King Jamesi versiooni Piiblit. Kui loete kaasaegset Piiblit, võtke aega pühakirjade võrdlemiseks; soov teha õige otsus. Meid peetakse meie otsuste eest vastutavaks. Vahe, kas minna taevasse või põrgusse, on piisav põhjus, et veenduda, et valite Tema Sõna! Pidage meeles, et Uus rahvusvaheline versioon jätab välja palju sõnu, nagu näiteks: Jumalus, uuestisünnitamine, andeksandmine, muutumatu, Jehoova, Golgata, armuiste, Püha Vaim, Lohutaja, Messias, elavdatud, kõikvõimas, eksimatu ja nii edasi. Enamik kaasaegseid piibleid on tihedalt kooskõlas NIViga; koos Uue Maailma Tõlke Piibliga (Jehoova tunnistajate piibel).

See on Antikristuse töö....(Järgnevad kirjakohad on võetud raamatust KJV)

Lapsukesed, see on viimane aeg; ja nagu te olete kuulnud, et tuleb ***antikristus****, on ka praegu palju* ***antikriste****, millest me teame, et see on viimane aeg. (1Jh 2:18)*

Kes on valetaja, kui mitte see, kes eitab, et Jeesus on Kristus? See on ***antikristus****, kes eitab Isa ja Poega. (1Jh 2:22)*

Ja iga vaim, kes ei tunnista, et Jeesus Kristus on tulnud lihaks, ei ole Jumalast; ja see on see ***antikristuse*** *vaim, millest te olete kuulnud, et see peab tulema, ja juba praegu on see maailmas.*
(1. Johannese 4:3)

Sest maailma on tulnud palju eksitajaid, kes ei tunnista, et Jeesus Kristus on tulnud lihaks. See on pettur ja ***antikristus****.*
(2. Johannese 1:7)

See meenutab " meilePARABELIST SEEMENEST", MIS ON KÕIKIDE
"JUMALA SÕNA" Piiblis

Ja teine tähendamissõna, mis neile öeldi, ütles: "Taevariik on võrreldav mehega, kes külvab head seemet oma põllule": Aga kui inimesed magasid, tuli tema vaenlane ja külvas umbrohtu nisu vahele ja läks oma teed. Aga kui tera oli üles kasvanud ja vilja kandnud, siis ilmusid ka tõrvad. Siis tulid peremehe sulased ja ütlesid talle: "Härra, kas sa ei külvanud oma põllule head seemet, kust siis on see pisarad? Ta ütles neile: Vaenlane on seda teinud. Sulased ütlesid talle: Kas sa tahad siis, et me läheme ja korjame need kokku? Aga ta ütles: "Ei, et kui te kogute umbrohtu, siis te ei juurida koos nendega ka nisu. Las mõlemad kasvavad koos kuni saagikoristuseni; ja saagikoristuse ajal ütlen ma niitjatele: "Koguge kõigepealt kokku umbrohi ja seotagu need kimpudesse, et neid põletada; aga nisu korjake minu aita. Aamen!
(Matteuse 13:24-30)

AMEN!

www.ingramcontent.com/pod-product-compliance
Lightning Source LLC
Chambersburg PA
CBHW071415090426
42737CB00011B/1469

* 9 7 8 1 9 6 1 6 2 5 5 3 2 *